駿台文庫

増補改訂のお知らせ

「大学入学共通テスト」が開始され、実用的国語が出題され、複数テクストの問題文や会話形式の設問などが一般化します。もちろんそれに伴って、国公立大学の二次試験や私立大学の入試も様変わりしていくでしょう。世界の大学入試の流れやテクノロジーの進展に合わせて、記述の長文化、意見論述、口頭試問、ＣＢＴ（＝コンピュータを利用した試験）などの導入も予測されます。本書はそうした今後の入試の変化も考慮し、序章を含め全面的に増補改訂を行いました。

人はみな歴史的存在であり、移り変わる社会の変化と無関係に生きることはできません。世界では常に素敵なことと悲惨なことが起こり続け、ぼくらはその影響のもとで暮らしていくことしかできません。それでも、**人に思考の自由を与えるのが言葉です。言葉は生きており、時代とともに移り変わります。**

これまでぼくらは人類、環境、地球の「持続可能性（＝サステナビリティ）」についてこれほど問われることはなかったし、「多様性（＝ダイバーシティ）」を弾圧する「権威主義」がこれほど大きな勢力となることもなかったでしょう。「監視社会（＝モニタリング社会）」は当然のものとして受け入れられ、ラインやインスタグラムなど「ソーシャルメディア」が、日常を形成するようにもなりました。そんな時代や世界について考えるためにも、言葉を正確に理解することが、思考の自由にとって大切です。

人は身体によって得た経験、試行錯誤して得た情動を、言葉で自分の人生という「物語」に変えなが

ら生きる存在です。そして自分の人生をどのように語るかもまた、「言葉」しだいです。

大学入試の「現代文」も新しい世界に合わせて、大きな変化を重ねていくことでしょう。もともと学校教育や入学試験は、産業革命によって始まりました。新しい工業社会が大容量の知識の体系化と共有化を求めたのです。私たちは今、ＡＩ（＝人工知能）やＩｏＴ（＝モノのインターネット）による第4次産業革命を迎え、これまでの工業社会や情報社会とは異なる別の社会に突入しようとしています。未来の社会を担う若者を育てる教育が、変わらないということはあり得ません。新しい物語や美意識を生む力、自己の責任を果たし紛争を解決する力などが、これまで以上に大切になると言われています。こういった力は、ＡＩには持てないものとされているからです。

狩猟採集社会↓農耕社会↓工業社会↓情報社会を経て、人類はどのような社会へと歩み始めているのか。そのことを一人ひとりが考えてほしいと思います。

世界は常にぼくらを誘惑します。そして人類の歩みは常に言葉とともにあります。言葉によって仲間と連携し、言葉を通して世界を理解し、少しずつ世界を切り拓いてきた唯一の存在が人類です。それは個人においても同様です。生まれてきたとき、だれもがママ、パパという言葉さえ知らずに泣いていました。幸せ、喜び、悲しみ、悔しさ、切なさ…とたくさんの言葉を理解し、言葉とともに生きてきました。

本書が、一生続くであろう世界の理解と学びの自由に、少しでも役立つことを願って増補改訂を行いました。そのことをお知らせできれば、幸いです。

はじめに

今、ぼくらが生きている時代は、大変な勢いで目まぐるしい変化を見せています。多くの国や地域で選択されてきた「民主主義」さえも、世界中でその危機が語られるようになりました。移民問題、民族紛争、宗教対立、経済格差がたくさんの地域や国を引き裂き、荒廃させています。

もちろん日本もその例外ではありません。イギリスの『エコノミスト・インテリジェンス・ユニット（＝ＥＩＵ）』が公表した『民主主義指標』において、日本は二〇一五年以降「完全な民主主義」から「欠点のある民主主義」のカテゴリーへと転落したままです。同様に、国際ジャーナリスト組織『国境なき記者団』が公表した「報道の自由度ランキング」では、日本は二〇一〇年の世界11位から二〇一九年は67位にまで後退しています。

また一方で、日本の選挙権年齢は18歳に引き下げられ、若い人たちの政治参加が期待されています。今行われている政治の結果に最も長く影響を受けるのは間違いなく若い世代です。人口減少が続く中では、現在の若者の将来への責任は相対的に重いと言うこともできるでしょう。

イギリスのＥＵ離脱問題、ドナルド・トランプ氏のアメリカ大統領就任、こうしたことの背景には、資本の「グローバル化」、急速な技術革新、産業構造の転換などの問題が存在しており、その結果として深刻化する「分断社会」は日本を含む先進資本主義国を大きく揺さぶっています。

これからは「AI（＝人工知能）」と共存する新しい環境で、人間がいかに「イノベーション（＝飛躍的革新）」を起こすかが大切だと言われています。人類はその思考力の一部をAIに委ね、これまでとは違う世界を築こうとしています。その先にぼくらのどのような生き方や幸せがあるのでしょうか。

今後10～20年の間には、今ある仕事の半分以上が消滅するという報告も公表されました。一つの仕事だけを一生続ける人は僅かとなり、学校卒業後も多くの人が常に学び続けながら、仕事を選び直していく時代が来ると言われています。

二〇一八年にOECD（＝経済協力開発機構）が行った「国際的な学習到達度調査（＝PISA）」では、日本の新高1生の「読解力」の順位が過去最低の15位に下降しました。語彙力・要約力などの不足も原因ではないかとの分析もあります。

「言葉」の限界はすなわち「思考」の限界です。また、学んだ「新しい言葉」は「新しい世界」を見るための窓ともなってくれるでしょう。

大学入試の問題はもちろんのことですが、目まぐるしい勢いで変わりゆく世界をぜひしっかりと自分の目で見つめてください。この『生きる 現代文キーワード』がその助けとなれば、これほど嬉しいことはありません。

新たな思考力はぼくらを自由にします。
そして言葉のネットワークこそが思考力です。

本書の特徴

現代文や小論文の学習を、難しいと感じるのはなぜでしょうか？

受験勉強の中で問われることの大半は、すでに学んだことをわかっているかどうかという能力です。ところが、現代文や小論文という科目で問われることは、まだ学んだことのない内容を理解できるかどうかなのです。

そこに第一の難しさがあります。頭の中にすでにある言葉の集まりを探すのではなく、**頭の中にまだない言葉のネットワークを受け入れて新たな知を理解**しなければなりません。しかも、問題文の言葉から、自分が何を思い、どう感じるかは別にして、まず筆者という他者が、何を伝えたいのかを正しく把握しなければなりません。

第二に、現代文の言葉は**日常で普通に使う言葉と特殊な言葉**の両方で構成されています。その結果うっかりすると、どこまでが自分の思考や感情で、どこからが筆者のメッセージなのかが曖昧となり、また、知らない言葉、間違って覚えた言葉によって誤読や勘違いも生じます。

本書はそういった事情を考慮して、さまざまな工夫をこらしました。

♠ 頻出67テーマの要約で記述・小論文対策

単なるキーワード・背景知識の断片ではなく、必要な思考の見取り図ともなるように頻出テーマを網羅して関連づけ、**要約問題で頻出テーマの理解が深まる**ように構成されています。

♥ 基本重要語で客観的思考の基礎固めを

外来語を含め、客観的思考のために必要な基本重要語を網羅しました。形式・内容の類似性に注目することで、**意味の明確な違いと関連性**の両方を理解できるようにしてあります。

♣ 印象に残る例文・解説で生きる語彙力を

難解な語句にも、なるべくふだん**使えそうな例文**を採用し、用法を理解することで生きる語彙力を身につけられるように配慮しました。**記述・表現力の基礎**を養ってください。

◆「共通テスト」の形式で語彙チェック

センター試験などですでに出題されたものだけでなく、今後の「**大学入学共通テスト**」で**出題される可能性の高い類似の慣用句など**を選択肢に並べることで、意味の違いを能率よく正確に習得できるようにしました。

効果的な利用法

①関連付け

ただ単に、ひとつの言葉を覚えるのではなく、その言葉が他の言葉とどんな関連性をもっているかを考えてください。「関連付け」は楽しさを生み、それが施された言葉は「生きる言葉」となり、応用的に使用できるようになります。本書はすべての言葉をグループ分けし、意味の違いや関連性にも注目することで、客観的な思考力が養えるように工夫されています。必ずポイント欄の解説なども見て、語句の正しい理解を深めてください。

なお、本書中の記号は、**同**＝**同意語**、**関**＝**関連語**、**異**＝**同音異義語**、**対**＝**対義語**を表します。

②アウトプット

言葉の説明を読んで覚えるというインプット学習だけでは、能率よく「**長期記憶**」を生むことはできません。本書では赤シートを使用し、さらに二**行要約・空欄補充・選択問題**を解くことで、すべての言葉をアウトプットして覚えられるように工夫しました。**アウトプットを前提とした能率のいいインプット**を心がけてください。

③過剰学習

忘れる前に何度も過剰に学習すると、能率よく「**長期記憶**」を生むことができます。学習を終えたページを何度も振り返ってください。□**の欄を利用**して（一度目は◸、二度目は☒、三度目は◪、四度目は■などと使えます）、常に効率のいい「振り返り学習」を行いましょう。

目次

著者からのメッセージ

もちろん世の中には言葉にならない大切なものがたくさんあります。でも、「サンタクロース」という言葉を知ったおかげで、ぼくらはサンタクロースのことを考えられるようになりました。今では白いヒゲの老人が、白いトリミング付きの赤い服とナイトキャップで、大きなお腹を揺すりながら、高らかに笑う姿を思い浮かべることができます。

ときに言葉は音や映像みたいに、トナカイが引くソリのように、ぼくらの感情と思考を、夜空のもっともっと遠くまで、それこそ世界の果てまで連れて行ってくれるようです。

言葉はけっして孤独ではありません。

「兄」には必ず「弟」か「妹」がいて、「自分の恋人」にはたぶん「自分という恋人」がいるように、「形而上」という言葉があれば「形而下」という言葉があり、「精神」という言葉には「肉体」という言葉が寄り添います。「形而上」は「精神」に支えられ、「形而下」は「肉体」で感受されます。

こんなふうに、いろいろな言葉と言葉があなたの中でつながってくるとき、きっとあなたの孤独な思いも、たくさんの人間や世界のどこかへとつながっていくでしょう。

そんなことを思いながら本書を執筆しました。知らない言葉が知っている言葉と結びつき、あなたの感情と思考が少しずつほぐれ、遠くへと広がっていくことを願っています。

現代文や小論文だけでなく、さまざまな学問も音楽も絵画も小説も、世界や真実をどんなふうに読解するのかということが出発点でしょう。

そして、この世界の中の自分を充分に表現できるようになったとき、自分がこの世界に生きていることを全身で感謝できる気がします。

ぼくもそうなれるようにと願い続けています。あなたもあきらめず、試み続けてください。

霜栄より

序章　現代とはどんな時代だろう?

入試現代文や小論文で出題される論説文・評論文は現代について語るものが多い。現代を理解するには、中世（前近代）→近代→現代(脱近代)という流れを捉えておくことが有効である。この章では、わからない箇所があっても無理に全てをわかろうとする必要はない。通読することで、前近代や近代とは異なる現代の特徴がイメージできればいい。まずは気楽に読んでいこう!

もちろん難しいところは読み飛ばしてもいいし、語彙を覚えてから読み直してもいい。わからない太字の語は索引を使って本書で調べてみよう。

1 脱近代（＝ポストモダン）という背景

「**持続可能性**（＝サステナビリティ）」とか「**監視社会**（＝モニタリング社会）」とか、そういった言葉を聞く機会が増えている。現代という時代について、あちらこちらで、さまざまなことが語られる。

もちろんいつの時代も、何らかの変化があったに違いないし、自分の生きている現代が、誰にとっても特別な時代であることは間違いない。

だが、どうもそれだけではないという**認識**が、広く行き渡っているように思う。

現代の社会は、**近代**に生み出されたシステムに依存しているが、その**近代**の理想を実現できないばかりか、むしろその問題点が露呈し、**近代**のシステム自体も破綻をきたしているのではないか、といった**認識**である。

このことは、入試で出題される文章にも大きな影響を及ぼしている。

以前に較べると、入試の現代文や小論文に出題される問題文の内容は、複雑で難解なものになっており、現代文や小論文が多くの受験生の苦手科目とさえなっている。

特に一九八〇年代後半に「**ポストモダン**（＝脱近代）」という言葉が盛んに使われるようになって以来、その傾向は顕著である。これまで**絶対的**で**普遍的**に正しいとされてきた多くの考え方や価値観が、実は「**近代**」という特定の時代に作られ信じ込まれてきたものにすぎないとして、**相対化**されるようになった。そういった視点から、近代化が世界の隅々にまで行き渡って破綻した「現代」を検証し直そうとする立場と、もはや近代的**知性**が通用しない「現代」を**近代**の枠組みを超える新たな思考で把握していこうとする立場の、主に二つの立場で語られる「**現代思想**」が登場し、さまざまな議論が続いている。

2 中世（前近代）→近代→現代（脱近代）

現代文や小論文は多くの場合、「現代」を問題にしている。

ところが、現代への理解は、脱「**近代**」などと言われることからもわかるように、**近代**への理解を前提とすることが多い。現代の国家も学校も家庭も恋愛も、政治や経済や**文化**や学問の**システム**も、**近代**に形成された考え方に基づいている。

したがって現代についての議論を理解するためには、まず**近代**がどんな**システム**によってどんな理想を実現しようとしたかを知っておくことが有効となる。そして同時に、**近代**とは、**中世**との**相対的**な時代区分であることを意識しておくことも大切である。

西欧では、**中世**という時代の後に、**ルネサンス**、**大航海時代**、**宗教改革**などがあって、さらに**市民革命**と**科学革命**が起こることで、**近代**という時代が成立したとされるが、現代はその**近代**の生み出した**システム**が世界的に行き渡って破綻し始めた時代であると言えよう。

脱近代（＝**ポストモダン**）の語源である建築におけるポストモダニズムが、**機能性**と**合理性**を追求した**モダニズム**建築（＝**近代**の建築）に対する批判として現れ、近代化によって切り捨てられた**多様性**（＝**ダイバーシティ**）や歴史性や装飾性の回復を特徴としたように、**現代思想**としての**脱近代**（＝**ポストモダン**）の考え方にも同様の傾向が見られる。

したがって、現代を**脱近代**（＝**ポストモダン**）と捉えることがどこまで有効かは別にしても、また、必ずしも均一に一方向に時代が流れていくわけではないことを確認しつつも、**中世**（**前近代**）→**近代**→現代（**脱近代**）という流れの中で、何が変わってきたのかということを知っておくことは、現代という時代を捉えるうえで重要だと思われる。

3　精神と物質

近代科学が生まれる以前のヨーロッパ**中世**には、**錬金術**というものがあった。**錬金術師**はただ「金（きん）などの**物質**を作り出すこと」を目指していたのではない。彼らは「人間の魂や肉体を作り出すこと」をも目指していた。**ヨハン・ゲーテ**の『ファウスト』などを読めばわかるように、**中世**の人々は、**物質**と**精神**、魂と肉体を分けて考えるのではなく、両者を**不可分**な一体のものと考えていた。したがって、彼らにとっての**自然**は、**精神**や個性をもつ存在でもあった。

それに対して**近代科学**は、**精神**と**物質**を分けて別の存在と捉える。**近代科学**は**ガリレオ・ガリレイ**が**カトリック**教会の教えに反して「それでも地球は動く」（地動説）と自然界の真実を唱え、**ルネ・デカルト**が**物心二元論**を主張し、**アイザック・ニュートン**が物質世界はすべて自然法則に支配されているとしたことによって確立されていった。

近代科学の登場により、**精神**と**物質**が融合した**神話**の世界は壊れ、**精神**と切り離して**物質**は**物質**としてだけ観察されるようになる。この近代科学の見方が**資本主義**と結びつき、特に欧米諸国は、**資本**となる**物質**を求めて世界を支配しようと争った（**植民地主義**）。

近代科学の自然観により、世界も**自然**も人間の肉体も、精神性を剝奪され、自然法則に従って作動する一種の機械と見なされるようになり（**機械論**）、さらに**近代**の人間が伝統的な**共同体**から遊離した無個性な**個人**としての労働力と見なされるのに呼応して、**自然**もまた無個性な原子（**原子論**）に**還元**できる（**還元主義・要素論**）資源と見なされるようになった。

ところが情報革命以降の現代では、世界は**デジタル**情報によって一元化され、物の総体ではなく関係の総体であるとされる。また**生態系**（＝**エコシステム**）は、個体に還元できない有機的な関係性をもつ存在だが、それが**近代**の自然観によって破壊されたと考えられ、現代では全体的関係に基づいて世界を把握すること（**システム論**）が要請されている。

身体もまた**精神**と肉体（＝物質）の一体化したものと捉えることの重要性が強調されるようになった。人間の世界認識においては、**精神**や**理性**よりも環境とつながった**身体**を根本とするべきだと考えられ、**身体**は**精神**によって統御されるものではないことも明らかになってきている。

4　人生の物語

精神と**物質**が一体のものとして捉えられていた**中世**においては、人々は**地縁**・**血縁**を基盤としながら、大きな**権力**である教会（ヨーロッパ）や家制度（日本）、先祖から受け継いだ言い伝えや村の掟に従って生きていた。そうしたものに従うことが人生であり、それこそが立派な人生の**物語**とされた。たとえば村の鍛冶屋の息子に生まれたならば、村の鍛冶屋として生きていくことが、神の意志に適う（かなう）ことであり、自分が帰属する家を支えていくことになるから、正しい人生だというように考えられた。

ところが**近代**になると、身分制度が撤廃され、職業選択や土地売買の自由化が進んだ。また、**交通**や通信網が発達し、これまでの**地縁**も**血縁**も薄らいでいった。人間は自然発生的な**共同体**を離れて人為的に作られた都市に集まるようになった。そして、**宗教**や**伝統**に代わって、**国家**や**マスコミ**が人々に生きていくための「**大きな物語**」を提供し始める。

　国家のために尽くすことはすばらしいとか、よりよい社会のために努力することには価値があるといった「**大きな物語**」が人々に与えられ、未来の目的に向かって生きることが望ましい人生の**物語**とされる。人々はそれに合わせて、自分の生活・目標という「**小さな物語**」の実現を目指すようになった。そしてたった一度の「**小さな物語**」を生きるしかないと強く意識する**近代**の人間は、**虚構の物語**でもある**小説**を書き**小説**を読み、**小説**のように自分の人生を捉え「**大きな物語**」に接続することを求めた。

　ところが現代は、大きな人生の**物語**そのものが信じられなくなっている。何が**国家**のためになるのか、よりよい**社会**とはどんなものなのか、一人ひとりの考え方や感じ方も違っている。誰かの理想は、別の誰かにとって悪夢であるかもしれない。また、**国家**はけっして多数の国民のために動くわけではなく、よりよい**社会**は全ての**個人**にとってよりよいものとは限らない。

　だから誰もが自分で選んだ「**小さな物語**」だけを生きることを認め合い、異なる他者と共存していくための**システム**が求められるようになっている。

5 社会の構造

前近代の社会は、教会や皇帝や将軍といった、大きな権威が頂上に君臨（くんりん）する**ピラミッド型**の**階級社会**だった。基本的に人々はそれぞれの階層の中だけで、それぞれ安定し決まった人生の**物語**を生きていた。**地縁・血縁**で結びついた**共同体**が、自分が何者かという「私」の存在基盤と**不可分**であった。

ところがやがて西欧では、教皇から絶対君主へと**権威**は脱宗教化し、さらに**市民革命**によってそれも否定され、人々は階層においても**空間**においても**自由**に移動するようになった。ピラミッドの頂点に君臨していた**権威**が落下し、社会は均一的な平面となった結果、さまざまな分野で人々が激しく行きかい競争し合い、今度は**権力**や**資本**の集中する**中心**が生み出された。人々は**中心**に引き寄せられ、地位や立場の上昇を求めたが、もはや**絶対的**な頂点や外部は存在しない（**クラインの壺** p.36）ため、人々の生のあり方が不安定化したと言えよう。**国家**はさらに中心化を推し進めて**権力**を集中させ、**マスコミ**はそれを取り上げることで共通の国民意識を生み出した。

また一方で、**近代**は**個人主義**の時代でもある。伝統的な**共同体**から遊離した人々は、**個人**としての自律性や**主体性**をもって生きるべきだとされるようになった。**各個人**は一貫性ある内面を保つものとされ、**自我**を**中心**として自らが個性的な生やアイデンティティを形作っていくべきだとされたのである（**自我中心主義**）。

ところが現代は**情報社会**を基盤とする。デジタル情報はオリジナルとコピー、**中心**と**周縁**といった価値の落差をも解消し、世界を**脱中心化**する。インターネットなどがもたらすデジ**タル**なネット**ワーク**が広がり「**権力**」として働く。

この**権力**は、**前近代**の**神**や王といった特別な存在と結びついたものではないし、また、**近代**の**国家**や警察権力のように可視的で固定的なものでもない。もはや社会の**中心**は希薄化している。**個人**の**中心**としての**自我**の**主体性**もまた、**身体**へと分散し**脱中心化**する。自律的な**精神**や意識が**身体**や感情を統御しているのではなく、むしろ**身体**や**無意識**こそが人間を動かすものであるという見方が生まれ、さらには意識や**精神**も**個人**内部の固定的な**実体**ではなく、情報**ネットワーク**や環境における一つの結び目（＝結節点）として外部に開かれたものだという捉え方が現れてきた。

現代の**社会**では、家族も仲間も恋人も、たとえ切り離された別の場所にいたとしても、発達した**メディア**によって、いつでもまたつながることができる。そしてだからこそ、人々は頻繁な**コミュニケーション**を交わしながらかえって同時に**離散**するとともに、容易に遠い外部の他者とも自由に**交通**するようになった。

前近代なら**共同体**の**神話**や**宗教**が語っていた自分が何者かという来歴も、**近代**なら**国民国家**や**マスコミ**が与えていた**個人**の核も、現代ではもはや見当たらない。だから頂点も**中心**もない世界に生きる現代の人間は、それぞればらばらに**ネットワーク**の中を動き回りながら、あちらこちらでさまざまな役割を果たし、さまざまなキャラを演じることで、擬似的な**自己**を掻き集めて他人からの自己承認を得ようとしている。

6 共同体の変遷

前近代の**共同体**は、生まれながらの**地縁**・**血縁**などに基づく共同社会（ゲマインシャフト）であり、それはきわめて緊密な構造をもつものであった。**中世**という時代の社会基盤を作っていたのは**封建制**である。西欧には国王、諸侯、騎士、教会などの領主が農奴に土地を与えてそこに彼らを束縛し、軍役の奉仕も行わせるという主従制度があった。人々は生まれながらの**共同体**を離れて生きていくことが難しかった。

しかし、**近代**になって、労働力を**資本**とする**資本主義**や、**個人**の**自由**を尊ぶ**個人主義**が生まれると、人々は**自由**を抑圧する共同社会を嫌い、あるいはなんとか生き延びるために労働力として都会へ移動していった。

こうして**中世**の共同社会は崩壊していき、大都会に見られるような、契約的な関係において人為的に作られる利益社会(**ゲゼルシャフト**)という**共同体**が成立した。

近代になると、教会や寺院ではなく、たくさんの工場や精神病院が建てられるようになる。工場は**労働者**に、規律に従って勤勉に働くことを要求し、また、民主主義という政治体制は市民に、**理性**に従って行動することを要求する。こうしてしだいに、勤勉で理性的であることを当然とする**近代**の標準的な人間像が形成されていった。

近代初期の西欧では、働かない怠惰な人間もまた精神病院に収容されていた。つまり、労働こそが**理性**に適う正常な行為であり、怠惰は**狂気**と同様の異常な性格と考えられたのである。〈労働/怠惰〉〈**理性**/**狂気**〉という二**項対立**が〈正常/異常〉という優劣=落差のある二**項対立**に重ねられ、こうした二**項対立**が**近代社会**を構成する支配的価値観となったのである。工場労働の理想が**市民社会**の理想の**モデル**となったとも言えよう。

しかしもはや工場における製造業を中心とする**産業社会**(=**工業社会**)から**情報**や知識・サービスが重要視される**脱工業化社会**(=**ポスト工業化社会**)に移行した現代においては、**理性**だけが正常であり、勤勉に労働することが正常だとする近代的な価値観を信奉(しんぽう)することへの疑いが生じている。そこには**自然**というものにつながって生きる、**理性**を超えた**身体**や**狂気**が欠けているからだ。モノの生産を**中心**とする**産業社会**(=**工業社会**)が、サービスや**イメージ**

の消費を求める消費社会へと転回したとも言われ、**理性**、規律、勤勉にのみ価値を置く**近代**の人間像は、時代に合わないものとなりつつある。

しかしまた一方で、現代の人間は、あまりに合理化・情報化された利益社会の中で安らぎを得ることが難しくなっている。そのため人々は、**インターネット**やラインやツイッターなども駆使しながら私的な**ネットワーク**を形成し、また、それぞれの趣味やゲームなどを通じて、利益と離れた、仲間意識に基づく新たな**コミュニティ**（＝**共同体**）の形成に向かっている。

7　時間の変遷

前近代においては、**時間**はいわば自分の存在を証明するようなものとしてあった。「今はむかし…」という物語の書き出しに見られるように、自分が向いている**時間**である「向かし（昔）」が大切であった。その物語の**時間**は、自分の来歴、自分がどういう存在であるかという基盤を語るためのものだからである。**時間**とは、自分を生み出した先祖とのつながりや自分を受け継ぐ子孫とのつながりを意味するものだった。

前近代は**農業**が中心の時代である。作物ごとに収穫までの**時間**がかかる。そして**時間**をかけるからこそ、作物が育つ。春に種を蒔き、夏に水をやって雑草をむしり、秋に刈って収穫を終え、また春に種を蒔く。そうやって季節とともに回帰する**時間**の中に、生活の**時間**もあった。

ところが**近代**になると、時計台が建てられて**時間**が可視化され、さらにはラジオやテレビなどの**マスコミ**が時刻を時報で告げるようになる。そうした自分と直接結びつかない**客観的**な**時間**が生活の隅々にまで浸透してくる。誰もそれから逃れることはできない。それどころか、やがて家の中に柱時計や壁時計が持ち込まれ、ついには各**個人**が腕時計を装着し始めた。すべての国民が同じ**客観的**な**時間**に沿って行動するようになったのだ。人々の生活は、学校、工場、会社といった組織が定めるタイムテーブル(=時刻表)に沿って営まれるようになった。

そして**近代**の中心的な産業である工業は、**時間**自体に農業のような意味を見出すことはない。むしろ、製品が作られる**時間**は少ないほど効率的でよいとされる。**時間**を自分の存在や生命とは無関係に直進するものと捉えたうえで、いかに能率的に**時間**を過ごすか、つまりなるべく**時間**をかけないことが重要となった。

近代はまた、進歩を信じた(**進歩主義**)時代でもあった。**科学技術**の発展や社会制度の改革がもたらす繁栄と幸福が、人類の目指すべき目標であり、**歴史**はそうした未来へ向けて進歩していくものだと考えられた。

ところが、産業構造における**脱工業化社会**(=**ポスト工業化社会**)と同時に情報を資源とする**情報社会**となった現代では、個々の人間が**ネットワーク**の中でばらばらな**時間**を生きるようになった。**前近代**のように、過去からの**伝統**によって支えられるわけでもなく、**近代**のように未来の目的を信じて進むわけでもない。たとえば同じ17歳の生活、家族、学校、受験、恋愛、仲間といっても、それぞれにとって意味が違っているだろう。誰にでも当てはまるような中心的**イメージ**が存在しにくくなっている。

また、深刻化する**環境問題**、ソ連などの**社会主義**体制の崩壊は、**科学技術**の進展や社会制度の変革のもたらす未来が、必ずしも肯定的なものでないことも明らかにした。**デジタルメディア**は、遠く離れた場所にいる人々との**コミュニケーション**を瞬時に可能にする一方で、あらゆる映像や音声を**データファイル**化して、いつどこででも再生可能なものにする。まさに人間は**時間**をコントロールする能力を手に入れたとも言えよう。だが一方では、**自然**の**時間**、**自然**との付き合いの中で生きる生活の価値を再評価する動きも広がっている。現代人はばらばらの**多様**な**時間**、さまざまな**時間**感覚をもって生きるようになったのである。

8 記憶の変遷

中世の人間にとって、自分の**時間**は常に**共同体**の**時間**と結びついていた。だから彼らの記憶もまた、労働や祭りや儀式など、**共同体**の生活や**神話**や**歴史**と結びついたものであったに違いない。

前近代の**神話**や**歴史**は、支配者や**共同体**の正統性を物語るものである。**共同体**の**権威**や集合は、死者から受け継がれたものだとされるが故に、正統と認められてきたのである。

ところが、**近代**ではさまざまな**前近代**の**神話**が壊れ、**歴史**も**科学**的研究の対象となった。**国家**や**マスコミ**が人々の生の目的とすべき「**大きな物語**」を提供するようになる。それは時に応じて「国を守るために命を捧げよ」であったり、「経済成長のもたらす繁栄のために必死に働こう」であったり、「革命や政治改革のために社会運動をしよう」というものであったりした。人々は、社会は**歴史**の進歩によって発展するという**国家**や**マスコミ**の与える「**大きな物語**」に寄り添いつつ、自分にふさわしい記憶、思い出になるような「**小さな物語**」を生きていこうとした。学校や会社や家庭の中での役割、家族や恋人や仲間との思い出が大切となる。自分という存在の**内面**を支えてくれるのは、特別と思える家族、恋人、仲間と特別な**時間**を過ごしたという記憶の存在であっただろう。

しかし現代では、国民の大多数を束ねるスローガンとなるような「**大きな物語**」は成立しにくくなっており、過去から未来へ一様に**時間**が流れていくという印象も薄れてきている。現代は**情報社会**を基盤とする。自分で切り取った情報を組み合わせて、つまりアイテムとして、自分なりの過去から未来へ、ときには未来から過去へと伸びる**時間**を編んでいくしかない。

スマホやパソコンの中のメールや写真は**物質**として古びることはない。昨日撮った写真と遠い過去の写真を隣に並べることもできるし、順序を替えることも可能だ。いわば昨日の想い出と遠い過去の想い出とを同列に並べることも可能となった。**物質**である紙製のラブレターや書籍は古びて黄ばむけれど、メールや**デジタル**写真は古びることもない。

受信メール一覧には、嬉しい出会いの過去メールも悲しいお別れの過去メールも、あるいは昔の大切な保護メールも一緒に並んでいるだろう。送信メール一覧には、過去メールとともに未送信の未来メールも並んでいるかもしれない。現代において元カレや元カノという存在が成立する理由もまた、そんなところにあるのかもしれない。

9　空間の変遷

中世の世界を構成していた基本単位は、村落共同体や封建領主のいる王国や藩などであり、必要な物資の交換、好奇心に基づく旅や**文化**の伝播（でんぱ）も行われてはいたが、それぞれ異なる価値観やさまざまな**文化**が同列に並んでいたと言える。

しかしそういった**空間**が、**近代**の**自然科学**の登場によって大きく様変わりした。**自然科学**は、世界の**空間**を一つの基準によって計り尽くすことを可能にする。世界中の**物質**を資源として捉え、科学をもった西欧の世界観が世界の**周縁**にまで達した。世界は**西欧的**な視点に基づいて一つのものとして閉ざされたのだ。

西洋の**帝国**は**科学技術**の発展を支援し、それによって**資本主義**を活性化し、**帝国**を拡大していくというループを確立し、世界の**覇権**を握ったのである。

近代的な視点をもった西洋の**国家**に対して、それをもたない**前近代**的な王国や民族に勝ち目はなかった。視野の広さは力なのである。

近代世界の**空間**を構成するのは**国民国家**である。**ナポレオン**が率いるフランス軍が強かったのは、彼の才能は別にして、近代的な**国民国家**の軍隊として戦争していたからである。王や封建領主などに金で雇われている**前近代**の軍隊とは決定的に士気が違っていた。自分の**国**家、自分の土地や家族を守るために戦っているからである。**マスコミ**によって、戦争という同じ国家的な重大事件を見ている集団＝国民が世界中で創られていった。**近代**においては、国民全員が戦争に動員されるのは当然だという**イデオロギー**も広がったのである。

また**近代**においては、**ダーウィン**の進化論が西欧の世界観と結びつけられ、生物が進化するように人間もまた進化するという考え方が生まれた。さまざまな**文化**の相違は、進化している**文化**と進化していない**文化**の差だとされた。つまり、西欧に近い**文化**は進化しているが、遠い**文化**は遅れているという序列化が生まれたのである。

現代は近代化が世界の隅々にまで達し、**構造主義**などの登場によって、このような**西洋中心主義**に対する**批判**や**反省**がなされるようになった時代である。さらに電子メディアによる**ネットワーク**が、物理的な**空間**とは別に、**網の目**状に世界中に張り巡らされ、**情報**も**資本**も、そして人間も容易に国境を越えて移動していく。

現代の人間は、物理的な**空間**を超える多層化した個人的な**空間**を生きている。別の**空間**で演奏された音楽を聴きつつ、別の**空間**にいる仲間とメールをやり取りしながら、発達した交通機関によって無機質な**空間**を高速で移動していく。家族や仲間や恋人と一緒にいても、別の場所にいる人間とメールをやり取りする。**身体**で共有している**空間**にヒビを入れつつ、別の誰かとの仮想空間を思い浮かべて生きるのだ。

つまり、**精神**から**身体**へと分散した**主体性**は、今度は逆にネットメディアの中で脱身体化し、さらにいっそう分散化していくのである。

前近代では、**混沌**とした世界の中で過去の**伝統**に依拠して自分たちの**秩序**をいかに維持していくかということが重要な課題であった。ところが**近代**になって、自分たちの**国家**の内側と外側、自国民と他国民を峻別する**国民国家**やそれに依拠した**ナショナリズム**、**自己**の内側と外側、自分と他人の違いを強調する**個人主義**や**個人**の**アイデンティティ**が重視されるようになった。

それに対して現代では、国家に依拠しないＮＧＯや多国籍企業、民族や**国家**を越境する**文化**や**芸術**、**自己**と他者をつなぐ**コミュニティ**（＝**共同体**）の存在などが注目されるようになっている。

10 国家の変遷

中世の世界には、たくさんの王国があったが、その多くは宗教的な**権威**と関わっていた。西欧では、**カトリック**教会の頂点に立つローマ教皇に認められて初めて国王となり得たのであり、その国王のもつ領地が王国とされた。日本でも天皇は主に**文化**的・宗教的な**権威**として君臨してきたが、幕藩体制の頂点に立つ将軍もまた、たとえ形式的なこととはいえ、天皇に認められることを必要としていた。

一方で一般の人々は、年貢を納める領主を意識したとしても、自分がどこの国民であるかという意識をもつことはなかった。

ところが、たとえばフランス革命という**市民革命**によって生まれた近代国家フランスは、神への信仰ではなく**理性**に基づく国民主権を宣言し、**自由**で平等な国民によって構成される**国民国家**であることを主張した。

もちろん現在の日本という**国家**も、中国という**国家**も、フランスと同じように、**近代**になって作られたものである。日本ではまず、明治維新によって中央集権的な**国家**体制が作られ、さらに日清戦争や日露戦争を通じて、外国と戦っている私たちは、私たちと戦っている彼らと違う、だから同じ日本人だという意識が**マスメディア**によって生み出された結果、**国民国家**としての日本が形成されていったのである。

しかし現代のように、**情報**も**資本**も人間も**文化**も、容易に国境を越えて移動するようになると、**国民国家**は**虚構**であると意識されるようになってきた。生活や産業などの基盤となるインフラの整備や、軍隊や警察などによる民衆の安全保持などの重要な役割を期待されつつも、もはや**国民国家**はかつてのような**絶対的**なものではなくなっている。

そうした状況下で、国民の意識がばらばらに**解離**していき、さらには**グローバル化**によって世界が同質化されていく現状において、逆に解体され押し潰されようとする伝統的な生活や**文化**、弱者を守る役目を担うのは、**国民国家**しかないとする**ナショナリズム**的な動向も目立ちつつある。

また一方では、欧州連合（＝EU）など**国民国家**を超える地域統合体、イスラムの宗派連合などが大きな存在となっている。地域社会などの共同体的な絆の再構築を目指す動き（**コミュニタリズム**）がある一方、大衆の不満や不安に迎合する政治（**ポピュリズム**）により、各国で**排外主義**的な風潮が強まるなど、**グローバル化**への抵抗や反発はさまざまな面で現れてきている。

11 芸術の変遷

前近代における**芸術**は、**宗教**や**権威**と結びつくことが多かった。寺院や教会や城にこそ見るべき建築や絵画があり、特にヨーロッパではたくさんの宗教音楽が作られた。それらは神や仏を賛美するものとして、また王や貴族、将軍や大名たちの屋敷を飾り、その**権威**を高めるものとして機能してきた。

ところが**近代**における**芸術**は、自律性と**完結性**をもち始める。音楽、美術、**文学**といったジャンルの中で自律し、**日常**とは異なる非日常的な作品として完結していることが求められるようになった。美術館やオペラハウスやコンサートホールが建てられ、印刷された書籍が大量に出版されるようになる。そこには自律し完結した作者（＝人間）の個性、天才があるとされ、賛美の対象となった。そのことを通して**芸術**は、**人間中心主義**を支える役目を果たしたのである。

しかし、現代においては、さまざまな芸術現象が現れるようになった。ジャンルを**越境**した美術家と音楽家の、あるいは芸術家と科学者、アーティストとリスナーとの**コラボレーション**、日常的な場所や宗教的な場所でのライブ、**インターネット**を利用した新たなイベントや配信、創造されていくプロセスをひっくるめた芸術現象を発信しようという方向性が見られる。

前近代における**宗教性**、**近代**における**自律性**や完結性ではなく、現代の**芸術**に求められるのは、人と人とを出会わせてつなぐというメディアとしての価値だと言えるだろう。

12 世界観の変遷

前近代の人々は、いわば**神話**的世界に生きていた。日本では古来から、たとえば雷は雷神によるものであり、風は風神によるものとされてきたし、西洋では神学を中心として、**錬金術**や占星術なども**真理**を語る学問とされてきた。人々は世界全体をひとつの生命のようなものと考え、いわば魔術的な世界観の中で生きていたのである。

ところが、一七世紀に**科学革命**が起こり、世界全体は機械のようなものと考えられるようになった（**機械論**）。人々は魔術的な世界を脱し（**脱魔術化**）、**近代**が成立したのである。学問は**科学**という形を取り、信仰ではなく**理性**に基づいて体系化されていった。人間や**社会**は**理性**を拡大することで進歩するという**啓蒙主義**が肯定され、また**産業革命**によって**資本主義**が発展し、これまでにない**物質**的な豊かさがもたらされた。

そして**理性**を拡大し豊かさを手にしたはずの近代世界を待っていたのは、世界戦争であり、大量殺戮であり、**環境**破壊であった。

一九八〇年代後半に**ポストモダン**（＝**脱近代**）の時代ということが盛んに言われるようにな

る。**近代**はもはや終わったというわけである。特に一九九一年のソ連崩壊により米ソの**冷戦構造**が**終焉**し、平和と自由と**民主主義**が広がると期待され、もはやこれ以降の**歴史**の進歩はなく（**歴史の終焉**）、**歴史**は**共同体**によって更新されていく**物語**だという考え方も生まれた。

ところが現代では、**社会主義**体制崩壊後の**グローバル化**のなかで、**情報**と**資本**が世界を動き回り、人々の声を伝え**民主主義**を育てると期待されたSNSが**社会**を分断したり、**グローバル化**の波に置き去りにされたと感じる人々の間で、**ナショナリズム**が高まったりしている。自由市場経済体制の中で自国第一を強めるアメリカ、国家資本主義という形で国家の威信を高める中国、ロシア、**前近代**的なイスラム原理主義者をはじめとするさまざまなグループにより、これまでにない新たな形での対立も生じている。

また、**ヴァーチャル**な世界の拡大が、**資本主義**に基づく経済活動や消費行動において混乱を引き起こすとともに、ディープラーニング（＝深層学習）を行うＡＩ（＝**人工知能**）の活用・浸透により、社会システムのブラックボックス（＝動作原理が不明の装置）化が進むと予測されている。さらにSNSの普及や**メディア・リテラシー**の欠如などにより、**虚偽**であっても自分に都合の良い**情報**だけを信じようとする人が増える**ポスト・トゥルース**（＝**ポスト真実**）の時代に入ったとされ、現代は再び魔術的な世界観にとらわれつつある（**再魔術化**）との指摘もある。

13　混沌の現代

前近代の固定された階級社会の中では、人々は**共同体**の**地縁**・**血縁**に束縛されながらも、**共同体**の**神話**や**宗教**を信じ、安定と安心感を得ることができた。

一方で、**近代**の競争社会の中では、人々は孤立と不安を抱きながらも、**国民国家**や未来の繁栄を信じ、**自由**と解放感を手にすることができただろう。

それに対して現代は、それぞれがばらばらに何かを選び取るしかなく、さまざまな**メディア**ツールによってつまみ食いの安楽と一時の安らぎを求める**混沌**とした時代である。

世界の経済・生活が国境を越えて**グローバル化**するとともに、各国内部の**民主主義**から過激な**ポピュリズム**が生まれる現代の社会状況は、**ファシズム**が生まれた時代と酷似しているとの指摘もあり、政治への注視を怠ることはできないだろう。

たとえば戦後民主主義の下にあった一九二〇年代のドイツにおいて、既成の政党は**民主主義**を支える経済的中間層の生活が悪化するのを放置したまま、自らを支持する個別団体の既得権のみを保護し、政治を通じた合意形成を行わず、組織間の対立を激化させた。こうして政治不信と**分断社会**は加速されていった。そのとき、国家利益の代弁者を演じて登場したのがナチスであった。こうして**市民社会**は支配と強制に、**民主主義**は**ファシズム**に変貌したのである。

また現代は、**テクノロジー**の進展による**社会**変化もすさまじい。AI（＝**人工知能**）やIoT（＝**モノのインターネット**）はさらにそのスピードを速めると考えられている。世界を理解するための**大きな物語**は既になく、さまざまな思想的試みも政治的システムも、人々の**倫理観**や人生観も、社会の急激な変化に追いつくことが難しいため、偏狭な**原理主義**や懐古的な**ナショナリズム**に回帰する傾向も見られる。AIは情報を集中化させて**監視社会**（＝**モニタリング社会**）を徹底させ、ごく小数のエリートや政府による**独裁政治**を生むとの懸念もある。また地球温暖化などによる**環境**の破壊も加速している。

本章では、西欧の社会変化を軸に、**中世**（**前近代**）→**近代**→現代（**脱近代**）という流れを追ってきた。だが実際には、**脱近代**が論じられる一方で、日本など急激な**近代**化を遂げた**社会**には、今もまだ**前近代**的な要素が残存している（たとえば日本のジェンダー・ギャップ指数は世界100位以下のまま）。また、西欧と異なる**近代**化を目指している社会や西欧的な**近代**を拒絶し別の体制を模索している**社会**があったり、**分断社会**と化した各国内で**ナショナリズム**が激化したり、米中で覇権争いが発生したりと、さまざまな状況が入り交じる現代は、まさに**混沌**としたものにならざるをえないのが実情である。

☆思想チャート

時代＼項目	精神と物質	自然観	人生の物語	主体性	社会の構造
中世 前近代（プレモダン）	不可分で一体	精神的・個性的存在	**共同体**の神話・宗教に従って歴史・伝統から自分の来歴を得る	**共同体**・教会・家制度に従属 **地縁**・**血縁**・伝統と不可分	**ピラミッド型**（教皇・君主などが頂上に位置し、人々は各階層に固定される） 教皇　君主 階層
近代 モダン	**物心二元論**・資源重視	**機械論**・**原子論**・**還元主義**	国家や**マスコミ**の**大きな物語**に沿って小さな物語を生き個人の核を得る	個人の**内面**重視 自ら個性を求める**自我中心主義**	**クラインの壺**（人々は地位・立場の上昇を目指すが、頂点がないため、不安定で底面に戻る） 中心 周縁
現代 脱近代（ポストモダン）	一体化・**身体**重視	**生態系**・**システム**論	自分だけの**小さな物語**をネットワークの中で模索し自己確認を行う	他者と**共生するネットワーク**重視 自我から身体化→**脱身体化**	**ネットワーク型**（個人は**網の目**状の権力に組み込まれ、結び目として外部に開く） 個人 （結び目）
参照	3	3	4・8	5・9	5

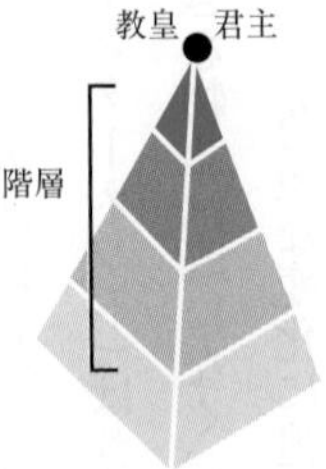

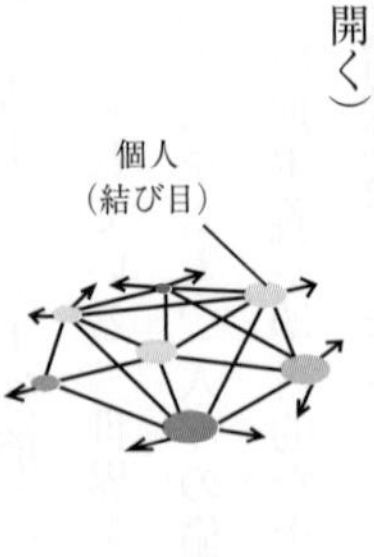

※時代欄の参照：1・2

社会の特徴				
社会の特徴	**絶対的権威**が頂上に君臨する安定した**階級社会**	自己の権力・資本の獲得を目指す**中心志向**の不安定な**競争社会**	**デジタル化**により**脱中心化**して多様な方向に広がる**情報社会**	5・13
中心産業	**農業（第一次産業）**	**工業（第二次産業）**	**情報など（第三次産業）**	6・7
共同体	**自然発生的**で緊密な**共同社会（ゲマインシャフト）**	人為的な契約に基づく**利益社会（ゲゼルシャフト）**	**私的**なネットワークに基づくコミュニティ	6
時間	自分の存在基盤を語る**回帰的**な時間	歴史の進歩によって発展する**直線的**な時間	各個人の解釈に基づくばらばらで**多様**な時間	7・8
歴史	**神話**・自己の来歴と不可分	理性の拡大（**啓蒙主義**）で進歩（**進歩主義**）	進歩はなく（**歴史の終焉**）、共同体が更新する**物語**	7・12
空間	村落**共同体**・王国・藩など	西欧的視点によって一元化	NGO・多国籍企業・**グローバル化**	9
国家	宗教的権威に基づく王国など	国民意識に基づく**国民国家**	仮想空間・超大国・連合の登場	10
芸術	神仏・権威を賛美し、**宗教性**を特徴とする	**人間中心主義**を賛美し、**自律性**・**完結性**を特徴とする	創造のプロセスを重視し、**メディア性**を特徴とする	11
世界観	**神話的**・**魔術的**	**機械論**によって**脱魔術化**	ヴァーチャル世界の拡大などによって**再魔術化**	12
心情的要素	束縛と安心感	不安と解放感	一時的な安らぎを求める混沌	13

参考：浅田彰『構造と力』（勁草書房）

接頭語

□**1** 空(から)～　何もない・実質がない・目的を果たしていない～　「空元気」「空回り」

□**2** 間～　〔＝インター～〕～を共有しているあり方　「間主観性」「間身体性」

□**3** 小(こ)～　小さい・いい感じに・大したものでなく～　「小粋(こいき)」「小賢(こざか)しい」

□**4** 超～　～を超えている・極端に～　「超現実主義」「超むかつく」

□**5** 生(なま)～　加工や編集されていない・不完全な・何となく～　「生乾き」「生暖かい」

□**6** 汎～ pan～　～全体にわたる　「汎用性人型ロボット」「汎地球主義」

□**7** 非～　～でない(こと)　「非合理」「非日常」

□**8** 不～　～でない(こと)　「不可逆」「不条理」

□**9** 無～　～がない(こと)　「無意識」「無政府主義」

□**10** 没～　～がない(こと)　「没個性」「没交渉」

□**11** うそ～　なんとなく～　「うそ寂しい」「うそ寒い」

□**12** うら～　なんとなく～　「うら悲しい」「うら淋しい」

□**13** アンチ anti～　～に反対・反～　「アンチファシズム」「アンチ巨人」

□**14** インター inter～　〔＝間～〕～を共有しているあり方　「インターナショナル」「インターネット」

□**15** グローバル global～　地球全体に関わる～　「グローバル化」「グローバル資本主義」

□**16** ノン non～(仏)　〔＝非・不・無～〕～でない(こと)・～がない(こと)　「ノンアルコール」「ノンストップ」

□**17** プレ pre～　前～・～以前・～の前　「プレモダン」「プレオリンピック」

□**18** ポスト post～　脱～・～以後・～の次　「ポストモダン」「ポストコロニアル」

□**19** マス mass～　大量・多数・集団　「マスコミ」「マスゲーム」

□**20** メタ meta～　～を超えている・～自体に関する～　「メタフィジカル」「メタ認知」

接尾語

□**1** ～化　〔＝～イズ〕～にす(な・変え)ること・～と捉えること　「異化」「相対化」

□**2** ～学　～についての体系化された知識　「形而上学」「民俗学」

□**3** ～観　～についての考え方　「社会観」「人生観」

□**4** ～系　～の(な)体系・～の系統　「複雑系」「生態系」

□**5** ～性　～の性質・傾向　「機能性」「匿名性」

□**6** ～的　～としての・～ふうの　「概念的」「恣意的」

□**7** ～法　～の方法　「弁証法」「料理法」

□**8** ～論　～についての意見・議論　「機械論」「相対論」

□**9** ～社会　～による社会　「市民社会」「大衆社会」

□**10** ～主義　〔＝～イズム〕～に基づく学説・思想・立場・体制・制度　「資本主義」「自由主義」

□**11** ～中心主義　～が中心にあると見なす思想・立場　「人間中心主義」「自民族中心主義」

□**12** ～がし　～ればいいと言うばかりにする様子　「聞えよがし」「これ見よがし」

□**13** ～ざわり　～に触る感覚　「手触り」「歯触り」

□**14** ～すがら　～のついでに・～の初めから終りまで　「道すがら」「夜もすがら」

□**15** ～づく　～の状態になる・～が強くなる　「秋づく」「調子づく」

□**16** ～ばむ　～を外に出す　「汗ばむ」「気色(けしき)ばむ(＝怒りを外に表す)」

□**17** ～もがな　～方がよい　「あらずもがな(＝ない方がよい)」「言わずもがな」

□**18** ～イズ ize　〔＝～化〕～にす(な・変え)ること・～と捉えること　「カスタマイズ(＝自分向けに変える)」「シンクロナイズ(＝同期化する)」

□**19** ～イズム ism　〔＝～主義〕～に基づく説・考え方　「エゴイズム」「ヒロイズム」

□**20** ～レス less　～を使わないこと・～がないこと　「ペーパーレス」「エンドレス」

第1章 「共通テスト」文学・慣用語句575

「共通テスト」で出題される語意問題は、意外なほどミスをする受験生が多い。本章ではこれまでの「共通テスト」（試行調査・センター・共通一次）で出題された語意を含め、類似の語意問題を数多く解いてもらえるように、上段の言葉5つと下段の選択肢5つとを結びつける方式を採用して正確な語意の定着に配慮した。文脈を踏まえた上で、語意の知識を優先して答えることが重要である。また、下欄にある解答だけでなく、同、関、対、異などにも注意し、言葉の関連性を捉え、知らない語意への推理力も身につけて欲しい。

1 「共通テスト」文学・慣用語句575

感情・日常表現の重要語325 ①

語句の意味として最も適当なものを、次の各群の①～⑤のうちから、それぞれ一つずつ選べ（ただし太字はこれまでの「共通テスト」（試行調査・センター・共通一次）既出。なるべく選択肢に頼らずに、自分で意味を言えるようにしよう）。

□ 1 **屈託（くったく）なく**
□ 2 誰彼（だれかれ）なく
□ 3 間断（かんだん）なく
□ 4 造作（ぞうさ）なく
□ 5 異存（いぞん）なく

① 相手の区別もなく
② 反対の意見もなく
③ 途切れることもなく
④ 何のこだわりもなく
⑤ 手間取ることもなく

□ 6 **是非（ぜひ）なく**
□ 7 素気（すげ）なく
□ 8 忌憚（きたん）なく
□ 9 いつとなく
□ 10 何（なに）くれとなく

① 遠慮せず・はばからず
② 愛想がなく・つれなく
③ やむをえず・仕方なく
④ いろいろと・定まることなく
⑤ 常に・始終

解答・ポイント

1 ④ 「―笑う」**屈託**＝こだわり
2 ① 「―助ける」誰か彼かに関係がなく
3 ③ 「―続く」間断＝断絶する間
4 ⑤ 「―やりとげる」同 雑作なく
5 ② 「―賛成する」異存＝異なった所存（意見）異 **依存（いぞん）**（他に頼って存在する）
6 ③ 「―断念する」**是非**＝よしあし
7 ② 「―答える」同 素っ気（そっけ）なく
8 ① 「―ご意見を…」**忌憚**＝遠慮
9 ⑤ 「―気に掛けてくれてありがとう」
10 ④ 「―世話を焼いてくれたのに残念」

□ 11 **他意**（たい）**なく**
□ 12 万遍（まんべん）なく
□ 13 所在（しょざい）なく
□ 14 腹蔵（ふくぞう）なく
□ 15 容赦（ようしゃ）なく

① することなどが何もなく
② 心に隠すことなどなく
③ ゆき渡らない所などなく
④ 裏に含んだ考えなどなく
⑤ 遠慮することなどなく

□ 16 **余儀**（よぎ）**なく**
□ 17 仮借（かしゃく）なく
□ 18 幾許（いくばく）もなく
□ 19 ゆくりなく
□ 20 我（われ）にもなく

① 見逃し許すことなどなく
② やむをえず・他に方法がなく
③ 無意識のうちに・夢中で
④ 思いがけず・偶然に
⑤ あまり時が経つことがなく

□ 21 **余念**（よねん）**なく**
□ 22 遺憾（いかん）なく
□ 23 否応（いやおう）なく
□ 24 遅滞（ちたい）なく
□ 25 遜色（そんしょく）なく

① 熱心に
② 無理やり
③ 互角に
④ 十分に
⑤ 予定通り

---

11 ④ 「―質問する」他の意図がなく
12 ③ 「―広げる」同 遍（あまね）く
13 ① 「―歩き回る」所在＝存在する場所
14 ② 「―話す」腹の中に蔵することなく
15 ⑤ 「―批判する」容赦＝相手のあやまちを許容し赦（ゆる）す
16 ② 「中止を―される」**余**＝他のこと
17 ① 「―糾弾する」**仮借**＝見逃す・許す
18 ⑤ 「―到着した」**幾許**＝どのくらい
19 ④ 「―出会えたことを幸せに思う」
20 ③ 「―取り乱すことになった」
21 ① 「―準備する」**余念**＝他の考え
22 ④ 「―発揮する」**遺憾**＝残念
23 ② 「―従う」**否応**＝不承知と承知
24 ⑤ 「―支払う」遅れ滞（とどこお）ることなく
25 ③ 「―活躍する」**遜**＝ひけを取る

2 「共通テスト」文学・慣用語句575

感情・日常表現の重要語325 ②

語句の意味として最も適当なものを、次の各群の①〜⑤のうちから、それぞれ一つずつ選べ（ただし太字はこれまでの「共通テスト」（試行調査・センター・共通一次）既出。なるべく選択肢に頼らずに、自分で意味を言えるようにしよう）。

□ 26	**おずおずとした**	① 静かでゆっくりな
□ 27	おどおどとした	② しまりがない・のろまな
□ 28	そろそろとした	③ 落ち着かないような
□ 29	なみなみとした	④ ためらうような
□ 30	ぐずぐずとした	⑤ あふれこぼれそうな

□ 31	**小（こ）ざっぱりとした**	① 新しく見栄えする
□ 32	きっぱりとした	② 清潔で感じがよい
□ 33	ちょっとした	③ おおざっぱである
□ 34	ぱりっとした	④ わずかの・相当な
□ 35	ざっくりとした	⑤ 断固として明確な

解答・ポイント

26 ④「―様子」〈怖（お）ず怖（お）ずとした〉
27 ③「―顔つきで全てを打ち明けた」
28 ①「―歩みでこちらに近づいてきた」
29 ⑤「―水が目を切り裂くように輝く」
30 ②「―行動は今や許されない」愚図は当て字
31 ②「―身なりに好感をもった」
32 ⑤「―態度で見事に断られたよ」
33 ④「―工夫が必要ねと笑われた」
34 ①「―服装がちょっと恥ずかしい」
35 ③「―議論」ざっくりはざくり（力を込めて切る様子）を強めた語

□ 36 **逼塞(ひっそく)した**
□ 37 粉飾(ふんしょく)した
□ 38 逼迫(ひっぱく)した
□ 39 敷衍(ふえん)した
□ 40 通暁(つうぎょう)した

① 行き詰まって余裕がない
② 取り繕(つくろ)って立派に見せた
③ 落ちぶれて閉じこもった
④ 詳しくよく知りぬいた
⑤ 意味を広げて説明した

□ 41 **凛(りん)とした**
□ 42 確(かく)とした
□ 43 漠(ばく)とした
□ 44 ふとした
□ 45 きっとした

① 態度がいかめしい
② つかみどころがない
③ 思いがけない
④ きりりと引き締まった
⑤ はっきりとした

□ 46 **老成(ろうせい)した**
□ 47 熟成(じゅくせい)した
□ 48 集大成(しゅうたいせい)した
□ 49 造成(ぞうせい)した
□ 50 大成(たいせい)した

① 十分にできあがった
② 年のわりに落ち着いた・経験を積んで巧(たく)みだ
③ 使えるように作り上げた
④ 立派に成し遂げた
⑤ 体系的に一つにまとめた

---

36 ③「―生活」**逼**＝迫(せま)る・**塞**＝塞(ふさ)がる
37 ②「―決算」悪い意味で使う
38 ①「―経営」**逼**＝迫(せま)る
39 ⑤「宇宙にまで―話は退屈だった」
40 ④「茶道に―」夜を通して暁(あかつき)（夜明け）まで

41 ④「―表情がまぶしい」
42 ⑤「―証拠」同 確たる
43 ②「―不安が胸を去らない」
44 ③「―思いつきを口にした」
45 ①「―口調で断るんだよ」〈屹度(きっと)した〉屹＝抜きん出てそびえる

46 ②「―人物」**老**＝経験を積んでいる
47 ①「―酒」熟した状態に成った
48 ⑤「―論文」集めて大きく成した
49 ③「―宅地」使えるように造り成した
50 ④「研究を―」大きく成し遂げた

3 「共通テスト」文学・慣用語句575

感情・日常表現の重要語325 ③

語句の意味として最も適当なものを、次の各群の①～⑤のうちから、それぞれ一つずつ選べ（ただし太字はこれまでの「共通テスト」（試行調査・センター・共通一次）既出。なるべく選択肢に頼らずに、自分で意味を言えるようにしよう）。

□ 51 **慇懃**（いんぎん）**に**
□ 52 伊達（だて）に
□ 53 神妙（しんみょう）に
□ 54 真摯（しんし）に
□ 55 鷹揚（おうよう）に

① 素直に
② まじめでひたむきに
③ 人目を引いて
④ ゆったり落ち着いて
⑤ 丁寧に

□ 56 **癇症**（かんしょう）**に**
□ 57 如実（にょじつ）に
□ 58 頑迷（がんめい）に
□ 59 狡猾（こうかつ）に
□ 60 執拗（しつよう）に

① 悪賢（わるがしこ）く
② しつこく
③ 実際通りに
④ かたくなで道理がわからず
⑤ 神経質に

解答・ポイント

51 ⑤「―礼を言われちゃったよ」
52 ③「―長年やってないさ」
53 ①「―頭を下げておく」
54 ②「―取り組む」摯＝行き届く
55 ④「―構える」鷹（たか）が大空を飛ぶ様子から

56 ⑤「―掃除する」癇＝神経質
57 ③「―物語る」実際の如（ごと）くに
58 ④「―断る」頑は頑（かたく）なと読む
59 ①「―立ち回る」狡は狡（こす）い・狡（ずる）いと使う
60 ②「―食い下がる」関 執着（強く心をひかれとらわれる）

□ 61 **端的(たんてき)に** ① 経過や目的をぬきに判断して
□ 62 間欠的(かんけってき)に ② 緊張し感激させられる様子で
□ 63 公的(こうてき)に ③ 手短にはっきりと
□ 64 劇的(げきてき)に ④ おおやけの立場から判断して
□ 65 結果的(けっかてき)に ⑤ 一定時間を空け繰り返して

□ 66 **やにわに** ① 予想通りに・やっぱり
□ 67 てんでに ② だしぬけに・その場で
□ 68 ちなみに ③ ついでに・関連して
□ 69 さすがに ④ めいめいに・各自に
□ 70 つぶさに ⑤ 詳細に・細かく詳しく

□ 71 **ぶっつけに** ① 他の事にかこつけて
□ 72 あてつけに ② 常に行って馴染(なじ)んで
□ 73 うらづけに ③ いきなり・遠慮なく
□ 74 ゆきつけに ④ 礼儀作法をわきまえず
□ 75 ぶしつけに ⑤ 証拠や保証として

---

61 ③ 「―言うと」 **端**は端(はし)の意味
62 ⑤ 「―噴(ふ)き出す温泉」(＝間欠泉)
63 ④ 「―発言する」 公は公(おおやけ)と読む
64 ② 「―変化する」 **同** ドラマチックに
65 ① 「―うまくいく」 結果のみについて問題にするときに使う
66 ② 「―口を開く」〈矢庭に〉
67 ④ 「―歩き回る」 **異** **てんで**＝まったく
68 ③ 「―付け加えますと」〈因(ちな)みに〉
69 ① 「―立派なものだ」〈流石(さすが)に〉
70 ⑤ 「―観察してみよう」〈具(つぶさ)に〉 **関** **詳(つまび)らかに**〈詳(くわ)しく明らかに〉
71 ③ 「―本題に入る」〈打(ぶ)っ付けに〉
72 ① 「―言う」〈当て付けに〉
73 ⑤ 「―数値を出す」〈裏付けに〉
74 ② 「―している店」〈行(ゆ)き付けに〉
75 ④ 「―口をはさむ」〈不躾(ぶしつけ)に〉 躾は本来からだを美しく飾る意味

4 「共通テスト」文学・慣用語句575

感情・日常表現の重要語325 ④

語句の意味として最も適当なものを、次の各群の①〜⑤のうちから、それぞれ一つずつ選べ（ただし太字はこれまでの「共通テスト」（試行調査・センター・共通一次）既出。なるべく選択肢に頼らずに、自分で意味を言えるようにしよう）。

□ 76 **過分**（かぶん）な
□ 77 過重（かじゅう）な
□ 78 過剰（かじょう）な
□ 79 過度（かど）な
□ 80 過激（かげき）な

① あり余る
② 適切さを超えた
③ 負担が大きすぎる
④ 極端である
⑤ 身に余る

□ 81 **怪訝**（けげん）な
□ 82 不遜（ふそん）な
□ 83 邪険（じゃけん）な
□ 84 隠微（いんび）な
□ 85 老獪（ろうかい）な

① 経験を積んでいて悪賢（わるがしこ）い
② 不可解で納得のいかない
③ 外面に現れず解りにくい
④ おごりたかぶっている
⑤ 意地が悪く思いやりがない

解答・ポイント

76 ⑤ 「—賞賛」身分に過ぎた扱いを受ける
77 ③ 「—任務」重過ぎる
78 ① 「自信—発言」 剰＝あまる・あます
79 ② 「—期待」度を過ごした
80 ④ 「—意見」 対 穏健な
81 ② 「—顔」怪しくて訝（いぶか）しい 関 訝る p.52
82 ④ 「—態度」 遜＝ひけを取る
83 ⑤ 「—扱い」邪（よこしま）で険（けわ）しい
84 ③ 「—手段」隠れて微（かす）かにだけ現れる
85 ① 「—やり口」 老＝経験を積んでいる・猾＝悪賢い

□ 86 **殊勝（しゅしょう）な**
□ 87 敬虔（けいけん）な
□ 88 朴訥（ぼくとつ）な
□ 89 瀟洒（しょうしゃ）な
□ 90 静謐（せいひつ）な

① 深くうやまいつつしむ・神仏に帰依（きえ）して仕（つか）える
② しずかでおだやかな・世の中が治まっている
③ さっぱりして気が利いている・あか抜けた
④ 飾り気がなくて、話が下手な・無口な
⑤ しっかりしていて健気（けなげ）な・もっともらしく神妙な

□ 91 **唐突（とうとつ）な**
□ 92 辛辣（しんらつ）な
□ 93 稀有（けう）な
□ 94 偏屈（へんくつ）な
□ 95 杜撰（ずさん）な

① 頑固な
② 手厳しい
③ 不意の
④ いい加減な
⑤ 珍しい

□ 96 **森厳（しんげん）な**
□ 97 謹厳（きんげん）な
□ 98 厳格（げんかく）な
□ 99 荘厳（そうごん）な
□ 100 厳粛（げんしゅく）な

① おごそかで心が引き締まる
② つつしみ深くおごそかな
③ 威厳（いげん）があって気高い
④ きびしく手加減しない
⑤ きわめておごそかな

---

86 ⑤ 「―心がけ」 **殊**＝特別だ
87 ① 「―信者」 **敬**＝敬（うやま）う・**虔**＝つつしむ
88 ④ 「―人柄」 **朴**＝飾り気がない
89 ③ 「―住宅」 **瀟**＝さっぱりしている
90 ② 「―空気」 **謐**＝静か・穏やか・安らか

91 ③ 「―結末に笑っちゃったよ」
92 ② 「―言葉」 **辛**＝辛（から・つら）い・**辣**＝辛
93 ⑤ 「―現象」 稀（まれ）に有る 同 希有な
94 ① 「―人間でして」 **偏**（かたよ）りねじけた
95 ④ 「―経営」 宋の詩人杜黙（ともく）の詩が多く律詩に合わなかったという故事から

96 ⑤ 「―雰囲気」 **厳**＝厳（おごそ）かな
97 ② 「―教師」 **厳**＝厳（おごそ）かな
98 ④ 「―家庭」 **厳**＝厳（きび）しい
99 ③ 「―神殿」 関 **荘重**（厳（おごそ）かで重々しい）
100 ① 「―事実」 **厳**＝厳（おごそ）かな 関 **厳然**（動かしがたい）

5 「共通テスト」文学・慣用語句575

感情・日常表現の重要語325 ⑤

語句の意味として最も適当なものを、次の各群の①～⑤のうちから、それぞれ一つずつ選べ（ただし太字はこれまでの「共通テスト」（試行調査・センター・共通一次）既出。なるべく選択肢に頼らずに、自分で意味を言えるようにしよう）。

□ 101 **些末**（さまつ）
□ 102 御粗末（おそまつ）
□ 103 粗末（そまつ）
□ 104 泡沫（ほうまつ）
□ 105 本末（ほんまつ）

① 取るに足りないこと
② おろそかに扱う・質が悪いこと
③ はかない・取るに足りないこと
④ 大切なことと取るに足りないこと・初めと終わり
⑤ 上等でない・不手際（ふてぎわ）であること

□ 106 **渾身**（こんしん）
□ 107 前身（ぜんしん）
□ 108 化身（けしん）
□ 109 一身（いっしん）
□ 110 砕身（さいしん）

① 過去の形
② 体じゅう
③ 自分の体
④ 苦労すること
⑤ 生まれ変わり

解答・ポイント

101 ① 「—な欠点」 **些**＝些か（いささか）・少し 同 瑣末（さまつ）
102 ⑤ 「—な結果」 謙遜・自嘲の気持ちで使う
103 ② 「—な小屋」 **粗**＝粗い（あらい）
104 ③ 「—会社」 泡のようだから
105 ④ 「—転倒」 基本となる事と瑣末（さまつ）な事
106 ② 「—の力」**渾**＝すべて 同 満身 異 **懇親**
107 ① 「この会社の—」 異 全身・前進
108 ⑤ 「悪の—」 本来は神仏に使った
109 ③ 「—に背負う」 異 **一心**（専念）
110 ④ 「**粉骨—**」（力の限り努力する） 身を砕くことから 異 細心・最新

□ 111 **放心**（ほうしん）
□ 112 会心（かいしん）
□ 113 改心（かいしん）
□ 114 腐心（ふしん）
□ 115 悪心（あくしん）

① 他人に害を与えようとすること
② 心を痛め悩ますこと
③ 今までのことを反省すること
④ 心を奪われてぼうっとなること
⑤ 心にかない満足に思うこと

□ 116 **難物**（なんぶつ）
□ 117 傑物（けつぶつ）
□ 118 好人物（こうじんぶつ）
□ 119 人物（じんぶつ）
□ 120 俗物（ぞくぶつ）

① 名誉や利益ばかり追う人
② 気立てのよい人
③ 扱いにくい人
④ ずば抜けてすぐれた人
⑤ 人間・性格・すぐれた人

□ 121 **現金**（げんきん）
□ 122 値千金（あたいせんきん）
□ 123 掛け金（かけきん）
□ 124 涙金（なみだきん）
□ 125 成金（なりきん）

① 分割して定期的に支払う金のこと
② お情けで与えるわずかな金のこと
③ わずかのうちに金持ちになること
④ めさきの状況によって態度や主張を露骨（ろこつ）に変えること
⑤ 非常に価値の高いこと

---

111 ④ 「━状態」心が他へ放たれる
112 ⑤ 「━の作だと彼はほくそえんだ」
113 ③ 「━して出直して！」心を改める
114 ② 「経営に━する」**腐**＝悩ませる
115 ① 「━を抱く」**悪心**（おしん）（吐き気がすること）は別の語

116 ③ 「彼は━だ」取り扱い困難なもの
117 ④ 「**稀代**（きだい）（世にも稀（まれ）だ）の━」
118 ② 「━と評される」好かれる人物
119 ⑤ 「**一角**（ひとかど）**の━**」（きわめて優れた人物）
120 ① 「━根性」関 **俗人**（風流を解さない・名誉や利益しか頭にない人）

121 ④ 「おまえは━な奴だな」
122 ⑤ 「彼は━の同点ゴールを奪った」
123 ① 「保険の━なんて面倒なんだけど」
124 ② 「━を渡されて帰ってきました」
125 ③ 「━趣味の抜けないおやじ」

6 「共通テスト」文学・慣用語句575

感情・日常表現の重要語325 ⑥

語句の意味として最も適当なものを、次の各群の①〜⑤のうちから、それぞれ一つずつ選べ（ただし太字はこれまでの「共通テスト」（試行調査・センター・共通一次）既出。なるべく選択肢に頼らずに、自分で意味を言えるようにしよう）。

□ 126 **あがなう**　① 供給して・限度内で、必要を満たす
□ 127 まかなう　② 埋め合わせをする・恩恵にむくいる
□ 128 いざなう　③ 傷つける・害する・悪い状態にする
□ 129 つぐなう　④ さそい連れて行く・勧めて連れ出す
□ 130 そこなう　⑤ 買い求める・引き換える・罪をつぐなう

□ 131 **面映**(おもは)**ゆい**　① 申し訳ない
□ 132 目(め)ぼしい　② 特に価値がある
□ 133 歯(は)がゆい　③ てれくさい
□ 134 心苦(こころぐる)しい　④ ぶっそうな
□ 135 きな臭(くさ)い　⑤ もどかしい

解答・ポイント

126 ⑤「損失を―」〈贖(あがな)う〉
127 ①「寄付金で―」〈賄(まかな)う〉
128 ④「花見に―」〈誘(いざな)う〉
129 ②「罪を―」〈償(つぐな)う〉
130 ③「健康を―」〈損(そこ)なう〉

131 ③「―ほめ言葉」面＝顔・映＝輝く
132 ②「他に―物はなかった」
133 ⑤「―思い」〈歯痒(はがゆ)い〉
134 ①「―までの厚遇を受けた」
135 ④「どことなく―人物」衣(きぬ)が燃えて臭いことが語源とも

□ 136 おしなべて ① 十分に注意して ② やっと・ぎりぎり ③ 互いに作用して ④ ことに・特別に ⑤ 総じて・一様に

□ 137 こころして

□ 138 かろうじて

□ 139 とりわけて

□ 140 あいまって

□ 141 かんがみて ① そのままにして・無視して ② ぜひ・じっくり ③ 振り返って・反省して ④ 他と比べて考えて ⑤ 特に問題として

□ 142 とりたてて

□ 143 おりいって

□ 144 さしおいて

□ 145 かえりみて

□ 146 えてして ① 思いがけず ② やはり・本当に ③ このようにして ④ ともすると ⑤ 一般的にいって

□ 147 ふとして

□ 148 がいして

□ 149 はたして

□ 150 かくして

---

136 ⑤ 「成績は—良好だ」〈押し並(な)べて〉

137 ① 「—掛かれよ」〈心して〉

138 ② 「—間に合った」〈辛(から)うじて〉

139 ④ 「—可愛がる」〈取り分けて〉

140 ③ 「両々(りょうりょう)—」（両方が互いに補いあって）〈相俟(あいま)って〉

141 ④ 「—判断する」〈鑑(かんが)みて〉

142 ⑤ 「—問題はない」〈取り立てて〉

143 ② 「—話がある」〈折り入って〉

144 ① 「当人を—」〈差し置いて〉

145 ③ 「自分を—」〈顧(かえり)みて（振り返って）・省(かえり)みて（反省して）〉

146 ④ 「—失敗するものさ」〈得てして〉

147 ① 「—お目にかかれたなら」

148 ⑤ 「—質が高い」〈概して〉

149 ② 「—どうなるか」〈果たして〉

150 ③ 「彼は—合格したのだった」

7 「共通テスト」文学・慣用語句575

感情・日常表現の重要語325 ⑦

語句の意味として最も適当なものを、次の各群の①～⑤のうちから、それぞれ一つずつ選べ（ただし太字はこれまでの「共通テスト」（試行調査・センター・共通一次）既出。なるべく選択肢に頼らずに、自分で意味を言えるようにしよう）。

□ 151 祟(たた)る　① はっきりしないので、変に・不審に思う
□ 152 与(あずか)る　② 悪い影響を及ぼす・災(わざわ)いがふりかかる
□ 153 慮(おもんぱか)る　③ 目上から好意や恩恵を受ける・関(かか)わる
□ 154 訝(いぶか)る　④ 他人を刺激し行動に駆り立てる・動かす
□ 155 煽(あお)る　⑤ あれこれ思いを巡らす・よくよく考える

□ 156 **醸(かも)す**　① せきたてる・勧(すす)める
□ 157 促(うなが)す　② 役立つ・ためになる
□ 158 伍(ご)す　③ 徐々につくり出す
□ 159 益(えき)す　④ 乗り越える・損(そこ)なう
□ 160 冒(おか)す　⑤ 同等の位置に並ぶ

解答・ポイント

151 ② 「無理が―」 関 祟(たた)り目（災いにあう時）
152 ③ 「恩恵に―ことしか考えない人」
153 ⑤ 「世評を―」 おもいはかるが語源
154 ① 「彼の態度を―」 関 怪訝(けげん)な p.46
155 ④ 「購買欲を―」 関 煽動(せんどう)する（人を煽って行動させる）

156 ③ 「物議(ぶつぎ)を―」 関 醸造（発酵で作る）
157 ① 「参加を―」 促進する×捉
158 ⑤ 「強豪に―」 伍＝仲間
159 ② 「社会に―」 利益を与える
160 ④ 「危険を―」 異 犯す（法・道徳を破る）

□161 掠(かす)める
□162 崇(あが)める
□163 撓(たわ)める
□164 窄(すぼ)める
□165 咎(とが)める

①力を加えて全体を曲げる・しならせる
②望ましくないこととして注意し非難する
③閉じて小さくする・先のほうを狭くする
④尊いものとして扱う・尊敬する・敬(うやま)う
⑤一瞬おそう・触れそうに通り過ぎる・盗む

□166 かられる
□167 こなれる
□168 あぶれる
□169 そがれる
□170 こがれる

①勢いが弱められる
②心がせきたてられる
③熟練する・消化される
④（苦しいほど）恋い慕う
⑤はみ出て不用になる

□171 閉口(へいこう)する
□172 閉眼(へいがん)する
□173 閉居(へいきょ)する
□174 閉塞(へいそく)する
□175 幽閉(ゆうへい)する

①閉じ込める
②死ぬ
③閉ざされふさがる
④困りはてる
⑤閉じこもる

---

161 ⑤「脳裏を—」語源は霞(かす)むと同じ
162 ④「神を—」**関** **崇拝する**（崇め敬(うやま)う）
163 ①「枝を—」撓＝撓(しな)る
164 ③「口を—」窄は見窄(みすぼ)らしいにも使う
165 ②「発言を—」**関** **咎め立てする**（必要以上に厳しく咎める）
166 ②「衝動に—」〈駆られる〉
167 ③「芸が—」〈熟(こな)れる〉
168 ⑤「仕事に—」〈溢(あぶ)れる〉
169 ①「やる気を—」〈殺(そ)がれる〉
170 ④「待ち—」〈焦(こ)がれる〉恋い焦がれるなどとも言う
171 ④「難題に—」口を強く閉じるから
172 ②「静かに—」眼を閉じるから
173 ⑤「長い間—」通常は家の中に
174 ③「状況が—」閉じて塞(ふさ)がる
175 ①「城に—」人と接触させないようにするニュアンス

8 「共通テスト」文学・慣用語句575

感情・日常表現の重要語325 ⑧

語句の意味として最も適当なものを、次の各群の①〜⑤のうちから、それぞれ一つずつ選べ（ただし太字はこれまでの「共通テスト」（試行調査・センター・共通一次）既出。なるべく選択肢に頼らずに、自分で意味を言えるようにしよう）。

□ 176 **みじんもない**
□ 177 まぎれもない
□ 178 かくれもない
□ 179 いわれもない
□ 180 あられもない

① 間違いない
② 少しもない
③ 理由などない
④ 相応（ふさわ）しくない
⑤ 有名である

□ 181 **おぼつかない**
□ 182 およびでない
□ 183 いいしれない
□ 184 いけすかない
□ 185 かたじけない

① 頼りない・はっきりしない
② 感じが悪くていやである
③ なんとも言いようがない
④ 身にしみてありがたい
⑤ 必要とされない

解答・ポイント

176 ② 「そんな気は━」 **微塵**（みじん）＝細かい塵（ちり）
177 ① 「━証拠」〈紛れもない〉
178 ⑤ 「━事実」〈隠れもない〉
179 ③ 「━中傷」 **謂れ**（いわれ）＝理由・由緒（ゆいしょ）
180 ④ 「━姿」 あられ＝動詞「あり」＋可能の助動詞「れる」 特に女性に使う
181 ① 「━足取り」〈覚束ない〉
182 ⑤ 「私は━の」〈御呼びでない〉
183 ③ 「━喜び」〈言い知れない〉
184 ② 「━人物」〈いけ好かない〉
185 ④ 「ご厚意━」 過ぎた恩恵・好意を受けたときに使う

□ 186 **けたたましい**
①窮屈な・ゆとりがない
②悔しく腹が立ち癪(しゃく)に障(さわ)る
③生意気でさしでがましい
④神経に障(さわ)りやかましい
⑤表立っていて華やかな

□ 187 せせこましい
□ 188 いまいましい
□ 189 はれがましい
□ 190 おこがましい

□ 191 **疎(うと)ましい**
①官能的で心が乱れる・気持ちが晴れない
②遠慮深くてひかえめだ・質素だ
③親しみを感じられずいとわしい
④心が卑しい・みじめで見苦しい
⑤見ていられないほど可哀そうだ

□ 192 痛(いた)ましい
□ 193 慎(つつ)ましい
□ 194 悩(なや)ましい
□ 195 浅(あさ)ましい

□ 196 **類(るい)のない**
①無益な
②はったりのない
③限界のない
④並はずれた
⑤珍しい

□ 197 詮(せん)のない
□ 198 底(そこ)のない
□ 199 例(れい)のない
□ 200 外連(けれん)のない

---

186 ④「女は―笑い声をたてた」
187 ①「料簡(りょうけん)（考え・気持ち）が―奴だな」
188 ②「―連中と組む」〈忌々(いまいま)しい〉
189 ⑤「―舞台」〈晴れがましい〉
190 ③「―まね」〈痴(おこ)がましい〉痴(おこ)＝馬鹿げていること・愚かなさま
191 ③「見るも―」**疎(うと)む**（嫌がる）が語源
192 ⑤「―姿」[関] **痛感**（心に強く感ずる）
193 ②「―生活」[関] **慎重**（軽々しくない）
194 ①「―事態」[関] **苦悩**（苦しみ悩む）
195 ④「―争い」[関] **浅薄**（知識や考えが浅く薄っぺらい）
196 ④「―才能」**類**＝類似したものの集合
197 ①「言っても―こと」**詮**＝効果
198 ③「現場には―闇が立ち込めていた」
199 ⑤「特捜部から逮捕者が出る―事件」
200 ②「―演技」[関] **外連味(けれんみ)**（はったり・ごまかし）

9 「共通テスト」文学・慣用語句 575

感情・日常表現の重要語325 ⑨

語句の意味として最も適当なものを、次の各群の①～⑤のうちから、それぞれ一つずつ選べ（ただし太字はこれまでの「共通テスト」（試行調査・センター・共通一次）既出。なるべく選択肢に頼らずに、自分で意味を言えるようにしよう）。

□ 201 **無闇と**（むやみと）　① うっとり・気持ちよく酔って
□ 202 陶然と（とうぜんと）　② うっとり・ぼけてぼんやりして
□ 203 恍惚と（こうこつと）　③ にわかに・たちまちにして
□ 204 忽然と（こつぜんと）　④ ところかまわず・度を越して
□ 205 粛然と（しゅくぜんと）　⑤ 厳か（おごそか）に・静かにかしこまって

□ 206 **陰々と**（いんいんと）　① 水が満ちあふれて・希望に満ちて
□ 207 粛々と（しゅくしゅくと）　② かげりを帯びてさむざむと・かすかに
□ 208 綿々と（めんめんと）　③ ひっそりと・おごそかに
□ 209 洋々と（ようようと）　④ 他人の言うことに逆らわずに従って
□ 210 諾々と（だくだくと）　⑤ 途絶えることなく・ことこまかに

解答・ポイント

201 ④「―話しかけるなよ」無闇は当て字
202 ①「―した心持ちで夕日を眺めた」
203 ②「―した表情」悪い意味にも使う
204 ③「―消えた奴は何者？」忽＝忽ち（たちま）
205 ⑤「―**襟**（えり）**を正す**（かしこまった服装・態度を示す）」粛＝ひっそりと静か
206 ②「鐘の音（ね）が―響く」関 **陰々滅々**（めつめつ） p.83
207 ③「―進む」粛＝ひっそりと静か
208 ⑤「―続く」関 **連綿と**（連（つら）なって長く）
209 ①「前途―した若者」関 **茫洋と**（ぼうよう）（広々として）
210 ④「―働く」関 **唯々諾々**（だくだく）（少しも逆らわずに言いなりな様子）

□211 **どんよりと**　①しばしば・むやみに
□212 くすりと　②思わずもれて
□213 どうなりと　③どんなことでも
□214 なんなりと　④どんなふうにも
□215 しきりと　⑤濁って重苦しく

□216 **つくづくと**　①平らで・あっさり・機会を狙って鋭く
□217 しんしんと　②注意深くじっくりと・身にしみて深く
□218 せつせつと　③心に深くしみ入って・静かに落ち着いて
□219 しみじみと　④思いが胸に迫って・心がこもっていて
□220 たんたんと　⑤溢れて尽きず・身にしみて・静かに

□221 **さめざめと**　①念入りに・よくよく
□222 うつうつと　②心がふさいで晴れなくて
□223 つらつらと　③気のすむまで涙を流して
□224 ぬけぬけと　④尽きることなく・真心込めて・意識なく
□225 こんこんと　⑤恥知らずで厚かましくて

---

211 ⑤「―した空」目・水・空気にも使う
212 ②「―笑う娘」我慢・遠慮を前提に使う
213 ④「―好きにしろ」主に命令文で使う
214 ③「―ご相談下さい」〈何なりと〉
215 ①「―振り返る彼」〈頻りと〉頻は頻繁などで使う

216 ②「―考えてみるに」
217 ⑤「―冷える」〈津々と・深々と〉
218 ④「―訴える」〈切々と〉
219 ③「―心に残る話」〈染み染みと〉
220 ①「―した口調にいらつく」〈坦々と・淡々と・耽々と〉

221 ③「―泣く彼女に言葉がなかった」
222 ②「―して過ごす毎日」〈鬱々と〉
223 ①「―考えてみるに」〈熟々と〉
224 ⑤「―顔を出す」〈抜け抜けと〉
225 ④「―湧き出る」〈滾々と・懇々と・昏々と〉

10 「共通テスト」文学・慣用語句575

感情・日常表現の重要語325 ⑩

語句の意味として最も適当なものを、次の各群の①～⑤のうちから、それぞれ一つずつ選べ（ただし太字はこれまでの「共通テスト」（試行調査・センター・共通一次）既出。なるべく選択肢に頼らずに、自分で意味を言えるようにしよう）。

□ 226 **無量**（むりょう）　① 全く作為（さくい）がない
□ 227 無何有（むかう）　② でたらめである
□ 228 無骨（ぶこつ）　③ 洗練されてない
□ 229 未曾有（みぞう）　④ はかり知れない
□ 230 無稽（むけい）　⑤ 一度もなかった

□ 231 **昵懇**（じっこん）　① あかぬけしていること
□ 232 不羈（ふき）　② 性質・人格を育てること
□ 233 洒脱（しゃだつ）　③ 親しい間柄・親しいこと
□ 234 陶冶（とうや）　④ 何物にも縛られないこと
□ 235 無碍（むげ）　⑤ 奔放で束縛できないこと

解答・ポイント

226 ④ 「**感—**」（身にしみて感じる）
227 ① 「**—の郷**（さと）」（理想郷・ユートピア）
228 ③ 「**—な男**」 同 武骨
229 ⑤ 「**—の自然災害**」 ×みぞゆう
230 ② 「**荒唐—**」（根拠がなく現実性がない）
231 ③ 「**—になる**」 同 懇意
232 ⑤ 「**—の才**」 羈＝縛りつなぐ
233 ① 「**軽妙—**」（軽やかで洒落（しゃれ）た） ×酒
234 ② 「**人格の—**」 陶器を作るように×治
235 ④ 「**融通—**」（何物にも縛られず自由だ） 同 無礙（むげ）

□ 236 無聊（ぶりょう）
□ 237 追従（ついしょう）
□ 238 怯懦（きょうだ）
□ 239 捏造（ねつぞう）
□ 240 葛藤（かっとう）

① でっちあげること
② 退屈さ・わだかまりがあって楽しまないこと
③ もつれ合い・相反する欲求があって迷うこと
④ 臆病で意志が弱いこと
⑤ こびへつらうこと

□ 241 権化（ごんげ）
□ 242 造詣（ぞうけい）
□ 243 気骨（きこつ）
□ 244 矜持（きょうじ）
□ 245 造化（ぞうか）

① 自分の信念を曲げることのない強い気性
② 万物を創造すること・天地・自然・宇宙
③ 学問や技芸における深い知識や優れた技量
④ 的確に具現したもの・仏や菩薩の仮の姿
⑤ 堂々と振る舞うこと・自由と誇り・プライド

□ 246 頓狂（とんきょう）
□ 247 頓着（とんち（じ）ゃく）
□ 248 頓挫（とんざ）
□ 249 風狂（ふうきょう）
□ 250 酔狂（すいきょう）

① 気にする・深く心に掛ける
② 好奇心から変わったものを好む
③ 芸道に徹する・常軌を逸する
④ 途中で、くじける・行き詰まる
⑤ あわてて調子はずれになっている

---

236 ② 「—な毎日」**聊**＝楽しみ
237 ⑤ 「権力者に—する」追い従うから
238 ④ 「—な性格」**怯**＝怯（おび）える
239 ① 「証拠を—する」**捏**＝捏（こ）ねる
240 ③ 「—を乗り越える」ツル植物の葛（かずら）や藤がもつれ合うことから×闘

241 ④ 「悪の—」**権**（ごん）＝仮のもの・代用
242 ③ 「—が深い」**詣**＝詣（もう）でる
243 ① 「—ある人物」骨がある気性
244 ⑤ 「—を保つ」**矜**＝ほこる
245 ② 「—の妙」**化**＝力によって影響が及ぶ・状態が変わる・化ける

246 ⑤ 「—な声」**頓**＝急に
247 ① 「—しない」**頓**＝置く・掛ける
248 ④ 「—した計画」**頓**＝つまずく
249 ③ 「—な人」風雅に狂う（ひたりきる）
250 ② 「—にも程（ほど）がある」[同] 粋狂・酔興

11 「共通テスト」文学・慣用語句 575

感情・日常表現の重要語 325 ⑪

語句の意味として最も適当なものを、次の各群の①～⑤のうちから、それぞれ一つずつ選べ（ただし太字はこれまでの「共通テスト」（試行調査・センター・共通一次）既出。なるべく選択肢に頼らずに、自分で意味を言えるようにしよう）。

□ 251 夙（つと）に ① いつわりなく・ほんとうに
□ 252 殊（こと）に ② 何かあるたびに・いつでも
□ 253 事毎（ことごと）に ③ とりわけ・とりたてて
□ 254 誠（まこと）に ④ ずっと以前から・早くから
□ 255 徐（おもむろ）に ⑤ ゆっくりと・ゆるやかに

□ 256 うろ覚（おぼ）え ① 融通のきかないこと
□ 257 心覚（こころおぼ）え ② 暗記すること・不確かな記憶
□ 258 一（ひと）つ覚（おぼ）え ③ 忘れないこと・記憶
□ 259 もの覚（おぼ）え ④ 覚えていること・メモ
□ 260 空覚（そらおぼ）え ⑤ 不確かな記憶

解答・ポイント

251 ④ 「―知られていた」古文では朝早く
252 ③ 「―優れている」同 異（こと）に
253 ② 「―対立する」毎＝そのたびに
254 ① 「―申し訳ない」誠＝偽りない真心
255 ⑤ 「―口を開いた」関 徐々に（ゆるやかに進み）
256 ⑤ 「―の単語」うろ＝空（から）になった内部
257 ④ 「―の場所」心で覚えていること
258 ① 「―の説教」馬鹿にするときに使う
259 ③ 「―が悪い」物事を覚えること
260 ② 「―の歌詞」空＝書いたものを見ずに記憶だけで行う

□ 261 **踏ん切り**（ふんぎり）
□ 262 大切り（おおぎり）
□ 263 撫で切り（なでぎり）
□ 264 乱切り（らんぎり）
□ 265 袈裟切り（けさぎり）

① 残らず切る・倒すこと
② 決心
③ 形をそろえず切ること
④ 斜め掛け・斜め切り
⑤ その日の最後の演目

□ 266 **うつろ**
□ 267 うろん
□ 268 よすが
□ 269 けなげ
□ 270 やたら

① 困難な状況で弱い者が懸命に努める
② 物事をするのにたよりとなること
③ むやみ・無茶苦茶・秩序や節度のない
④ ぼんやりと何も考えられない・何もない
⑤ 疑わしく怪しい・あやふやな様子である

□ 271 **あっけらかん**
□ 272 おためごかし
□ 273 ぼくねんじん
□ 274 とんちんかん
□ 275 とうへんぼく

① 相手のためと見せて自分の利益をはかること
② かまうことなく平然と・あきれてぽかんと
③ つじつまが合わないこと（をやる人）
④ 気が利かない人・わからずや
⑤ 無口で無愛想な人・わからずや

---

261 ② 「―がつかない」踏み切りの音便化
262 ⑤ 「本日の―」 同 大喜利（おおぎり）
263 ① 「敵を―にした」 同 撫で斬り（なでぎり）
264 ③ 「大根の―」形を乱して切るから
265 ④ 「―に振り下ろす」**袈裟**＝僧が左肩から右脇へ斜めにかける布

266 ④ 「―な瞳」〈空ろ（うつろ）・虚ろ（うつろ）〉
267 ⑤ 「―な目つき」〈胡乱（うろん）〉胡＝でたらめ
268 ② 「故郷を忍ぶ―」〈縁（よすが）・因（よすが）・便（よすが）〉
269 ① 「―に耐える」〈健気（けなげ）〉
270 ③ 「―と吠える犬」〈矢鱈（やたら）〉は当て字

271 ② 「へまをしても―としている」
272 ① 「―を言う」〈御為倒し（おためごかし）〉
273 ⑤ 「彼は―と思われている」〈朴念仁（ぼくねんじん）〉
274 ③ 「―な受け答えがかわいい」〈頓珍漢（とんちんかん）〉
275 ④ 「―だけど知識はやばいって」〈唐変木（とうへんぼく）〉

12 「共通テスト」文学・慣用語句575

感情・日常表現の重要語325 ⑫

語句の意味として最も適当なものを、次の各群の①～⑤のうちから、それぞれ一つずつ選べ（ただし太字はこれまでの「共通テスト」（試行調査・センター・共通一次）既出。なるべく選択肢に頼らずに、自分で意味を言えるようにしよう）。

□ 276 お手（て）のもの
① 手元・客の箸
□ 277 お手（て）盛（も）り
② どうしようもないこと
□ 278 お手（て）の内（うち）
③ 得意の物事
□ 279 お手（て）元（もと）
④ 持っている物・腕前
□ 280 お手（て）あげ
⑤ 都合のよいように勝手に決めること

□ 281 **やみくも**
① 思いもかけず不思議にも
□ 282 いやしくも
② 最悪の状況からやっとのことで
□ 283 いみじくも
③ 一応・かりそめにも
□ 284 くしくも
④ 前後の見境がないこと
□ 285 からくも
⑤ 意図した通りにうまく

解答・ポイント

276 ③「歌なら―」〈御手の物〉
277 ⑤「―法案」自分で食物を器に盛ることから
278 ④「―拝見」〈御手の中〉
279 ①「―をご覧ください」丁寧語
280 ②「もはや―」両手をあげて降参を表すことから
281 ④「―に突っ走る」〈闇雲〉
282 ③「―政治家たるもの」〈苟も〉
283 ⑤「―勝利を得た」語源は「いみじ」
284 ①「―命をとりとめる」〈奇しくも〉
285 ②「―窮地を脱した」〈辛くも〉

□ 286 **あてつけがましい**
□ 287 **未練（みれん）がましい**
□ 288 **わざとがましい**
□ 289 **おんきせがましい**
□ 290 **おしつけがましい**

① ことさら意図してやったような
② 無理におしつけるような
③ いかにも皮肉を感じさせるような
④ いかにも思い切れないような
⑤ 感謝しろと言っているかのような

□ 291 **時雨（しぐれ）**
□ 292 **春雨（はるさめ）**
□ 293 **小糠雨（こぬかあめ）**
□ 294 **驟雨（しゅうう）**
□ 295 **地雨（じあめ）**

① 音もなく降る細かい雨
② 急に降り出し急に止む雨
③ 同じような強さで降り続く雨
④ 初冬の頃に降ったりやんだりする雨
⑤ 春に静かに降る細かい雨

□ 296 **手（て）すさび**
□ 297 **筆（ふで）すさび**
□ 298 **間（あい）のすさび**
□ 299 **心（こころ）のすさび**
□ 300 **在（あ）りのすさび**

① 思い浮かぶままに書くこと・書くもの
② おもむくままにする気まぐれ
③ 必要に迫られたものではない遊び
④ 生きるのに慣れいい加減に過ごすこと
⑤ 決まった仕事の合間にする暇つぶし

---

286 ③「—ことを言う」同 当て付け
287 ④「—様子でふりかえる」
288 ①「—おせじ」
289 ⑤「—口振り」〈恩着せがましい〉
290 ②「—親切」

291 ④「—が通る」同 袖の時雨（＝涙）
292 ⑤「—に濡れて行こう」
293 ①「—に全身が濡れる」
294 ②「—に遭う」同 俄雨（にわかあめ）
295 ③「とうとう—になった」

296 ③「—程度の絵」〈手遊び〉
297 ①「—の書きもの」〈筆荒び〉同 筆のすさび
298 ⑤「—で始めてみた」〈間の遊び〉
299 ②「—に任せる」〈心の遊び〉
300 ④「—となり果てた」〈在りの遊び〉同 在りのすさみ

13 「共通テスト」文学・慣用語句575

感情・日常表現の重要語325 ⑬

語句の意味として最も適当なものを、次の各群の①～⑤のうちから、それぞれ一つずつ選べ（ただし太字はこれまでの「共通テスト」（試行調査・センター・共通一次）既出。なるべく選択肢に頼らずに、自分で意味を言えるようにしよう）。

□ 301 **すげなく** ① 隅々まで
□ 302 やむなく ② 極めて
□ 303 なんなく ③ 仕方なく
□ 304 くまなく ④ 簡単に
□ 305 こよなく ⑤ 冷淡に

□ 306 **うちひしがれる** ① 気落ちしてしょんぼりする
□ 307 うちしおれる ② 心から面白がっておこなう
□ 308 うちきょうずる ③ 心にしまってきたことを話す
□ 309 うちとける ④ 気力を失ってうつろになる
□ 310 うちあける ⑤ 心の隔てがなくなり親しむ

解答・ポイント

301 ⑤ 「━断られる」〈素気無く〉
302 ③ 「━中止となる」〈止・已む無く〉
303 ④ 「━パスする」〈難無く〉
304 ① 「━探す」〈隈（＝隠れた所）無く〉
305 ② 「━愛していた」 同 この上なく

306 ④ 「悲しみに━」 同 意気消沈する
307 ① 「挫折して━」 同 しょげる
308 ② 「ゲームに━」「興ずる」の強調
309 ⑤ 「すっかり━」〈打ち解ける〉
310 ③ 「本心を━」〈打ち明ける〉

□311 **凝然（ぎょうぜん）と**
□312 毅然（きぜん）と
□313 敢然（かんぜん）と
□314 欣然（きんぜん）と
□315 唖然（あぜん）と

① 嬉しく思って
② 驚きあきれて
③ じっと動きもなく
④ 動じることなく
⑤ 思い切って

□316 **琴線（きんせん）に触（ふ）れる**
□317 折（おり）に触（ふ）れる
□318 耳目（じもく）に触（ふ）れる
□319 耳朶（じだ）に触（ふ）れる
□320 忌諱（きき（い））に触れる

① 事情や場面に調和すること
② 聞いて知っていること
③ 感動や共鳴を与えること
④ いみきらう言動をして機嫌を損ねる
⑤ 見たり聞いたりすること

□321 **いじらしさ**
□322 きざったらしさ
□323 こにくらしさ
□324 しおらしさ
□325 しかつめらしさ

① 生意気でしゃくに障る様子
② 控えめでおとなしい様子
③ 堅苦しく形式ばっている様子
④ 気取っていて嫌味な様子
⑤ けなげで同情を誘う様子

---

311 ③「―して立ち尽くす」
312 ④「―して孤高を守る」
313 ⑤「―して決行する」
314 ①「―して参加する」
315 ②「―して言葉も出ない」

316 ③「私の―」「怒りを買う」は間違い
317 ①「―・て」で「機会あるごとに」
318 ⑤「―すべてが新鮮」
319 ②「そんな話が―」耳朶＝耳たぶ
320 ④「家元の―」忌諱＝忌み嫌うこと

321 ⑤「信じている子供の―」
322 ④「―が鼻に付く」〈気障〉
323 ①「―に腹が立つ」〈小憎らしさ〉
324 ②「―を装う」
325 ③「―に戸惑う」×しかめっつらしさ

14 「共通テスト」文学・慣用語句575

熟語・慣用表現の重要語250 ①

語句の意味として最も適当なものを、次の各群の①～⑤のうちから、それぞれ一つずつ選べ（ただし太字はこれまでの「共通テスト」（試行調査・センター・共通一次）既出。なるべく選択肢に頼らずに、自分で意味を言えるようにしよう）。

□ 326 **眼(目)を疑う**
□ 327 眼(目)を盗む
□ 328 眼(目)を覆う
□ 329 眼(目)を剝く
□ 330 眼(目)を開く

① 初めて気づく
② 目を見開く
③ ひそかに行う
④ 直視しない
⑤ 信じられない

□ 331 **眼(目)を瞠る**
□ 332 眼(目)を瞑る
□ 333 眼(目)を潜る
□ 334 眼(目)を配る
□ 335 眼(目)を細める

① 眠る・知らないことにする
② 驚きをもって目を見開く
③ 嬉しそうに微笑を浮かべる
④ 見つからないようにする
⑤ あちこちに注意を向ける

解答・ポイント

326 ⑤ 「その姿に―」 間違いかと眼を疑う
327 ③ 「親たちの―」 同 眼(目)を掠める
328 ④ 「厳しい現状に―」 見えなくするため
329 ② 「報告に―」 怒ったり驚いたりして
330 ① 「留学で―」 関 **襟を開く**（打ち明ける）
331 ② 「成長ぶりに―」 同 瞠目する
332 ① 「失敗に―」 **瞑る**＝つぶる
333 ④ 「監視の―」 **潜る**＝下・隙間を抜ける
334 ⑤ 「周囲に―」 関 **心を配る**（配慮する）
335 ③ 「初孫に―」 同 眼(目)を細くする

□ 336 **眼(目)を寄越す**
□ 337 眼(目)を光らす
□ 338 眼(目)を喜ばす
□ 339 眼(目)を凝らす
□ 340 眼(目)を肥やす

① よい物を見て、楽しむ・判断力を養う
② 見て楽しませるようにさせる
③ 離れたところから見つめる
④ じっと見つめる
⑤ 鋭い目つきで見張る

□ 341 **眼(目)に角を立てる**
□ 342 眼(目)も当てられない
□ 343 眼(目)から鼻へ抜ける
□ 344 眼(目)に物見せる
□ 345 眼(目)を皿にする

① ひどくて・気の毒で、見ていられない
② 目を大きく開いて見る
③ ひどい目にあわせて思い知らせる
④ 利口で機転がきく・抜け目がない
⑤ 緊張のあまり怒ったような目つきをする

□ 346 **鼻白む**
□ 347 鼻が利く
□ 348 鼻を明かす
□ 349 鼻を折る
□ 350 鼻に付く

① 役立ちそうなことをたくみに見つけ出す
② 相手の慢心をくじく
③ 気おくれがする・興ざめした様子をする
④ 嫌味に感じられる
⑤ 先んじて相手をあっと言わせる

---

336 ③「前方の席から―」**寄越す**＝渡す
337 ⑤「悪事に―」同 眼(目)を光らせる
338 ②「盛り付けで―」同 眼(目)を楽しませる
339 ④「遠くの山に―」同 凝視する
340 ①「本物だけを見て―」**肥やす**＝豊かにする
341 ⑤「―ことはない」同 眼(目)を三角にする
342 ①「―結果となる」同 見るに堪えない
343 ④「ピアノを弾く―ような少年」
344 ③「覚えていてね、いつか―から」
345 ②「間違い探しに―」驚いたときや物を捜し求めるときの目つき
346 ③「華やかな場に―」関 **白ける**
347 ①「儲け話には―」嗅覚が鋭いから
348 ⑤「勝利して―」同 鼻を明かせる
349 ②「得意そうな人の―」同 鼻を挫く
350 ④「気取った態度が―」嫌な臭いがするから

15 「共通テスト」文学・慣用語句575

熟語・慣用表現の重要語250②

語句の意味として最も適当なものを、次の各群の①～⑤のうちから、それぞれ一つずつ選べ（ただし太字はこれまでの「共通テスト」（試行調査・センター・共通一次）既出。なるべく選択肢に頼らずに、自分で意味を言えるようにしよう）。

□ 351 眉を暗くする
□ 352 首を長くする
□ 353 咽喉を扼する
□ 354 眼（目）を細くする
□ 355 鼻を高くする

① 重要な地点や通路を押さえる
② 不愉快に思い表情をくもらせる
③ 自慢する・得意になる
④ 期待して待ち焦がれる
⑤ 嬉しさに笑みをたたえる

□ 356 眉をひそめる
□ 357 眉に唾をつける
□ 358 眉に火がつく
□ 359 眉を吊り上げる
□ 360 眉をひらく

① 心配事がなくなりほっとする
② 物事や危険などが身にせまる
③ 怒ったときの表情を浮かべる
④ 心を痛め、眉間に皺を寄せる
⑤ だまされないように用心する

解答・ポイント

351 ② 「事件に―」 同 眉を曇らせる
352 ④ 「彼の帰国に―」 同 首を延ばす
353 ① 「―戦略」 扼する＝押さえる
354 ⑤ 「愛らしい仕草に―」 同 眼（目）を細める
355 ③ 「勝利に―」 関 **枕を高くする**（安心する）
356 ④ 「騒音に―」 顰める＝皺を寄せる
357 ⑤ 「怪しい話に―」 同 眉毛を濡らす
358 ② 「―事態」 同 眉を焦がす
359 ③ 「息子の成績に―」 同 眉を上げる
360 ① 「やっと―ことができた」〈眉を開く〉 同 愁眉を開く

□ 361 口不調法（くちぶちょうほう）（もん）
□ 362 口（くち）ぐるまに乗（の）る
□ 363 口占（くちうら）を合（あ）わせる
□ 364 口（くち）の端（は）にのぼる
□ 365 口（くち）はばったい

① もの の言い方がへたである
② 言うことが身の程（ほど）知らずだ
③ うわさされる
④ うまい言い回しに騙（だま）される
⑤ 表向きには発言を矛盾させない

□ 366 口（くち）をとがらす
□ 367 口（くち）をすくする
□ 368 口（くち）をすべらす
□ 369 口（くち）をあわせる
□ 370 口（くち）をのりする

① 余計なことをついうっかりしゃべる
② 不満に思い抗議するような表情をする
③ やっと生計を立てる
④ 何度も繰り返し同じことを言う
⑤ 同じ内容のことを言うようにする

□ 371 心得顔（こころえがお）
□ 372 したり顔（がお）
□ 373 涼（すず）しい顔（かお）
□ 374 何食（なにく）わぬ顔（かお）
□ 375 浮（う）かぬ顔（かお）

① いかにも得意であるという顔つき
② 事情を分かっているという顔つき
③ 少しも知らないふりをする顔つき
④ 自分とは関係がないというふり
⑤ 気になることがあり晴れない顔つき

---

361 ① 「―で失礼」**不調法**＝下手（へた）
362 ④ 「詐欺師の―」**口車**＝巧みな話し方
363 ⑤ 「二人で―」同 口裏を合わせる
364 ③ 「世間の―」**端**＝端（はし）・はんぱ
365 ② 「―ようですが」**幅（はば）ったい**＝幅いっぱいに広がっている

366 ② 「不満げに―」〈口を尖（とが）らす〉
367 ④ 「軽率さに―」同 口を酸（す）っぱくする
368 ① 「うっかり―」〈口を滑（すべ）らす〉
369 ⑤ 「誰もが―」〈口を合わせる〉
370 ③ 「―暮らしぶり」**糊（のり）**＝かゆ 同 口に糊す・糊口（ここう）を凌（しの）ぐ

371 ② 「―でうなずく」関 **心得**（たしなみ）
372 ① 「―で笑う」したり＝す＋完了「たり」＝うまくやった＝「してやったり」
373 ④ 「―をしている」**涼しい**＝澄ましている
374 ③ 「―で挨拶する」同 そ知らぬ顔・知らん顔
375 ⑤ 「―で現れた」**浮かぬ**＝浮き立たず沈んでいる

16 「共通テスト」文学・慣用語句 575

熟語・慣用表現の重要語250 ③

語句の意味として最も適当なものを、次の各群の①～⑤のうちから、それぞれ一つずつ選べ（ただし太字はこれまでの「共通テスト」（試行調査・センター・共通一次）既出。なるべく選択肢に頼らずに、自分で意味を言えるようにしよう）。

□ 376 **あとの祭り**
□ 377 あとぐされ
□ 378 あとずさり
□ 379 あと追い
□ 380 あと引き

① 前を向いたまま後ろへさがること
② あとにも煩わしい関係が残ること
③ 満足せずに次々と欲しがること
④ 時機に遅れて役に立たないこと
⑤ 先に行われたことをまねること

□ 381 **天の配剤**
□ 382 他山の石
□ 383 蛍雪の功
□ 384 象牙の塔
□ 385 青天の霹靂

① 現実から逃避した、芸術の立場・研究生活
② 苦労して、得た・勉強した成果
③ 突然に起こる変動・大事件
④ 人格を磨くのに役立つ他人のよくない言動
⑤ みごとなとりあわせであること

解答・ポイント

376 ④ 「今となっては―」〈後の祭り〉
377 ② 「―なく別れる」〈後腐れ〉
378 ① 「じりじりと―する」〈後退り〉
379 ⑤ 「―の商品」〈跡追い・後追い〉
380 ③ 「―上戸」〈後から後から欲しがる癖のある酒飲み〉〈後引き〉

381 ⑤ 「結果は―だ」天＝造物主
382 ④ 「―とする」本来よい言動には不可
383 ② 「―を積む」〈苦学して成果を得る〉
384 ① 「―に籠る」本来は芸術至上の境地
385 ③ 「受賞は―だった」晴れた天気に起きる突然の雷から

□ 386 もののはずみ
□ 387 もののどうり
□ 388 もののついで
□ 389 もののかず
□ 390 もののあわれ

① 他の事を行う機会
② 調和的な情緒
③ 問題にすべき物事
④ その場のなりゆき
⑤ あるべき筋道

□ 391 **水掛け論**（みずかけろん）
□ 392 運命論（うんめいろん）
□ 393 観念論（かんねんろん）
□ 394 結果論（けっかろん）
□ 395 懐疑論（かいぎろん）

① 全ては決定されていて人間は無力であること
② 双方が意見を言い張って決着がつかないこと
③ 起こった後であれこれ論じても無意味なこと
④ 非現実的な考え・外界を認識の結果とする立場
⑤ 真理とする認識を否定する・断定を控えること

□ 396 **絵空事**（えそらごと）
□ 397 案じ事（あんじごと）
□ 398 余所事（よそごと）
□ 399 綺麗事（きれいごと）
□ 400 慰み事（なぐさみごと）

① ひとごと
② 気晴らし・ばくち
③ 気がかりなこと
④ ありもしないうそ
⑤ 体裁を繕うこと

---

386 ④ 「―で公言する」〈物の弾み〉
387 ⑤ 「―が通じない」〈物の道理〉
388 ① 「―に立ち寄る」〈物の序（ついで）で〉
389 ③ 「―ではない」〈物の数〉
390 ② 「―を感じる光景」〈物の哀れ〉平安時代の文学・生活の美的理念

391 ② 「―になる」自分の田に水を引こうと争うことから
392 ① 「―には従わない」同 宿命論
393 ④ 「―に過ぎない」対 実在論
394 ③ 「―だよ」結果だけ見てする議論
395 ⑤ 「温暖化の議論に関する知見には様々な―がある」対 独断論

396 ④ 「それは―だ」絵は実物でないから
397 ③ 「―がある」**案ずる**＝心配・工夫する
398 ① 「―のように感じる」**余**＝他のこと
399 ⑤ 「―を言う」表面だけ綺麗にする
400 ② 「―の畑仕事」関 **お慰み**（なぐさみ）（その場限りの気晴らし）

17 「共通テスト」文学・慣用語句575

熟語・慣用表現の重要語250 ④

語句の意味として最も適当なものを、次の各群の①～⑤のうちから、それぞれ一つずつ選べ（ただし太字はこれまでの「共通テスト」（試行調査・センター・共通一次）既出。なるべく選択肢に頼らずに、自分で意味を言えるようにしよう）。

□ 401 **腰が低い**
□ 402 腰が重い
□ 403 腰が入る
□ 404 腰が砕ける
□ 405 腰が据わる

① なかなかその気にならない
② 途中で続けられなくなる
③ 落ち着いて物事をする
④ 本気で取り組む
⑤ 振る舞いが丁重だ

□ 406 **気を呑まれる**
□ 407 気を引き立てる
□ 408 気を利かせる
□ 409 気を持たせる
□ 410 気を取り直す

① 気落ちした状態から元気を出す
② 励まして元気が出るようにする
③ 期待させる
④ 圧倒される・呆然とする
⑤ 配慮して行動する

解答・ポイント

401 ⑤ 「誰に対しても―」 対 腰が高い
402 ① 「期限が迫っても―」 対 腰が軽い
403 ④ 「やっと勉強に―」 同 本腰を入れる
404 ② 「急に―」 同 腰砕けになる
405 ③ 「就職しても―ことはなかった」 同 腰を据える
406 ④ 「相手に―」 対 気を呑む
407 ② 「仲間の―」
408 ⑤ 「二人の様子に―」 状況判断に基づく
409 ③ 「―態度をとる」 同 気をもたす
410 ① 「逆転勝利に―」 関 **気を吐く**（威勢のいいところを示す）

□ 411 **恨(うら)みを呑(の)む**
① 人から恨まれる行動をとる
□ 412 恨(うら)みを買(か)う
② 無念な気持ちを心中に抱く
□ 413 恨(うら)みがましい
③ 仕返しをして恨みをなくす
□ 414 逆恨(さかうら)みされる
④ 恨んで責めるようすである
□ 415 恨(うら)みを晴(は)らす
⑤ 恨んでいる人から恨まれる

□ 416 **水(みず)をさす**
① 無駄となる
□ 417 水(みず)になる
② 休みにする
□ 418 水(みず)をあける
③ 邪魔をする
□ 419 水(みず)をむける
④ もちかける
□ 420 水(みず)をいれる
⑤ 差をつける

□ 421 **気(き)の置(お)けない**
① 納得できない・合点がいかない
□ 422 腑(ふ)に落(お)ちない
② 気に入らない・気がすすまない
□ 423 気(き)が気(き)でない
③ 他の事が気になり集中できない
□ 424 手(て)に付(つ)かない
④ 気になり落ち着いていられない
□ 425 意(い)に染(そ)まない
⑤ 遠慮しないで気楽につきあえる

---

411 ② 「今は—」 **呑む**＝表に出さない
412 ① 「—ことはなるべく避けよう」
413 ④ 「—目で見るな」 **がましい**＝らしい
414 ⑤ 「—とは心外だ」 同 逆恨みを受ける
415 ③ 「積年の—」 ×恨みを果たす 関 **雪辱を果たす**（恥や汚名を消し去る）
416 ③ 「話に—」〈水を差す〉 同 水をかける
417 ① 「計画が—」 同 水泡(すいほう)に帰(き)す
418 ⑤ 「大きく—」〈水を開ける〉
419 ④ 「さりげなく—」〈水を向ける〉
420 ② 「勝負に—」〈水を入れる〉 関 **茶々を入れる**（冷やかして妨げる）
421 ⑤ 「—仲」 関 **隅に置けない**（侮り難い）
422 ① 「—説明」 **腑**＝はらわた・心の底
423 ④ 「いつばれるかと思うと—」
424 ③ 「勉強が—」 同 手が付かない
425 ② 「—相手」 関 **意に満たない**（不満足だ）

18 「共通テスト」文学・慣用語句575

熟語・慣用表現の重要語250 ⑤

語句の意味として最も適当なものを、次の各群の①～⑤のうちから、それぞれ一つずつ選べ（ただし太字はこれまでの「共通テスト」（試行調査・センター・共通一次）既出。なるべく選択肢に頼らずに、自分で意味を言えるようにしよう）。

□ 426 **邪気(じゃき)を殺(ころ)す**　① がまんする
□ 427 息(いき)を殺(ころ)す　② 静かに言う
□ 428 声(こえ)を殺(ころ)す　③ 他人に従う
□ 429 我(が)を殺(ころ)す　④ 幼さを装う
□ 430 虫(むし)を殺(ころ)す　⑤ 静かにする

□ 431 **固唾(かたず)を呑(の)む**　① 言いかけてやめる
□ 432 息(いき)を呑(の)む　② 張りつめた様子で心配する
□ 433 涙(なみだ)を呑(の)む　③ たいへん苦しい思いをする
□ 434 熱鉄(ねってつ)を呑(の)む　④ はっとおどろく
□ 435 言葉(ことば)を呑(の)む　⑤ 残念な気持ちを抑える

解答・ポイント

426 ④ 「ほほえんで―」 邪気＝悪意
427 ⑤ 「物陰で―」 同 息を凝(こ)らす
428 ② 「―泣き声」 対 声を上げる
429 ③ 「出世のために―」 対 我を張る
430 ① 「怒りを抑えて―」
関 虫も殺さぬ（きわめて温和な）

431 ② 「発表に―」緊張で唾(つば)が出るから
432 ④ 「王妃の美しさに―思いだ」
433 ⑤ 「惜敗(せきはい)に―」涙をこらえることから
434 ③ 「―ような思い」熱した鉄を呑むことから
435 ① 「まずいと思って―」 同 声を呑む
関 言葉を挟(はさ)む（話に割って入る）

□ 436 **物心(ものごころ)つく**
□ 437 息(いき)をつく
□ 438 板(いた)につく
□ 439 土(つち)がつく
□ 440 足(あし)がつく

① 調和する・それらしくなる・似合う
② 犯行が露見する
③ 一休みする
④ 世の中のことや人間関係が分かり始める
⑤ 勝負に負ける

□ 441 **不意(ふい)をつく**
□ 442 悪態(あくたい)をつく
□ 443 肺腑(はいふ)をつく
□ 444 むねをつく
□ 445 たてをつく

① 驚く・思いが急につのる
② 予期しないことであわてさせる
③ 憎まれ口をたたく
④ 反抗する・敵対する
⑤ 心に深く感銘を与える

□ 446 **人心地(ひとごこち)がつく**
□ 447 尻(しり)に火(ひ)がつく
□ 448 里心(さとごころ)がつく
□ 449 足元(あしもと)に火(ひ)がつく
□ 450 目鼻(めはな)がつく

① 帰りたいという気持ちになる
② 身近にさしせまっている
③ ほぼ、見通せる・出来上がる
④ 落ち着いた気持ちになる
⑤ 危険が身にせまっている

---

436 ④ 「━年頃」**物心**＝世の物事を知る心
437 ③ 「━間(ま)もないよ」同 息を抜く
438 ① 「制服が━」〈板に付く〉
439 ⑤ 「横綱に━」元来は相撲(すもう)の用語
440 ② 「証言から━」関 **足が向く**（知らず知らずに向かう）

441 ② 「対戦相手の━」〈不意を衝(つ)く〉
442 ③ 「先輩に━」面と向かってのときに
443 ⑤ 「━名言」〈肺腑を衝く〉
444 ① 「はっと━歌詞」〈胸を突く〉
445 ④ 「親に━」戦いのために楯(たて)を突くことから

446 ④ 「ようやく━」**人心地**＝生きた心地
447 ② 「期限まであと三日と━」
448 ① 「手紙で━」**里心**＝里を懐(なつ)かしむ心
449 ⑤ 「失策で━」**足元**＝身辺・歩き方
450 ③ 「完成の━」×目鼻が利(き)く 関 **目端(めはし)が利く**（気転が利く）

19 「共通テスト」文学・慣用語句575

熟語・慣用表現の重要語250 ⑥

語句の意味として最も適当なものを、次の各群の①〜⑤のうちから、それぞれ一つずつ選べ（ただし太字はこれまでの「共通テスト」（試行調査・センター・共通一次）既出。なるべく選択肢に頼らずに、自分で意味を言えるようにしよう）。

□451 **一目置く**（いちもくおく）　① （目上の者が）返事や意見を言わないでおく
□452 一拍置く（いっぱくおく）　② 帰さない・書き記す・そのままにしておく
□453 聞き置く（ききおく）　③ ちょっと時間をあける
□454 留め置く（とめおく）　④ 不安や未練が残る・気をつかう・遠慮する
□455 心を置く（こころをおく）　⑤ 遠慮する・優れていると認めて敬意を払う

□456 **体裁をなす**（ていさい）　① 独自の派を作る・所帯主となる
□457 仇をなす（あだ）　② ものがうず高く積もる
□458 一家をなす（いっか）　③ 怒った顔つきになる
□459 山をなす（やま）　④ うらみに思う・仕返しする
□460 色をなす（いろ）　⑤ それらしい様子になる

解答・ポイント

451 ⑤ 「教授も―」元来は囲碁（いご）の用語
452 ③ 「答えるのに―」元来は音楽の用語
453 ① 「参考意見として―に留（とど）められた」
454 ② 「その場に―」**留**＝留（とど）める
455 ④ 「草木（くさき）にも―」（些細（ささい）なことにも、びくびくする・気を配る）
456 ⑤ 「会社の―」**体裁**＝外観・形式
457 ④ 「友人に―相手」**仇**＝うらみ
458 ① 「哲学で―」〈一家を成す〉
459 ② 「問題が―」〈山を成す〉
460 ③ 「暴言に―」〈色を作（な）す〉 関 **色を失う**（青ざめる）

□ 461 **鞭打つ**（むちうつ）　① 合点・合意する・対策を講ずる
□ 462 手を打つ（て）　② 無理に働かせる
□ 463 膝を打つ（ひざ）　③ もっともらしく名目をつける
□ 464 銘打つ（めいう）　④ 生き生きと流れる
□ 465 脈打つ（みゃくう）　⑤ 気づき感心する

□ 466 **大手を振る**（おおで・ふ）　① 努力や成果を無にする
□ 467 尾を振る（お・ふ）　② 先頭に立って指揮する
□ 468 棒に振る（ぼう・ふ）　③ 気に入られようと機嫌をとる
□ 469 枕を振る（まくら・ふ）　④ 本題に入る前に短い話をする
□ 470 旗を振る（はた・ふ）　⑤ おおいばりで行動する

□ 471 **憑物が落ちる**（つきもの・お）　① 夢中な状態から覚める
□ 472 思案に落ちる（しあん・お）　② 我に返る
□ 473 地に落ちる（ち・お）　③ うっかり本当のことをもらす
□ 474 瘧が落ちる（おこり・お）　④ 権威・名声が衰える
□ 475 語るに落ちる（かた・お）　⑤ 納得がいく

---

461 ②「**老骨に━**」（老いた自分を励まし努める）
462 ①「早めに━」×手を撃つ
463 ⑤「なるほどと━」手で膝を打つから
464 ③「最高級と━」**銘**＝名の通った名称
465 ④「意欲が━作品」関 **脈がある**（生命・見込みがある）
466 ⑤「我が物顔で━」×おおてを振る
467 ③「権力者に━」犬が尾を振るから
468 ①「そんなことで一生を━つもり？」
469 ④「まずは━」関 **頭**（あたま・かぶり）**を振る**（否定する）
470 ②「運動の━」関 **旗を揚げる**（事業などをおこす）
471 ②「不意に━」**憑物**＝動物などの霊
472 ⑤「実際に見て━」**思案**＝考え・心配
473 ④「かつての名声が━」同 地に堕（お）ちる
474 ①「彼の言葉に━」**瘧**＝一定の周期で発熱する病気
475 ③「尋問で━」問うに落ちず語るに落ちるの略

20 「共通テスト」文学・慣用語句575

熟語・慣用表現の重要語250 ⑦

語句の意味として最も適当なものを、次の各群の①～⑤のうちから、それぞれ一つずつ選べ（ただし太字はこれまでの「共通テスト」（試行調査・センター・共通一次）既出。なるべく選択肢に頼らずに、自分で意味を言えるようにしよう）。

□ 476 **躍起**になる
□ 477 後先になる
□ 478 億劫になる
□ 479 粗略になる
□ 480 姑息になる

① 面倒になる
② その場逃れになる
③ むきになる
④ 順序が逆になる
⑤ ぞんざいになる

□ 481 **癇の強い**
□ 482 我の強い
□ 483 鼻っ柱の強い
□ 484 心臓の強い
□ 485 押しの強い

① 他人と協調する気持ちに欠ける
② 恥ずかしがらず平然としている
③ 激怒・興奮・いらいらしやすい
④ 考えを通そうとする・図々しい
⑤ 強情でゆずらない・きかぬ気だ

解答・ポイント

476 ③ 「弁明に―彼を見たくなかった」
477 ④ 「話が―」後のものが先になる
478 ① 「外出が―」劫＝とても長い時間
479 ⑤ 「扱いが―」粗＝粗い
480 ② 「愛を知らない人は―もんさ」姑＝しばらく・息＝止む
481 ③ 「―子供」癇＝神経質
482 ① 「―性格」我＝意地・自分自身・個体
483 ⑤ 「―娘」同 鼻っぱしの強い
484 ② 「―少年」対 心臓の弱い
485 ④ 「―上司」関 押しの一手（ひたすら自分の意志を通そうとする）

□ 486 具合が悪い
□ 487 始末が悪い
□ 488 旗色が悪い
□ 489 寝覚めが悪い
□ 490 ばつが悪い

①良心が咎める
②不利だ
③扱うのに困る
④きまりが悪い
⑤不都合だ

□ 491 名状し難い
□ 492 甲乙付け難い
□ 493 忍び難い
□ 494 御し難い
□ 495 度し難い

①我慢することができない
②思い通りに扱いにくい
③何とも言い表しようのない
④差がない
⑤救いがたい

□ 496 のっぴきならない
□ 497 ばかにならない
□ 498 ほかならない
□ 499 ききずてならない
□ 500 はなもちならない

①いい加減に扱えない
②見聞きにたえない
③黙っていられない
④それと決まっている
⑤どうにもならない

---

486 ⑤「断るのは━」**具合**＝都合・進め方

487 ③「反抗的で━」**始末**＝処理

488 ②「こちらの━」**旗色**＝軍旗の様子

489 ①「約束を破って━」**対** 寝覚めが良い

490 ④「━顔をする」**ばつ**＝場都合の略で、場を取り繕えないときに使う

491 ③「━不安」**名状**＝言い表すこと

492 ④「両者━」**甲乙**＝優劣

493 ①「━侮辱を受ける」**忍ぶ**＝我慢する

494 ②「━人物」**御する**＝人を思う通りに動かす

495 ⑤「俺は━愚か者です」**済度し難い**（救って涅槃に渡らせ難い）の略

496 ⑤「━立場」〈退っ引きならない〉**同** 持ちも提げもならない

497 ①「その出費は━」〈馬鹿にならない〉

498 ④「偶然に━」〈外・他ならない〉

499 ③「発言が━」〈聞き捨てならない〉

500 ②「━男だ」〈鼻持ちならない〉臭気がひどくて耐えられないから

21 「共通テスト」文学・慣用語句575

語句の意味として最も適当なものを、次の各群の①～⑤のうちから、それぞれ一つずつ選べ（ただし太字はこれまでの「共通テスト」（試行調査・センター・共通一次）既出。なるべく選択肢に頼らずに、自分で意味を言えるようにしよう）。

□ 501 **図太（ずぶと）い**
□ 502 肝（きも）が太（ふと）い
□ 503 図（ず）に乗（の）る
□ 504 図（ず）に当（あ）たる
□ 505 線（せん）が太（ふと）い

① つけ上がる・事が運ぶ
② 少々のことで動じない
③ そのとおりに実現する
④ 勇気があって動じない
⑤ 度量が広くたくましい

□ 506 **一矢（いっし）を報（むく）いる**
□ 507 一驚（いっきょう）を喫（きっ）する
□ 508 一札（いっさつ）を入（い）れる
□ 509 一石（いっせき）を投（とう）じる
□ 510 一指（いっし）を染（そ）める

① 念書を差し出す
② 反撃する
③ 少し関係する
④ 議論を呼びかける
⑤ びっくりさせられる

解答・ポイント

501 ②「―奴め」主に受け身的態度に使う
502 ④「彼女は―」**肝**＝肝臓・気力・度胸
503 ①「成功続きで―」**図**＝考えたとおり
504 ③「予測が―」関 **図（ず）がない**（法外だ）
505 ⑤「―人物」**線**＝人物・作品を支える精神力 対 線が細い（弱々しく繊細だ）

506 ②「宿敵に―」**一矢**＝一本の矢 ×いちや
507 ⑤「―話」**喫する**＝よくない目にあう
508 ①「念のため―」念書＝念のための文書
509 ④「学界に―」水に波紋が広がるから
510 ③「その事件に―」**一指**＝指一本 関 **指一本も差させない**（非難させない）

□ 511 **通り一遍**（とおりいっぺん）
□ 512 千慮の一失（せんりょのいっしつ）
□ 513 頂門の一針（ちょうもんのいっしん）
□ 514 胸に一物（むねにいちもつ）
□ 515 九牛の一毛（きゅうぎゅうのいちもう）

① まれな考え違い
② たくらみを秘める
③ うわべだけで形式的
④ 取るに足りない
⑤ 痛切ないましめ

□ 516 **双肩に担う**（そうけんにになう）
□ 517 たてに取る（と）
□ 518 等閑に付す（とうかんにふす）
□ 519 矢面に立つ（やおもてにたつ）
□ 520 反故にする（ほご）

① いいかげんにしてほうっておく
② 抗議・質問・非難を引き受ける
③ 捨てる・契約や約束を破棄する
④ 口実やいいがかりの材料とする
⑤ 責任を負う・義務を引き受ける

□ 521 **沽券にかかわる**（こけん）
□ 522 意地にかかる（いじ）
□ 523 俎上に載せる（そじょうにのせる）
□ 524 身の丈にあう（みのたけ）
□ 525 人口に膾炙する（じんこうにかいしゃ）

① その人にふさわしい
② 広くもてはやされる
③ 自分の体面・面目がそこなわれる
④ 無理に通そうとする
⑤ 批評する・対象として取り上げる

---

511 ③ 「―の説明」通りがかりの客が語源
512 ① 「智者も―」**千慮**＝多くの考え
513 ⑤ 「まさに―」頭上に針を刺すが語源
514 ② 「―あるに違いない」**一物**＝企み（たくら）
515 ④ 「―の損失」たくさんの牛のうちの一本の毛が語源

516 ⑤ 「社員の生活を―」**双肩**＝二つの肩
517 ④ 「法を―」〈楯（たて）に取る〉
518 ① 「告発を―」同 等閑（なおざり）にする
519 ② 「非難の―」矢の飛んで来る面から
520 ③ 「約束を―」**反故**＝書画などをかき損じて不用となった紙

521 ③ 「父親としての―」**沽券**＝体面
522 ④ 「理のないのを―」同 意固地（いこじ）になる
523 ⑤ 「議題を―」**俎上**＝俎板（まないた）の上
524 ① 「―目標を持つ」**身の丈**＝身長
525 ② 「―話」膾（なます）と炙（あぶ）り肉は古代中国で万人に好まれたという話から

22 「共通テスト」文学・慣用語句575

熟語・慣用表現の重要語250 ⑨

語句の意味として最も適当なものを、次の各群の①～⑤のうちから、それぞれ一つずつ選べ（ただし太字はこれまでの「共通テスト」（試行調査・センター・共通一次）既出。なるべく選択肢に頼らずに、自分で意味を言えるようにしよう）。

□ 526 **突っけんどんに**
□ 527 お誂え向きに
□ 528 事もあろうに
□ 529 ひとしなみに
□ 530 なしくずしに

① 前置きもなくとげとげしく
② 差別をせずに同じように
③ 少しずつ片付けていって
④ 希望や要求にぴったり合って
⑤ よりによって好ましくなく

□ 531 **はかは行かず**
□ 532 あんに違わず
□ 533 間髪を入れず
□ 534 文目も分かず
□ 535 細大漏らさず

① 予想どおりに
② 即座に・とっさに
③ 区別できず
④ すべて・全部
⑤ 順調に進まず

解答・ポイント

526 ① 「―言われちゃったよ」〈突慳貪に〉
527 ④ 「―できている」 **誂え**＝注文・注文品
528 ⑤ 「―彼に知られるとは」 悔しがる語
529 ② 「―扱う」〈等し並みに〉
530 ③ 「―形骸化した」〈済し崩しに〉 **済す**＝返済で、借金を少しずつ返すから
531 ⑤ 「仕事の―」〈計は―〉 同 はかどらず
532 ① 「―失敗したよ」 **案**＝予想
533 ② 「―反論する男に萌えました」
534 ③ 「暗闇で―」 **文目**＝模様・筋道
535 ④ 「―報告する」 **細大**＝細かいことと大きいこと

□ 536 **いわく言い難（がた）い**
□ 537 **よんどころない**
□ 538 **抜（ぬ）き差（さ）しならぬ**
□ 539 **筆舌（ひつぜつ）に尽（つ）くし難（がた）い**
□ 540 **慙愧（ざんき）に耐（た）えない**

① 文章や言葉で十分に表現しきれない
② 言葉で表現しにくいと言うほかはない
③ 自分を反省し恥ずかしくてしかたない
④ そうする以外になんともしようがない
⑤ 身動きがとれずどうにもならない

□ 541 **みもふたもない**
□ 542 **にべもない**
□ 543 **ねもはもない**
□ 544 **背（せ）に腹（はら）はかえられない**
□ 545 **間然（かんぜん）するところがない**

① 非難すべき欠点をもたない
② 他を犠牲にしても仕方ない
③ 愛想がない・そっけない
④ まったく根拠がない
⑤ 露骨すぎて話にならない

□ 546 **三々五々（さんさんごご）**
□ 547 **戦々恐々（せんせんきょうきょう）**
□ 548 **喧々諤々（けんけんがくがく）**
□ 549 **陰々滅々（いんいんめつめつ）**
□ 550 **是々非々（ぜぜひひ）**

① 色々意見が出て騒がしく
② 少人数ごとにまばらに
③ びくびくして
④ 事に応じて判断して
⑤ 気がめいる雰囲気で

---

536 ② 「—魅力」**曰（いわ）く**＝言うには・事情
537 ④ 「—事情があってね」〈拠（よ）ん所ない〉
538 ⑤ 「—窮地に陥ったと彼は笑った」
539 ① 「—経験」**筆舌**＝文章と話し言葉
540 ③ 「—過失」**慙愧**＝自分を反省し恥ずかしく思うこと

541 ⑤ 「—言い方」〈身も蓋（ふた）もない〉
542 ③ 「—態度」**にべ**＝愛想・お世辞
543 ④ 「—噂（うわさ）」〈根も葉もない〉
544 ② 「残念だが—」同 背より腹
545 ① 「作品の出来は—」**間**＝隙間（すきま）・**間然**＝あれこれ言われる隙のある様子

546 ② 「—帰る」三人また五人の意味から
547 ③ 「みな—としている」恐れ戦（おのの）いて
548 ① 「—として」喧々囂々（けんけんごうごう）と侃々諤々（かんかんがくがく）から
549 ⑤ 「—とした場所」関 **陰々と** p.56
550 ④ 「—で行動しよう」**是**＝良いことは

23 「共通テスト」文学・慣用語句575

熟語・慣用表現の重要語250 ⑩

語句の意味として最も適当なものを、次の各群の①～⑤のうちから、それぞれ一つずつ選べ（ただし太字はこれまでの「共通テスト」（試行調査・センター・共通一次）既出。なるべく選択肢に頼らずに、自分で意味を言えるようにしよう）。

□ 551 **肚（腹）を決める**

□ 552 肚（腹）を割る

□ 553 肚（腹）を据える

□ 554 肚（腹）を肥やす

□ 555 肚（腹）を合わす

① （公正にではなく）利益をため込む
② 気持ちを固める
③ 示し合わせる・ぐるになる
④ 覚悟を決める
⑤ 本心を打ち明ける

□ 556 **雲を摑むような**

□ 557 雲を衝くばかり

□ 558 雲を霞と

□ 559 雲に架け橋

□ 560 雲をとどむ

① とてもかなわない不相応な望み
② 不明瞭で、とらえどころのない
③ 音楽や歌声が美しい
④ 非常に背が高いこと
⑤ 一目散に逃げて姿をくらます様子

解答・ポイント

551 ② 「引退の―」 同 肚（腹）を固める

552 ⑤ 「―・って話し合おう」

553 ④ 「―・て臨む」 同 肚（腹）を括る

554 ① 「―輩」 同 私腹を肥やす

555 ③ 「双方が―」 悪事に使うことが多い

556 ② 「―話」

557 ④ 「―の大男」 衝く＝刺し通す

558 ⑤ 「―逃げ去った」 同 雲霞

559 ① 「それは―」 雲には届かないことから

560 ③ 「―音色」 雲も聞き惚れて止まるほど、ということ

561 **腹(肚)に据えかねる**
562 いいかねる
563 見るに見かねる
564 大は小をかねる
565 手をつかねる

① 黙って見過ごすわけにいかない
② どうすることもできずに傍観する
③ 大きい方が使い道が広く役立つ
④ 我慢ができない
⑤ 口にしにくい

566 **枷が外れる**
567 箍が外れる
568 並外れる
569 桁が外れる
570 当てが外れる

① 標準を遥かに超える
② 期待外れとなる
③ しまりがなくなる
④ 普通とは際立って違う
⑤ 制約がなくなる

571 **呆気に取られる**
572 足を取られる
573 一本取られる
574 気を取られる
575 庇を貸して母屋を取られる

① 他の事に注意を奪われる
② 驚いて目を奪われる
③ 優しくした者から恩を仇で返される
④ 思うように歩けなくなる
⑤ 見事にやり込められる

---

561 ④「どうにも―」**同** 胸に据えかねる
562 ⑤「私の口からは―」〈言い兼ねる〉
563 ①「―・ねて手助けする」
564 ③「―ってこと」**対** 杓子は耳掻きにならず
565 ②「―ばかりだ」〈手を束ねる〉**同** 手を拱く

566 ⑤「―・て楽になる」枷＝拘束する道具
567 ③「―・て仕様がない」箍＝桶・樽にはめる輪
568 ④「―・た腕力」
569 ①「実力は―・ている」
570 ②「―・てがっかり」目当てに当たらず外れることから。

571 ②「―・て怒るのも忘れる」**同** 呆然となる
572 ④「ぬかるみに―」
573 ⑤「クソガキに―」
574 ①「話に―」**関** **気を抜く**(気持ちをゆるめる)
575 ③「甘やかすと―ことになるよ」

問 次の意味として、A・Bのどちらが適切か。

□1 世間ずれ
A 世の中の考えから外れている
B 世間を渡ってきてずる賢くなっている

□2 圧巻
A 最もすぐれた部分
B 迫力があること

□3 時を分かたず「事件後、時を分かたず、厳重な警備が行われた」
A すぐに
B いつも

□4 やおら「彼はやおら口を開いた」
A 急に、いきなり
B ゆっくりと

□5 御(おん)の字「70点取れれば御の字だ」
A 一応、納得できる
B 大いに有り難い

解答
1 B　2 A　3 B　4 B　5 B

□6 役不足「彼には役不足の仕事だ」
A 本人の力量に対して役目が重すぎること
B 本人の力量に対して役目が軽すぎること

□7 煮詰まる「七日間に及ぶ議論で、計画が煮詰まった」
A（議論が行き詰まってしまって）結論が出せない状態になること
B（議論や意見が十分に出尽くして）結論の出る状態になること

□8 忸怩(じくじ)たる思い
A 恥ずかしい思い
B 悔しい思い

□9 奇特「彼は奇特な人だ」
A 優れて他と違って感心なこと
B 奇妙で珍しいこと

□10 号泣する「悲しみの余り、号泣した」
A 大声を上げて泣く
B 激しく泣く

6 B　7 B　8 A　9 A　10 A

問 次の内容を表現するとき、A・Bのどちらが適切か。

□1 いよいよ、ますます
A いやがおうにも
B いやがうえにも

□2 実力があって堂々としていること
A 押しも押されぬ
B 押しも押されもせぬ

□3 周囲のみんなに、明るくにこやかな態度をとること
A あいそ（う）を振りまく
B あいきょうを振りまく

□4 企業が学生を早い時期に採用すること
A 青田買い
B 青田刈り

□5 卑劣なやり方で、失敗させられること
A 足下をすくわれる
B 足をすくわれる

解答
1 B　2 B　3 B　4 A　5 B

テーマ別の重要語は、理解の難しいものも多いが、複雑な考えや内容を理解するのに大切な語彙である。過去の大学入試の豊富なデータに基づいているが、単に頻度が高いだけでなく、知っているかどうかで、文章への理解の深さと広さが変わってくる語彙を分野別に取り上げた。まずは右ページの説明文を読み、自分で要約してみることで、理解できているかどうかを確認してみよう。次に左ページの空欄補充によって語彙の定着をはかって欲しい。また、右ページ下段の読解マップとコラムを利用することで、語句や文章内容を整理し理解や興味を広げて欲しい。

第2章　テーマ別の重要語335

1 虚構

虚構／小説／創作／捏造（ねつぞう）／ノンフィクション（五十音順）

⇩ 参 p.92

●次の文章を読んで 要約 しなさい。

「虚構（＝フィクション fiction）」という言葉は、「作られたもの」を意味するラテン語（＝ fictio）を語源とする。

文学用語としては、出来事を想像して作られた**物語**、特に**散文**で書かれた小説を意味し、随筆、伝記など実際の出来事すなわち事実に基づいたノンフィクション（＝ nonfiction）と区別される。

また一**般**の用法としては、事実に基づかず、創作・捏造などによって作られたもの一**般**に使用される。「**科学**は虚構だ」「民族は虚構だ」と言えば、それは「**科学**」「民族」というものが、明確な事実を根拠に存在するものではなく、特定の立場に基づいて**歴史的**に作られたものであることを意味する。

もちろん虚構は単なる嘘ではない。**文学**の虚構は現実世界の中で隠された真実を映す鏡の役割を果たしており、また、「**科学**」「民族」が虚構だと言っても、現実世界に一定の**秩序**を与えるという大きな役割をもつことは疑いえない。

要約

虚構は元来作られたものを意味し、事実に基づかないものを指すが、文学だけではなく現実世界でも大きな役割を果たす。

読解マップ

虚構（フィクション）←想像
↓小説・創作・捏造
⇔
ノンフィクション←事実

「現実って何なのだろう？」

現実は単なる事実ではありません。様々な**虚構**を含んでいます。たとえば、自分が考える自分と、他人が思う自分の姿はいつも違っています。実は、どちらも事実＋**虚構**（思い込み）で出来上がっているからです。現実はまるで〈複素数＝実数＋虚数〉のよう。虚数もあって数の論理が解るように、**虚構**への観察があって初めて現実がわかる、と言えるでしょう。

重要度順　次の□に当てはまる**語句**を答えなさい。

□ **1** ①作りごと。事実らしく仕組まれたもの②想像力によって**創作**・**捏造**されたもの一**般**。
「僕はそのとき初めて□の世界を求めた。」「□こそが見知らぬ人同士が協力することを可能にしたのだ。」（Y・N・ハラリ『サピエンス全史』） 関 表現に嘘（うそ）や偽り（いつわ）があること
① 対 □実　② 対 ノン□

□ **2** 古代の伝説・**叙事詩**、**中世**の**物語**などの系譜を受け継ぎ、近代市民社会を背景に発達した、**韻文**から解放された自由な**文学**形式。
「年に二回くらい□が読みたくなるなぁ。」

□ **3** ①今までなかったものを初めてつくり出すこと。芸術作品として表現すること・された**作品**②つくりごと・うそ。
「さりげなく過去を□すんなよ。」

□ 4 **虚構**でなく事実に基づく、文学作品・映画。
「クイズのジャンルで□を選ぶ男って…。」
関 虚構でなく事実の記録に基づく文学・映画。「文書の」「記録の」が語源 対

□ 5 事実でないことを事実であるかのようにつくりあげること・でっちあげ（ること）。
「□の仕方にもセンスが表れる。」

解答・ポイント

虚構（＝フィクション fiction）
関 虚偽（＝フェイク fake）
① 対 事実　② 対 ノンフィクション

小説

創作

ノンフィクション nonfiction
関 ドキュメンタリー documentary
対 フィクション fiction（＝虚構）

捏造（ねつぞう）

2 比喩／例

擬人法／直喩／比喩／メタファー／例

⇩ 参 p.126

●次の文章を読んで 要約 しなさい。

比喩とは共通性のある別の物事に置き換える表現法で、メタファー（＝隠喩・暗喩）、直喩（＝明喩）、擬人法（＝活喩）などがあり、物事を生き生きと実感させる効果をもつ。同種類の中から一部を取り上げる例との違いに注意したい。

「りんごはフルーツだ」と言った場合、りんごは、フルーツの中から特に取り上げて示された一部だから例であるが、「ほっぺがりんごだ」と言った場合、りんごは赤いほっぺと共通性をもつ別の物である。ほっぺの傷から出てくるのはりんごジュースではなく、たぶんトマトジュースだろう。もちろんこの場合、りんごはほっぺの比喩で、トマトジュースは血液の比喩と言える。

比喩は一見論理的でない要素をもつ説明だが、創造の可能性をもっている。たとえば科学で「光は波動である」「光は粒子である」と言うのも比喩の一例であり、こうした比喩が量子論によって生まれ、そして一般化したということは、その説明が現在の科学で正しいと認められたことを意味する。

要約

比喩は例と違って、共通性のある別の物事に置き換える表現法で、一見論理的でない説明だが、創造の可能性をもっている。

読解マップ

比喩←共通性のある別の物事
⇔〈表現〉
例←同種類の物事の一部

「比喩とはレンズのようなもの」

僕らがレンズをのぞくのは、どうしても何かを眼で捉えたいからですが、**比喩**を使うのはどうしても言葉で捉えたいことがあるからです。**比喩**は物事をそのまま伝えないけれど、レンズのように性質や要素を明確にし、思いを百倍にも千倍にも拡大します。「彼女は僕の宝物」「きみの瞳はダイヤモンド」などと愛を語ったり、またジョークをとばしたり…。

重要度順　次の□に当てはまる語句を答えなさい。

□ **6** ①同種類の物事の中から特に一部を取り上げて表現する**修辞**②判断の基準となる過去の事柄・しきたり。「□を挙げて説明していただけると、ありがたいのですが…。」関代表的な□

□ **7** 共通性のある別の物事に置き換えて表現する修辞。
「すぐれた□は、**知性**を新鮮で生き生きしたものにする。」（L・ウィトゲンシュタイン『反哲学的断章』）

□ **8** 人間でないものを人間になぞらえて用いる、**比喩**の一種。
「月が微笑むの、と彼女は□で幸せを表現した。」

関(1)現実の音声に似せて模写する言葉　(2)状態・動作を**感覚**的に似せた言葉　(3)(1)と(2)の総称（＝まとめた呼び名）

□ **9** **比喩**であることを示す言葉を直接明らかに用いる、**比喩**の一種。
「サルのような男。海より深い愛。死ぬほど退屈。これらはすべて言いたいことを強調するための□である。」対

□ **10** **比喩**であることを示す言葉を隠し暗示して用いる、**比喩**の一種。
『『世界は□だ、田村カフカくん』と大島さんは僕の耳もとで言う…『でもね…この図書館だけはなんの□でもない』』（村上春樹『海辺のカフカ』）対

解答・ポイント

例（＝具体例）（文章中に出てきたときには、何を説明・主張するためのものであるかを考えるべき表現）
関典型

比喩（文章中に出てきたときには、どんな主張・思いが込められているかを考えるべき大切な表現）

擬人法（＝活喩）
関(1)擬音語・擬声語・声喩（「わんわん」「ざわざわ」）　(2)擬態語（「じわじわ」「てきぱき」）　(3)オノマトペ **onomatopée**（仏）

直喩（＝明喩・シミリ **simile**）（「りんごのようなほっぺ」など、**比喩**を直接的に明示する**比喩**）
対メタファー・隠喩・暗喩

メタファー **metaphor**（＝隠喩・暗喩）（「氷の微笑」「りんごのほっぺ」など、**比喩**を示す「ような」などを用いない**比喩**）
対直喩・明喩・シミリ

3 韻文／散文

韻文／散文／詩／短歌／俳句

⇩ 参 p.116

●次の文章を読んで 要約 しなさい。

韻文とは、聴覚で捉えられる一定の規律＝韻律に従って書かれた同じリズムの繰り返しという性質をもつ言語表現のことであり、**神話**、**歴史**の叙述に使われていたが、後世では主に文学作品での使用に限られるようになった。

それに対して**散文**は、韻律をもたない点で**韻文**と対比される。**散文**は非**文学**的な内容をもつものに使われていたが、ヨーロッパでは**ルネサンス**以後、市民の現実的・**世俗**的な**感覚**に合う**散文**が、**文学**においても使われるようになり、現在では**小説**や評論や実用文で普通に用いられる。

韻文による日本**文学**には、**俳句**、**短歌**、**詩**などがある。**俳句**は十七音の定型からなり、季語を含むことを約束とする独自の**文学**である。**短歌**は三十一音の定型からなるが、平安時代以後は、**和歌**（＝漢詩に対して日本独自の詩歌）と言えば**短歌**を指すようになった。**詩**は**近代**以降は定型を廃した自由詩・散文詩が一般化した。したがって、**韻文**と**詩**は必ずしも同一視できない。

要約

韻律をもたない散文は近代以降、文学を含めて広く用いられるようになったが、韻律をもつ韻文は日本独自の文学を生んだ。

読解マップ

韻文→俳句・短歌・詩
⇔〈韻律の有無〉
散文→小説・評論など

「言葉は歩行か？ダンスなのか？」

詩人ポール・ヴァレリー（１８７１〜１９４５）は詩を舞踊（ダンス）にたとえ、散文を歩行にたとえます。身体の移動を、目的地へ向かう手段としての歩行と、目的地をもたないダンスの二つに分けて考えます。言葉にもまた意味を伝える日常言語と意味よりも美を形成する詩的言語があるからです。歩行が日常言語なら、ダンスが詩的言語なわけです。

重要度順　次の□に当てはまる 語句 を答えなさい。

□11 ①美的感動を凝縮して表現した文学形式②心に訴え、心を清める作用をもつもの。
「これ、俺の□のノートっす！」 関 (1)主観的な思いや感動を歌う□
(2)神・英雄の事績を歌い上げる長編の物語□　(3)詩文を集めた書物

□12 連句（＝俳諧＝五・七・五の句と七・七の句を連ねる歌）の発句（＝発端の句）を継承した五・七・五の定型の詩。
「□なんて学生のとき以来だわ。」 関 (1)□に必須の季節を規定する語　(2)滑稽・風刺・機知などを特色とする五・七・五の無季の詩

□13 五・七・五・七・七の定型の和歌。平安以降の和歌の代表。
「中には□が一首だけ書いてあって、ひいた。」
関 (1)諧謔（＝気の利いた冗談）・滑稽を詠んだ□　(2)下手な□

□14 韻律・字数などに制限のない文章。
「□にはエロティシズムが無いじゃないか。」
関 味わいや奥行きがない・詩情に乏しい・まとまりがない 対

□15 同一・類似の響きのある言葉を一定の間隔・位置に並べた文。言葉が一定のリズムをもつ文。
「□は耳に心地いい。」 関 言葉がもつ一定のリズム 対

解答・ポイント

詩（＝ポエム poem）
関 (1)抒情詩　(2)叙事詩
(3)アンソロジー anthology

俳句
関 (1)季語
(2)川柳

短歌
関 (1)狂歌　(2)腰折れ（歌）（上の句と下の句が腰のところで折れてつながらないという意味）

散文（「散」は制限がないことを示す）
関 散文的 対 韻文

韻文
関 韻律 対 散文

4 芸術

感覚／芸術／創造／直観／モチーフ

⇩ 参 p.31～p.90

●次の文章を読んで 要約 しなさい。

芸術とは、他人と美的体験を共有できる手段、**媒体**、**対象**などを創造する活動、過程、結果のことを言う。

したがって芸術は、**権威**によって認められた高尚な美ではなく、表現者が創造性を発揮し、鑑賞者が**感性**でそれを受容することによって成立するものであり、その創造の動機となった中心的な題材はモチーフと呼ばれる。

芸術は**自然**によって自発的に創造される被造物とは異なると同時に、技術や知識によって**概念**的に創造される物とも異なり、直観的なものであると同時に、その鑑賞には表現の前提である様式への知がある程度必要とされる。芸術は**社会**の構造や**思想**の枠組みの違いを超え、**感性**に満足を与えるものであるため、**近代**では**感性**の基礎となる感覚の領域とその**対象**となる絵の具や音といったマテリアル（＝材料）で、美術・音楽・**文学**・舞台芸術などのジャンルに分類されたが、現代では芸術の境界もジャンルも曖昧化し、様々な芸術**現象**が見られる。

要約

芸術は表現者と鑑賞者の伝達によって成立し、感覚の領域とマテリアルで分類されるが、現代では様々な芸術現象が見られる。

読解マップ

芸術 ＝ 表現者――創造性 ↓受容 鑑賞者――感性

感覚の領域とマテリアルで分類

↓様々な芸術現象

「美しい、ってどういうこと?」

美とはまず喜びの根源的なものと考えられますが、美には「比率」が見出されるという考え方があります。周波数の比率で美しく協和する和音、縦と横の長さの比率で美しく見える長方形。カードやノートなど、身近な物が意外なほど相似形だったりします。調べてみて♪

重要度順　次の□に当てはまる**語句**を答えなさい。

□ **16** 他人と分かち合える美的な物体・**環境**・経験を生み出す人間活動とその**成果**（＝よい結果）。「作品のすべてが、□という独自の、**自律**的な**文化**領域に**包摂**（ほうせつ）されている…」（浅沼圭司『読書について』）

関 衝動や欲求を□活動などの価値あるものに高める

□ **17** 刺激によって意識される経験。感じ取ること、またその心の働き。「チェックに花柄を合わせるという□にも、もう慣れた。」

関 □を通して事物・**事象**の総体・意味を知ること

□ **18** ①以前になかったものを初めて作り出すこと②**神**が宇宙を造ること。「私は父と母の□物ということになるのでしょうか。」対

□ 19 **推論**でなく直接的に**対象**を捉えること。直接的に全体・**本質**を捉える**認識**能力。「その狙いは…自分とものとの間の知的空間を□によってとり除くことにある。」（塚本明子『芸術について』）異 **感覚**的に捉えること

□ 20 ①**芸術作品**などを生み出す際の動機、その動機となった題材②**芸術作品**などを構成する基本的な単位。「彼女はハートの□を好む典型的な女子だった。」

解答・ポイント

芸術
関 昇華

感覚
関 知覚

創造
対 模倣

直観
異 直感

モチーフ motif（仏）
（英語以外の言語に関して、仏＝フランス語、独＝ドイツ語、希＝ギリシア語、羅＝ラテン語を意味します）

5 オリジナル／コピー

アウラ／オリジナル／コピー／シミュラークル／シミュレーション

⇩ 参 p.94

●次の文章を読んで 要約 しなさい。

アウラ（＝オーラ）とは、元来、人や物が発する独特で微妙な雰囲気を指す。現在では、コピーではないオリジナルの**作品**に対してだけ感じられる一度きりの近づきがたい**現象**、という意味で用いられることが多い。

このことの背景には、**近代**における複製技術の発達によって画集やＣＤなどコピーが溢れ、**芸術**が**大衆**化してアウラを失ったという状況がある。

さらに、現代社会ではオリジナルのないコピーも溢れている。それをシミュラークルと言う。オリジナルとコピーの二**項対立**が成立しないシミュレーションの中にあるすべてのものを指す。写真や映画、ゲームやディズニーのキャラクター、そして商品の多くがそうである。どこにもオリジナルの人物や物体は存在しない。コピーのコピーにより無限に増殖可能である。

したがってコピー可能な、アウラなきシミュラークルの中で、いかにして自分なりのアウラを見出せるかが、現代人の重要課題と言えるだろう。

要約

複製技術の進歩により、アウラなきシミュラークルが溢れる現代では、人がそこに自分なりのアウラを見出すことが重要だ。

読解マップ

オリジナル⇕コピー
↓〈複製技術〉
コピーの増殖
シミュラークル＝オリジナルなきコピー
⇔
自分なりのアウラ

「自分なりのオーラって?」

僕らは大切な人といて、あるいは一人でいて、この経験、この**時間**は一度きりの**オリジナル**なものだと感じます。自分の人生は一度きりのオリジナルなものだと感じます。そんなときには**コピー**できない自分だけの**オーラ**が、きっと僕らを包み込んでいるのでしょう。

〈シミュラークル〉

重要度順　次の□に当てはまる**語句**を答えなさい。

21 ①複製、模写、翻訳などに対して、その際の原型となる**作品**②独創的。
「何が□かに興味はない。」

対

22 複製・複写・**模倣**・模造品・広告文・宣伝文句。
「これ三部ずつ□とっといてくれる？」対

23 模擬実験。複雑な問題を解析するための**モデル**（=模型）による実験。**現象**・**システム**を模擬的に再構成すること。元来は「見せかけ」。
「彼女とのデートを□してみよう。」
関 **コピー**としてのみ存在し、現実の中に対応する**オリジナル**が存在しない**記号**的なもので、□の中にあるすべてのもの

24 人や物が発する独特で微妙な雰囲気。**コピー**にはない**オリジナル**の芸術作品がもつ雰囲気。
「なんだこの□は…！」

「ベンヤミンは、□を感じることが本物の**芸術**の証（あかし）だと考えました。」

25 **コピー**としてのみ存在し、現実の中に対応する**オリジナル**が存在しない**記号**的なもので、**シミュレーション**の中にあるすべてのもの。
「薄々感づいてはいたが、私は彼にとって□だったのだ。」

解答・ポイント

オリジナル original
対 コピー

コピー copy
対 オリジナル

シミュレーション simulation
関 シミュラークル simulacre（仏）

アウラ aura（羅）（=オーラ）（ヴァ**ルター・ベンヤミン**はオリジナルな作品がもつ崇高で一回きりの不気味な雰囲気をアウラと捉えた）

シミュラークル simulacre（仏）

6 ヒューマニズム

近代社会／現代思想／人道主義／人間中心主義／ヒューマニズム

⇩ 参 p.128

●次の文章を読んで 要約 しなさい。

人間性の尊重、人間の解放を目指すヒューマニズムは、**ルネサンス**期の市民**文化**を貫く**思想**であったが、時代とともに**多様**な意味で用いられるようになり、現代では、非人間的な**科学**の進歩から人類を守ることなどを課題とする。

工業化の過程でヒューマニズムから派生したのが**人間中心主義**であり、これは**近代社会**の**思想**の基調となった。**真理**や善の根拠を**神**の中に見出そうとした**中世**の**社会**とは異なり、**近代社会**はそれを**理性**ある人間の中に見出そうとした。さらに**現代思想**からは、人間が**自然**の中でもっとも進化した中心存在であり自然環境は人間が利用するためのものだと考えるのが**人間中心主義**であると批判され、特に**環境倫理**学の観点から強く非難される。

またその一方で、武力対立や災害・飢饉などの事態においては、人間性を発揮して他者を救助すべきだという**人道主義**が現れる。これもまたヒューマニズムの一形態である。

要約

人間性の尊重、人間の解放を目指すヒューマニズムは、近代社会の基調となる人間中心主義を生む一方で、人道主義の形をとる。

読解マップ

ヒューマニズム
…ルネサンス期の市民文化
←
人間中心主義
…近代社会の思想の基調
⇕現代思想（環境倫理学）
…人道主義

「『人間』は消滅するだろう」

20世紀の知の巨人ミシェル・フーコー（1926～84）の言葉。「人間」＝「自分のことを自分で考える主体」という**人間中心主義**の理念は、やがて砂絵のように消滅すると彼は語りました。

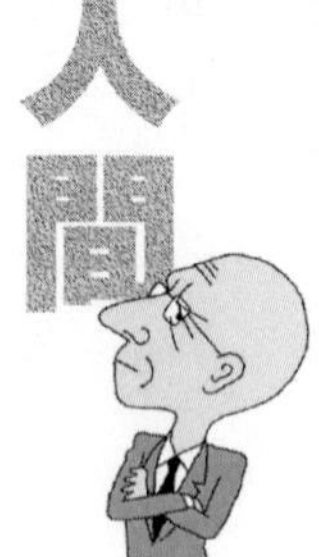

重要度順　次の□に当てはまる**語句**を答えなさい。

□ **26** 人間が**合理主義**によって**自然**を統御することを目指し、**資本主義**・**民主主義**・**個人主義**を基調とする**社会**。
「自分はずいぶん□の恩恵を受けていると感じる。」

□ **27** 人間性の尊重、人間の解放を目指す**思想**・態度。
「僕なんて□のかたまりだろ？」
関 □の立場に立つ人・人道主義者・人文主義者

□ **28** **神**に代わって人間を世界の**中心**であるとする、西欧**近代**において成立した立場。**現代思想**においては人間の利害を**中心**とする立場を言う。
「人類に□的な時期があるのは、**自然**なことじゃないかしら。」

□ 29 人類全体の福祉の実現を目指して、人間らしい行動をとる**思想**態度を指し、人間は人間性を発揮して**他者**を救助すべきだとする立場。
「□は趣味の範囲でお願いします。」「白樺派の作家は□を理想とした。」関 人間として守るべき道・歩道

□ 30 **近代**の**思想**の壁を突破しようとする、20世紀後半、特に1980年代以降に広く流布した西洋**哲学**に根ざす**思想**。**構造主義**や**分析哲学**など。
「難しく考えなくても、□はけっこう**感覚**的に把握できるよ。」

解答・ポイント

近代社会

ヒューマニズム humanism（＝人間尊重主義）
関 ヒューマニスト humanist

人間中心主義

人道主義
関 人道

現代思想（ダーウィンの進化論によって、人間精神も進化の結果に過ぎないとされ、近代哲学が困難となって登場した）

第2章 思想・芸術

7 具体／抽象

具体／現象／捨象／抽象／本質

⇩ 参 p.122

●次の文章を読んで 要約 しなさい。

「具体」は「体（たい）（＝姿・形）」を「具（そな）」えていることを言うが、具体的なものは**個別的**・物質的な性質をもっており、**感覚**の**対象**となる。

一方「抽象」とは、**対象**からある性質を「抽（ひ）」きだすことを言うが、抽象的なものは**一般的**・**観念**的な性質をもっており、思考の**対象**とすることができる。具体的なものを抽象すると、現象から切り離して**対象**の本質を捉え、他との共通性を通じて**対象**の一**般**性について考えることができるようになる。

だが、同時に抽象は必ず他の性質を「捨」てることでもある。このことを「捨象」と言うが、たとえば「猫」という具体的な存在を「動物」と抽象すると、「気まぐれ」「魚が好き」など、様々な他の性質を捨象することになる。したがって、抽象と捨象は同一作用の二つの側面である。

ちなみに、抽象的か具体的かは**相対的**である。たとえば「乗り物」は「クルマ」と比べれば抽象的であるが、「物体」と比べれば具体的である。

要約

具体的なものを抽象することによって思考の対象とし、本質や一般性を捉えることができるが、抽象は捨象と表裏の作用でもある。

読解マップ

具体→個別的・物質的
＝感覚の対象
⇔
抽象→一般的・観念的
＝思考の対象
←本質・一般性
⇄
捨象

「具体的に説明しなさい、とは？」

現代文の設問でよく見かけますね。こんな条件があるときは、問題文の中で最も具体的な内容を捉えて説明する必要があります。文中に具体例があるならば、それも利用してなるべく具体的に。

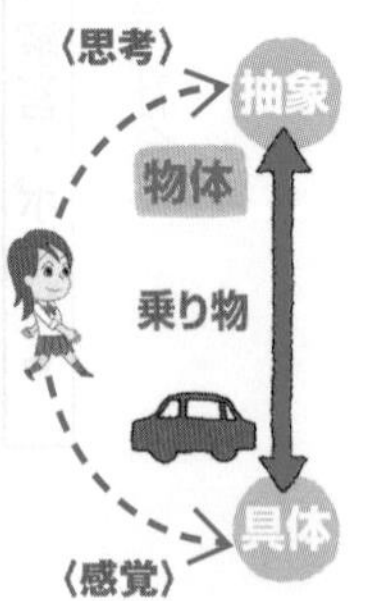

重要度順　次の□に当てはまる語句を答えなさい。

□31 姿・形を具えていること。感覚で捉えられるものであること。
「その□例は最初の話と微妙にずれてるんですが…。」
関 (1)形を具えていて直接的に捉えられる様子
(2)形を取って現れること、またその形。形でわかり易く表すこと 対

□32 ①それなしには存在し得ない性質・要素。現象の背後に潜む恒常（＝不変で一定である）的なもの②実存を離れ定義によって言われるもの。
「彼女の□とかどうでもいい。」 ①対□象 ②対□存

□33 時間・空間内に現れ、感覚が捉える外面的・個別的な対象。
「彼女という□を僕は捉えあぐねていたんだ。」 関 (1)□の本質を追究する哲学・美学 (2)□を理論的に統一して説明するための仮定 対

□34 ①対象からある性質を抽きだすこと②他との共通性に着目し、一般的な概念にまとめ上げること。
「具体と□を行き来する訓練を積もう。」
関 概念的で一般的・現実離れした 対 (1)□体 (2)□象

□35 対象からある性質を抽きだす際に、抽象しなかった他の性質を捨てること。したがって常に抽象と一体化している。
「もっといさぎよく□していけ。」

解答・ポイント

具体
関 (1)具体的 (2)具象 対 抽象

本質
①対 現象 ②対 実存（現実に存在する具体的存在。主体性をもつ個人として存在すること）

現象
関 (1)現象学 (2)仮説
対 本質

抽象（化）
関 抽象的 対 (1)具体 (2)具象

捨象（英語の abstraction は「抽象」と「捨象」の両方の意味をもつ言葉）

8 普遍／特殊

一般／個別／特殊／媒介／普遍

⇩ 参 p.100

●次の文章を読んで 要約 しなさい。

だいたい当てはまるという意味の一般には例外があるが、すべてに当てはまるという意味の普遍には例外がない。つまり普遍は一般という**概念**の純度を高めることで成立する。一方個別という**概念**の強度を高めることで成立するのが特殊である。一般と個別、特殊と普遍は、それぞれ対義の組み合わせである。

ただし、これらの言葉にはそれ以外にも複雑な関わりがある。

誰にとっても「私」という存在の具体的な中身の方は特殊であるが、誰もが「私」という言葉で個別に「私は特殊だ」と一般に考えるという点で、「私」という**抽象**的な形式の方は普遍でもある。特殊というあり方は普遍で、普遍というあり方は特殊だとも言えよう。

また、特殊な「この私」とは、個別の生命体を媒介して一般に、たとえばDNAという普遍の存在によって実現されていると言うこともできる。

特殊と普遍は対立し、個別と一般を媒介して**逆説**的に結びついているのだ。

要約

個別の強度を高めた特殊と一般の純度を高めた普遍とは対立しながらも、個別と一般を媒介して結びつくという逆説的な関係にある。

読解マップ

普遍 ＝ 一般の純化
⇔〈逆説〉⇔
特殊 ＝ 個別の強化

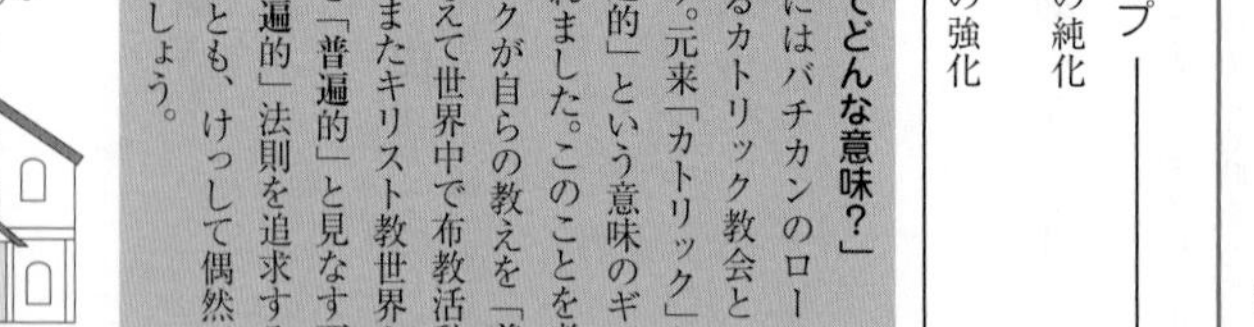

「カトリックってどんな意味？」

キリスト教にはバチカンのローマ法王を頂点とするカトリック教会という組織があります。元来「カトリック」という言葉は「普遍的」という意味のギリシア語から生まれました。このことを考えると、カトリックが自らの教えを「普遍的」な教えと考えて世界中で布教活動を行ったことも、またキリスト教世界から自らの価値観を「普遍的」と見なす**西洋中心主義**や「**普遍的**」法則を追求する科学が生まれたことも、けっして偶然ではないと言えるでしょう。

重要度順　次の□に当てはまる語句を答えなさい。

□ **36** だいたい当てはまること。いろいろな場合・事物に広く認められ、成り立つこと。
「自分が□的であることを嫌がる程度に、わたしは□的です。」
関 部分的な事柄を全体的に成り立つ事として主張すること　対

□ **37** 全体を構成する一つ一つ・一人一人。それぞれを別に扱うこと。
「いちいち□になんか見てられないよ。」　対

□ **38** ①すべてに当てはまること。時代や場所を問わず言えること②宇宙や存在の全体に関わること。
「□性があるのなら、いずれ残っていくだろう。」
関 共通性を取り出し、**概念**・法則を引き出す　対

□ **39** 他と特に区別されること。全体の一部にだけ関わること。
「□なこと自体に、特に価値は無い。」　対

□ 40 橋渡し。二つのものの間に入って仲立ちし、関係を取り持つこと。あるものを他のものを通じて存在させること。
「もちろん親は子供に社会を□するが、常に不十分な存在なのです。」
関 (1)仲立ちする人・取り持ち役　(2)□するもの

解答・ポイント

36 一般
関 一般化　対 個別

37 個別
対 一般

38 普遍
関 普遍化　対 特殊

39 特殊
対 普遍

40 媒介
関 (1)媒介者　(2)媒体

9　帰納（きのう）／演繹（えんえき）

演繹／蓋然的（がいぜん）／帰納／三段論法／類推（るいすい）

⇩ 参 p.102

●次の文章を読んで 要約 しなさい。

人はある事実を前提に、他を**推論**して理解を広げようとする。ある**個別**の事物から他の**個別**の事物へと、両者の類似（＝analogy〈アナロジー〉）に基づいて推理することを**類推**（＝**類比**・analogy〈アナロジー〉）と呼ぶ。もちろん得られる結論は**蓋然的**（がいぜん）であり、証明されなければ正しいとは言えない。学問上の**仮説**の多くもこれに該当する。

また、**個別**の事実の集まりから、その共通性に基づいて、一**般**の法則を導く推理法を**帰納**と呼ぶ。過去の人々が死んだという共通性から、人間はすべて死ぬという一**般**の法則を導く場合の推理だ。もちろんすべての人間が死ぬのを観察できるわけではないから、**帰納**による推理も**蓋然的**なものである。これは過去の**科学**上の法則が訂正されることからもわかる。そしてこれとは逆に、一**般**の法則から、論理を積み重ねて、**個別**の**必然的**な事実を導く推理法を**演繹**と呼ぶ。人間は死ぬから私も死ぬと推理する場合であり、二つの前提となる判断を積み重ね、一つの結論として判断を下す**三段論法**などもその代表である。

要約

人は常に既定事実を前提に他を推論し理解を広げるが、類推以外にも、個別から一般を導く帰納と一般から個別を導く演繹がある。

読解マップ

推論＝理解を広げる
- 類推＝個別→個別…蓋然的
- 帰納＝個別→一般…蓋然的
- 演繹＝一般→個別…三段論法

「帰納と演繹の覚え方は？」

両者の違いが覚えにくいと感じる人へ。そんな人は**帰納**（個別→一般）が**抽象化**（具体→抽象）に近くて、**演繹**（一般→個別）が**具体化**（抽象→具体）に近いと考えましょう。個別は一般より具体的で、一般は個別より抽象的だからです。そこで音から「きちゅ（帰納→抽象化）くて、えぐ（演繹→具体化）い」などと、ゴロ合わせで覚えてみてはどうでしょう♪

重要度順　次の□に当てはまる［語句］を答えなさい。

□ **41** ある**個別**の事物から他の**個別**の事物へと、両者の類似に基づいて推理を及ぼすこと。論理学では不確かだとされ、適用に制限がある。
「彼女のあの笑顔と声から性格を□しちゃいました。」
関 論理・規則に基づいて、**理性**が既知の事柄から未知の事柄や結論を推理して明らかにすること

□ **42** 一**般**的な法則から、論理を積み重ねて、**個別**の**必然的**な事実を導く推理。
「□的な考え方もほどほどにしないと、状況を見誤るわよ。」 対

□ **43** **個別**的な事実の集まりから、その共通性に基づいて、一**般**の法則を導く推理。
「つまらぬ一般論を導くだけの□に意味などない。」 対

□ 44 確実性はあるが、絶対的ではない。確実と思われる。
「□な結論にすぎないけどね。」
関 確実性の度合い・確からしさ 対

□ 45 二つの前提となる判断を積み重ね、一つの結論としての判断を導き出す推論の方法。
「強引でも□で押せばＯＫ！」

解答・ポイント

類推（るいすい）（＝類比・アナロジー analogy）
関 推論

演繹（えんえき）（たとえば、万有引力の法則から、りんごの落下や惑星が互いに引き合うことなどを説明すること） 対 帰納

帰納（きのう）（たとえば、りんごの落下と惑星が互いに引き合うことから、万有引力の法則を見出すこと） 対 演繹

蓋然的（がいぜん）
関 蓋然性 対 必然的

三段論法（たとえば、「すべての人間は死ぬ」という大前提と「私は人間である」という小前提を積み重ねて、「私は必ず死ぬ」という結論を推論する方法）

第2章 思想・芸術

10 相対的／絶対的

絶対主義／絶対的／相対化／相対主義／相対的

⇩ 参 p.140

●次の文章を読んで要約しなさい。

たとえば人はみんなの中で「一番（＝first）」になりたい、「一番」好きと言われたいと思う一方で、自分は「唯一（＝only）」の存在でありたい、「唯一」な存在と認められたいと願う。「一番」のように他と比べて成立する状態を相対的、「唯一」のように他から独立して成立する状態を絶対的と呼ぶ。

このように、この二つの言葉は対（つい）を成すのだが、それだけではなく複雑に絡み合う。「一番」という相対的状態は誰にも負けないという意味で「唯一」という絶対的状態であり、「唯一」という絶対的な状態はある特定の意味での「一番」という相対的な状態だとも言える。

現在の学問は西洋起源の神学に始まるため、これまでの絶対主義に基づいて絶対的に正しいとされてきた**神話**を相対化して真実を追究するという過程をもつが、この相対化に基づく学問もまた、絶対的なものは存在しないとする相対主義だけが絶対的に正しいなどと、絶対主義化して**神話**化する危険をもつ。

要約

他と比べて成立する状態を相対的、他と独立して成立する状態を絶対的と呼び、両者は学問などでも対立しながら複雑に絡み合う。

読解マップ

相対的＝他と比べて
↓相対主義

⇔

絶対的＝他と独立に
↓絶対主義

「ほんとうに恋は盲目なの？」

絶対的な存在は**相対化**されてこそ初めて正しく認識されるのに、恋は**相対的**に好きな人を**絶対的**な存在と思いたい欲望と言えます。ここに恋は盲目と言われる理由もあるのでしょうか。しかしまた、恋する者が最も熱心に相手を見つめるでしょうから、きっと相手を最も熟知してもいるでしょう。恋とは、盲目と熟知とが両立する不思議な現象のようです♪

重要度順　次の□に当てはまる語句を答えなさい。

□ **46** 他から独立して成立する状態。他との比較や**置換**（＝置き換え）ができず、他からの制限や制約を受けない様子。
「□なものを求めてると絶望するよ。」 関 (1)他に並ぶもの（「対」）がない　(2)他と比較せずに、それだけを特別に優れていると見なす 対

□ **47** 他（「対」）と比べて成立する状態。他との比較や関係によって価値や性質が決まる様子。
「美とは□なものだ。」 対

□ **48** 他と比べて・他との関係から**絶対的**ではないと捉え直すこと。
「自分を□できると、少し楽になるよ。」 関 他との関係（「対」）があって成立する 対

□ 49 すべての**真理**や価値は**絶対的**ではなく、**歴史**や**文化**や個人による**相対的**なものであると考える立場。
「□者は話していてつまらない。」 対

□ 50 ①**絶対的**な**真理**・価値が存在すると考える立場②ヨーロッパ**近世**（＝**中世**から**近代**への過渡期）の絶対的権力をもった君主による政治支配。
「うちの親は医者□だからなぁ。」 関 独断（的な説） 対

解答・ポイント

絶対的（「絶対」とは「対（＝関係）を絶つ」こと）
関 (1)絶対　(2)絶対視
対 相対的

相対的（「相対」とは他と「相対する」こと。偏差値などは相対的評価の一つ）
対 絶対的

相対化
関 相対
対 絶対化（他と比較や置換することなく、物事の存在や価値を信じること）

相対主義
対 絶対主義

絶対主義
関 ドグマ dogma　対 相対主義

11 主観／客観

客体／客観／主観／主体／対象

⇩ 参 p.128

●次の文章を読んで 要約 しなさい。

　日本語における**抽象的**な言葉の多くは、西欧の言葉を翻訳して作られた。明治期の**近代**化がそれを必要としたのである。

　英語文法で、「主語」を意味する「サブジェクト（＝subject）」、「目的語」を意味する「オブジェクト（＝object）」という言葉を聞いたことがあるだろうが、この二つの言葉からは、他にも重要な翻訳語が作られた。

　「働きかける側」を意味するサブジェクトを、**認識**においては主観、行為においては主体と翻訳し、それに対して「働きかけられる側」を意味するオブジェクトを、**認識**においては客観、行為においては客体、また広い意味をもつ言葉として対象と翻訳した。ただし、サブジェクトとオブジェクトが対立する言葉として把握されるようになったのは**近代**以降のことであり、今も英語のサブジェクトに「服従している」という意味があることは興味深い。**近代**以前、主体は神に「服従している」＝働きかけられる側とも考えられた痕跡であろう。

要約

働きかける側であるサブジェクト、働きかけられる側であるオブジェクトなどが翻訳され、近代化のための新たな日本語が作られた。

読解マップ

サブジェクト＝働きかける側
↓主観〈認識〉・主体〈行為〉
↓主語〈文法〉
⇔
オブジェクト＝働きかけられる側
↓客観〈認識〉・客体〈行為〉
↓目的語〈文法〉・対象〈一般〉

「日本語は三つの言葉の層をもつ」

日本語は大和言葉、漢語、西欧語からの翻訳語、の三つでできています。大和言葉は漢字以前の話し言葉ですから、音に耳を澄ませてみましょう。はる（春）は枝がはる（張る）季節。つめたい（冷たい）はつめいたい（爪痛い）って感じです。

重要度順　次の□に当てはまる語句を答えなさい。

□ **51** 認識・行為において働きかけられる側・目標となるもの。
「恋愛の□に見てもらえないんだ。」
関 認識のために自己と切り離して扱う
異 (1)対応して釣り合っている　(2)照らし合わせる・コントラスト

□ **52** ①認識において働きかけられる側・自分の認識の対象となるもの②誰にとっても同じであること。
「余裕がないと□的になれないよ。」　関 自分を離れ冷静な態度　対

□ **53** ①行為を働きかける側・自分の意志に基づいて行動する存在②集団・組織・構成の中心。
「いつのまにか自分の人生の□では無くなっていた。」
関 自分の意志によって責任をもって行動する態度　対

□ **54** ①認識において働きかける側・外界を認識する自分の意識②自分だけの感じ方・考え方。
「俺には□しか必要ない。」　関 自分だけの見方にとらわれた態度　対

□ **55** 行為において働きかけられる側・行為の対象となるもの。
「自らを□として捉えるよう心がけています。」　対

解答・ポイント

- 51 対象　関 対象化　異 (1)対称　(2)対照
- 52 客観　関 客観性　対 主観
- 53 主体　関 主体性　対 客体
- 54 主観　関 主観性　対 客観
- 55 客体　対 主体

第2章 思想・芸術

12 批評

間テクスト性／作品／テクスト／テクスト論／批評

⇩ 参 p.116

●次の文章を読んで **要約** しなさい。

作品とは、作者が個性によって**創造**した完結した表現物を指し、唯一の個性を込めた存在であり、**文学**や音楽や美術など**多様**な**芸術**ジャンルのどれかに属するものだ、とするのが**近代**以降の考え方であった。

それに対して**文学**における現代の批評は、**分析**・解釈の**対象**となる作品を含む文書一般をテクストと呼ぶ。作者の意図に支配された作品から唯一の正しい意味を読み取るべきだとする作品論の立場ではなく、あくまでも文章それ自体は作者と切り離された**自律**的なものだと考え、読者が**多様**な意味を読み取るものだとするテクスト（理）論の立場をとる。まず作者の言いたいことがあって、次にそれが言葉によって表現されるのではなく、言葉との不可分な結びつきによって伝達する内容が成立するという考え方にもつながる。

また、テクストの意味が、引用や参照など、他のテクストの影響を通して、他のテクストと関連づけて読み取られることを間テクスト性と呼ぶ。

要約

現代の文学批評では、文書一般を作者と切り離されたテクストと捉え、他のテクストとの関連も考えて多様な意味を読み取ろうとする。

読解マップ

文学の現代批評＝テクスト論⇔近代「文章＝テクスト⇔文学＝作品」

← 読者が多様な意味を読む ⇔ ← 作者が唯一の個性を込める

← 間テクスト性 ⇔ ← 完結した表現物

「作者の死とは？」

構造主義の批評家・文学者の**ロラン・バルト**（１９１５～８０）は「作者の死」を宣言しました。文章を創造した唯一の個性をもつ作者の存在などというのは、近代的な思想の産物にすぎないとし、文章を読むとき常に作者の絶対的な意図を意識して解読しようとするのは不自然だと考えたのです。

重要度順 次の□に当てはまる**語句**を答えなさい。

□ **56** 作者が特定の意味を込めて製作したとされる、完結した個性的なもの。
「□と呼べるレベルにしてから、またおいで。」

□ **57** 物事の善悪・優劣・美醜・**是非**（＝良いことと悪いこと）について考え、価値判断を下すこと。
「愛のない□なんて読む価値もない。」
関 欠点をあげつらう・様々な可能性を検討する・認識能力を吟味する

□ 58 ①**分析**・解釈の**対象**となる**多様**な意味をもった文書②文字**データ**。
「フロイトの□のなかに、反フロイディズムをさえ読むこと、それが〝読む〟ことなのだ。」（柄谷行人『反文学論』）
関（文章の）前後の脈絡・関係。文脈・背景として作用し規定するもの

□ 59 個々の**テクスト**は作者の意図によって支配されたものではなく、他の**テクスト**との相互依存の関係にあるということ。
「□とはその**テクスト**を、過去と未来の他の**テクスト**と織り成す言葉の網の目の中で捉えることを言う。」

□ 60 作者の意図が**作品**を通じて読者に伝達されるという**近代**的な**文学**理論を否定し、唯一の意味から解放された自由で**多様**な解釈を肯定する立場。
「メガネ君たちは日々□を交わしていた。」

解答・ポイント

作品

批評（英語では criticism（クリティシズム）と言い「重大な分かれ目」crisis（クライシス）と語源を共有する）
関 批判（日常では否定的に用いるが、文章では肯定的内容にも用いる）

テクスト text
関 コンテクスト context

間テクスト性（＝相互テクスト性）

テクスト（理）論

13 哲学

原理／思索／事象／思想／哲学

⇩ 参 p.98

●次の文章を読んで**要約**しなさい。

哲学と思想は、思索を深める点で共通しているが、思想が**社会**や人間一般をよくしようと働きかける思索の**体系**なのに対して、哲学は言葉、**理性**という**ロゴス**による思索を極限まで推し進めようとする運動である。

哲学（＝philosophy）の語源は、「知（＝sophy）を愛し求めること（＝philo）」であり、思想のように他人に働きかけようとするのではなく、あくまで自分の知を求めて思索し続けようとすることである。

哲学が結果として思想に応用されることはあっても、哲学自体は、思想となることを望まない。なぜなら、哲学は思想が**対象**とする**社会**や人間一**般**に現れる**事象**よりも、なぜそのように現れることになったのかという原理について思索しようとするからであり、また、哲学はあくまでも真実を愛し求める思索であるため、思想というかたちで他人に働きかけようとすると、むしろ自分の思索の力が弱められてしまうからである。

要約

哲学は、思想と同様に思索を深めるものだが、他人によく働きかけようとする思想と違って、知を愛し原理について思索しようとする。

読解マップ

哲学＝思索　　思想＝思索
自分の知　⇕　社会・人間一般
原理　　事象

「『無知の知』とは?」

古代ギリシアの哲学者**ソクラテス**（前470頃～前399）の有名な言葉。哲学の本質を言い当てた名言とされています。対話を通して、自分が知らないということを自覚する自己の「無知の知」が、真実への知の扉を開く**哲学**の本質だというわけです。しかし対話によって自己の無知がさらされることを望まない人々も多いため、ソクラテスは憎まれて訴えられ死刑を宣告されました。それに対してソクラテスは、死後について自分は「無知であると知っている」ので、何も嘆く必要はないと語り、「善く生きる」意志を貫いて**法**に背く亡命を拒み、死を選んだと言われます。

重要度順　次の□に当てはまる語句を答えなさい。

□ **61** ①**体系**的な思考内容②**社会**・人生に対する思考の**体系**。
「□に走る前に、まず30分走ってらっしゃい。」
関 時代における□の流れ
異 **詩**を生み出す感情・着想。詩の中の**思想**・感情

□ **62** ①人間の知識欲に根差し、世界や人生の究極の**原理**を**追究**する（＝考え究（きわ）める）学問②経験から築き上げた**思想**。
「誰にでも□はある。」

□ **63** **事象**や**認識**を成り立たせる根本となる原因・仕組み。
「あとは**市場**□がうまくやってくれるさ。」
関 (1)あらゆる事物・世界を支配する法則　(2)宗教・思想において合理主義を否定し、**伝統**的価値観を主張する傾向

□ 64 ①**認識**される出来事・事柄②繰り返した行為の結果から確率が決められる事柄。「もう一度、一つ一つの□をたんねんに検討しよう。」

□ 65 筋道を立てて深く考えること。
「そんな□に耽（ふけ）るのを日課としております。」
関 (1)心で深く考え思う　(2)経験によらない**抽象的**理論・空論

解答・ポイント

思想
関 思潮
異 詩想

哲学（原語であるギリシア語の philosophia は、「知 sophia」を「愛する philo」という意味）

原理（＝アルケー **arkhē**（希））
関 (1)摂理　(2)原理主義

事象

思索
関 (1)思惟（しい）　(2)思弁

14 心理

意識／心理／認知／脳科学／無意識

⇩ 参 p.204

●次の文章を読んで 要約 しなさい。

心理学は、心理という心の働きを扱う学問である。まず意識を研究対象とする学問として確立されたが、その後、物理学・生理学の成果を基礎に、人間またはその他の動物の行動を研究対象とする**科学**となった。

しかし**ジグムント・フロイト**が、**個人**の行動は**理性**よりも、むしろ無意識によって左右されると主張して**近代**の人間観を覆したことにより、彼の考えは精神医学の領域を超え、心理学に大きな影響を与えることになった。

現代の心理学は**実験心理学**（＝**経験主義**の立場から観察・実験によって心理を探求する学問）と、**臨床心理学**（＝心理的な問題により精神に不調をきたした人々への理解・援助に取り組む学問）に大別されるが、精神医学の発達などもあって、むしろ脳科学や**社会**学・経済学をはじめとする他の学問領域と連携する**学際**における研究が広がり、いずれも認知、行動、知能、感情などを扱っており、これらを研究する学問を**包括**して心理学とすることが多い。

要約

心理学は意識の科学から無意識にまで領域を広げ、現代では実験心理学と臨床心理学に大別され、学際研究を包括する学問である。

読解マップ

心理学＝意識の科学
←〈無意識の登場〉
現代心理学
＝実験心理学・臨床心理学
＝学際に広がる研究↓包括

「他者こそが自我を生み出す」

ジグムント・フロイト（１８５６～１９３９）の精神分析学を構造主義的に発展させたのがジャック・ラカン（１９０１～８１）。彼によると、たとえば幼児は鏡に映る虚像＝他者を自分自身であると錯覚する経験（＝**鏡像段階**）を通して、やっと自分という統一された自己像を手に入れ、**自我**を形成するのです。

重要度順　次の□に当てはまる語句を答えなさい。

□ **66** ①今自分のしていることが自分でわかる状態②**対象**を**認識**する心の働き③**主観的**・**個人**的な経験内容。「□は□されることですぐに変質し始めるものなんだ。」関□の中心・**主体** 対

□ **67** 心の働き。行動に現れる心の動き。「進路を決めるとき、多くの学生が□学やりたい病にかかる。」異(1)正しい道理・事態の真相　(2)取り調べで物事の筋道を明らかにする

□ **68** ①今していることが自分でわからない状態②意識されないが精神に影響を与えている心の深層。「□を装う（よそお）訓練は日々怠らない（おこた）わ。」対

□ 69 ①外界の**情報**を収集し処理して、**事象**を認め知識を得ること②父が戸籍法の手続きにより自分の子と認めること。「男は子供を□するにすぎない。」関(1)**外化**により自分がどのように□したかを□すること　(2)知的活動の**分析**・解明を行う**学際**分野　(3)獲得された知能が脳の器質障害で持続的に低下・喪失した状態

□ 70 脳とその機能、特に**心脳問題**（＝脳と心の結びつき）を研究する学問。「□はすべてを解明する、と彼は鼻をふくらませて言った。」関意識に生じる**感覚**的なもの・質感

解答・ポイント

66 意識　関 自我　対 無意識

67 心理　異 (1)真理　(2)審理

68 無意識　対 意識

69 認知　関 (1)メタ認知　(2)認知科学　(3)認知症

70 脳科学　関 クオリア **qualia**

15 文学

口承文芸／ジャーナリズム／叙事詩／抒情詩／文学

⇩ 参 p.88 p.92

●次の文章を読んで 要約 しなさい。

文（**韻文**・**散文**）で表現される芸術一般を**文学**と呼ぶ。表現内容よりも表現方法が重視され、特に審美的なものを志向する。様々なジャンルと近接し、**ネット**上での配信も増えて視覚**イメージ**を取り込んだ新たな**文学**の出現も考えられるが、ジャーナリズムなどの報道・解説・**批評**の言語表現とは区別される。

文学の形態は、古くは文字がなく口伝えで広がる口承文芸（＝口承文学）に始まったが、文字が生まれて書き取られるようになると写本の形で流布されるようになり、さらに15世紀以降の印刷技術の発達後は、印刷された書籍の形で出版されるようになった。長い間**文学**の**中心**は音声で受容される叙事詩・抒情詩などの詩や、あるいは演劇であったが、活字の普及など**メディア**の変遷もあって、**近代**以降は**小説**が**中心**となった。

また、**文学**を研究・**批評**する評論文などの中でも、特に優れた文章に関しては、それ自体を**文学**と呼んで評価することもある。

要約

文学とは、文で表現される芸術一般のことで、口承文芸に始まり、その中心は詩や演劇から近代以降は小説へと移っていった。

読解マップ

文学 ⇕ ジャーナリズム
- 口承文芸…口伝え
- ←文字の発明
- 叙事詩・抒情詩・演劇…音声
- ←印刷技術の発達
- 小説…近代以降

「青少年を堕落させるものは？」

明治後期には**小説**が青少年を堕落させると言われました。それが今では大学入試などでも出題されます。その後は映画、続いてテレビ、漫画、アニメ、ゲームが…。大人は自分の青年時代に存在しなかったものを認めたくないだけなのかもしれません。なかなか人は青年から成長しないということでしょうか。

重要度順　次の□に当てはまる語句を答えなさい。

□ **71** 文・言語を表現の**媒体**とする**芸術**。
「□とかよくわからないけど、**小説**は好きです。」
関 作者の純粋な芸術意識によって書かれた文・言語による芸術

□ **72** マスメディアによる、時事問題に関するニュース・論評・特集の取材・製作・**供給**などの活動。
「みんな□に金を払う気になれないんだよ。」
関 **マスメディア**が広く伝えること・知らせ

□ **73** **神**・英雄の事績を歌い上げる長編の**物語詩**。
「エピックレコードのエピックって、□？」「うんそうだよ」
関 事件・事実をありのままに述べ記すこと 対

□ **74** **主観的**な思いや感動を歌う**詩**。
「あいつの一大□朗読会はもうマジ勘弁。」
関 感情を述べ表すこと 対

□ **75** 文字ではなく、口伝え（くちづたえ）で**伝承**される**文学**。
「□はあけっぴろげで親しみやすいよ。」
関 歌い継ぎ語り継いで、口伝えで伝えること

解答・ポイント

文学
関 純文学

ジャーナリズム journalism
関 報道

叙事詩
関 叙事 対 抒情詩

抒情詩
関 抒情（＝叙情） 対 叙事詩

口承文芸（＝口承文学　**柳田國男**による訳語。民間で伝承されてきたが、印刷技術の登場で衰微）
関 口承

16 越境

越境／横断／交通／内破（ないは）／布置

⇩ 参 p.156 p.188

●次の文章を読んで **要約** しなさい。

現代という時代は、**脱近代**（＝**ポストモダン**）などと言われることからもわかるように、依然として**近代**（＝**モダン**）の知や**制度**に依存している一方で、そのような知や制度によって解決できない事態にも直面している。

そこで重要となってくるのは、**近代**が作り上げた知や**制度**をどのようにして越境するかという**現代思想**上の問題である。

そのためには**近代**的な**制度**のあり方を内破し、異なる領域を横断して、新たな問題を解決できる**制度**を構想しなければならない。

そこで**観念的**な〈**自己**／**他者**〉の区別によって意識される**自己**に基づいて世界を解釈するのではなく、**自己**と**他者**がいかに**間主観性**（＝**共同主観性**）、さらには**間身体性**によって差異の**体系**として布置されているかを知ることによって、**自己**と**他者**との交通によって新たな知を立ち上げ、さまざまな問題を解決する手がかりを得ることが望まれる。

要約

現代は近代的な知や制度に依存し、解決できない事態に直面しており、自己と他者との交通により新たな知や制度を構想すべきだ。

読解マップ

現代＝脱近代（ポストモダン）
←近代を越境
新たな知や制度

「越境する作家たちって？」

現代では、日本人でない日本語の作家リービ英雄さんや楊逸（ヤンイー）さん、日本人であってドイツ語の作家でもある多和田葉子さんといった存在が広く認められるようになっています。かつては国民文学の成立以来、日本国民だけが国語としての日本語の美しさを知っているのだといった思考が長く日本人を束縛していました。ですから彼（女）たちは国民国家という近代の制度を越境して作家になったと言えるでしょう。

重要度順　次の□に当てはまる語句を答えなさい。

□ **76** ①**無意識**的な行為も含め、二者間以上の複数間で交流する・行き交う（か）こと②人や乗り物が行き来すること。
「**情報**はなるべく□させたほうがよい。」①対

□ **77** ①複数の組織・地域の境界を越えて行うこと②横に通過すること。
「人文・**自然科学**を□する知の全貌を示すって、そんなことできる？」対

□ **78** 既成の境界・枠組み・**カテゴリー**（＝**範疇**＝同じ性質のものが属する部類・部門）を越える。
「キミのココロに□したい。」「□する力が**感性**である。」（桑子敏雄『感性の哲学』）関 複数の異なる学問分野に関わること

□ 79 ①**因果**関係によらず、同時的に物事が適当に配置されること②物事をそれぞれの位置に並べ置くこと。
「**内面**と出来事が□されていると思えたとき、人は運命を感じる。」

□ 80 自分・**制度**などを内側から破っていく・**越境**して外部につながること。
「本の内容紹介に**近代**知を□するって書いてあるけど、どういう意味？」

「内側から爆発するんだろうな。やっぱ**芸術**や花火みたいに。」

関 遊牧民。外や他と自在の関係をもつ在り方

解答・ポイント

交通（近年「交流」に代わる用語として使用される）
①対 疎外

横断（**グローバル化**する現代において、他者の異質性を認める重要概念）
対 縦断（じゅうだん）（縦に断ち切ること）

越境
関 学際

布置

内破（ないは）
関 ノマド nomade（仏）

第2章 思想・芸術

17 言説

言説／差別／制度／ネットワーク／抑圧

⇩ 参 p.110

●次の文章を読んで**要約**しなさい。

言説（＝ディスクール）とは、もともとフランス語で「語る行為」「語られる内容」「おしゃべり」といった意味を指す言葉であるが、「ある事柄について語られることの全体」という意味をもつ**批評**用語として使われる。

たとえばミシェル・フーコーは「狂気」について、ある時代のあらゆるジャンルの**テクスト**において何が「狂気」として語られ何が語られなかったか、また新たに何が語られるようになったかといったことを**歴史**的に**分析**した。それは人間が**無意識**のうちにどのような**制度**・**権力**と結びついているか、どのような**抑圧**・**差別**を行っているかを意識化し、明確にするためである。

たんに**イデオロギー**に対する批判や攻撃を行ってすますのではなく、どうしてそのように語られたかということへの徹底的な**分析**を行うことで、時代や**自己**への**認識**を深めるとともに、**理念**や理論の根に宿る**制度**と**権力**のネットワークまでも明らかにすることができるのである。

要約

言説の歴史的な分析が、時代や自己への認識を深め、無意識に宿る制度と権力のネットワークを明らかにすることを可能にした。

読解マップ

言説（＝ディスクール）分析
↓時代・自己
↓無意識に宿る制度・権力
⇔
イデオロギー批判

「絶対的な真理は存在しない」

ミシェル・フーコー（１９２６〜８４）は**構造主義**・ポスト構造主義の代表者。彼はある理論が**絶対的**な**真理**とされるとき、それを可能にした権力と**自我**の関わりについて考えます。もともと**絶対的**な**真理**があるのではなく、ある時点でもともと**絶対的**な**真理**があったと思い込まされたと考えるわけです。

ある時点で、もともと絶対的な真理があることにされたんじゃ…

重要度順　次の□に当てはまる［語句］を答えなさい。

□ 81 ①学習して強制的に従うべきだと、暗黙のうちに了解されている**社会**の決まり②制定された規則。
「**近代**家族は、一対の男女による結婚を推進する□として機能してきた。」

□ 82 ①差をつけて扱う②特定の**個人**・集団に対して**恣意的**に正当な理由もなく、不当な扱いをする・不利益を強制する。
「□はおそらく、される側ではなく、する側の弱さから生まれる。」
関 違いを際立たせる

□ 83 ①無理に抑えつける②不快な感情・**観念**などを**無意識**に抑えつける。
「親からの□を**客観的**に**認識**するのは難しい。」

□ 84 ある特定の事柄について実際に語られた言語表現の全体。
「**芸術**は現実の再現・**模倣**であり、したがって非現実の**仮象**・仮想だとする**伝統**的な□…」（西村清和『電脳遊戯の少年少女たち』）

□ 85 ①組織網②放送網③**インターネット**によって形造られた**メディア**。
「今日の**プライバシー**は、管理と同様、□のなかにある。」（W・ボガード『監視ゲーム』）関 ラインやツイッターやフェイスブックなど、**インターネット**上で共通の話題や趣味などを通じて主に個人間で社会的な□を構築できるサービスで、**ソーシャルメディア**の一つ。

解答・ポイント

81 制度

82 差別
関 差別化（＝差異化）

83 抑圧

84 言説（＝ディスクール discours（仏））

85 ネットワーク network（③の意味での使用が増えている）
関 SNS（ソーシャル・ネットワーキング・サービス social networking service）

18 形而上／形而下

形而下／形而上／形而上学／脱構築／ロゴス中心主義

⇩ 参 p.100 p.128

●次の文章を読んで 要約 しなさい。

英語では「物理的」「肉体の」と同じ語である形而下（＝フィジカル physical）は、物理的な**時間・空間**の下に形をもって現れ、肉体に基づく**感覚・知覚**で捉えられるものを言う。一方、その対義語であり、形の支配を上回り超える（meta）といった印象を与える形而上（＝メタフィジカル metaphysical）は、形をもって現れない、思考・精神でのみ捉えられるとされるものを言う。

形而上学とは、**現象**の背後に在る**本質**、存在の根本**原理**などの形而上を思惟、**直観**によって探求しようとする西欧**哲学**の一分野であり、世界は永遠不変の**真理**＝**ロゴス**によって成立すると結論づける。だが現在、こうしたロゴス中心主義を**原理**とする形而上学の**体系**を形作る優劣のある二**項対立**（たとえば〈**本質**⇔**現象**〉など）に基づく既成の固定**観念**を解体することが望まれる。価値の序列のない**他者**との関係の可能性を開き、世界の生成の瞬間を構築するためである。このような一連の試みは**ジャック・デリダ**に従って脱構築と呼ばれる。

要約

世界は永遠不変の真理＝ロゴスによって成立するというロゴス中心主義を原理とする形而上学を脱構築することが望まれる。

読解マップ

形而下＝形をもつ
＝感覚・知覚で捉える
⇔
形而上＝形をもたない
＝思考・精神で捉える
↓
形而上学・ロゴス中心主義→脱構築

「美しい風景・音楽と美しさ」

視覚で捉えられる美しい風景も、聴覚で捉えられる美しい音楽も**形而下**の存在ですが、一方、「美しさ」それ自体は見ることも聞くこともできない、思考と精神で捉えられる**形而上**の存在です。

重要度順　次の□に当てはまる語句を答えなさい。

□ **86** **具体的**な形をもって現れず、思考・精神でのみ捉えられるとされるもの。
「リア充は□のことを考える必要がない。」
関 形がなく観念的な

□ **87** 物理的な**時間**・**空間**の下（もと）に形をもって現れ、肉体に基づく**感覚**・知覚で捉えられるもの。
「□の世界に生きるのが俺のポリシー。」

□ 88 ①**現象**の背後に在る**本質**、存在の根本**原理**などの**形而上**を思惟・**直観**によって探求しようとする西欧**哲学**の一分野②神学。
「□は私の暇つぶしです。」 関 □を虚偽と否定し、批判すること

□ 89 ①解体して一から構築し直すこと②西欧の**形而上学**を形作る仕組みである二**項対立**を解体することで、これまで隠蔽（いんぺい）・排除されてきたものを暴き出し、批判するとともに知の再構築を試みること。
「思考停止を不正と断じるデリダは、『□は**正義**なのである』と語った。」

□ 90 永遠不変の**真理**＝**ロゴス**が世界の背後に隠れており、それは言葉＝**ロゴス**によって捉えられるとする、**形而上学**の中心**原理**。
「女が□に陥ることなど無い。」

解答・ポイント

形而上（＝メタフィジカル metaphysical）
関 形而上的

形而下（＝フィジカル physical ただしフィジカルには「物理的」「肉体の」という意味もある）

形而上学
関 形而上学批判

脱構築（ポスト構造主義における重要語）

ロゴス中心主義（デリダに従って、**プラトン**以降の**哲学**伝統を**批判**するときに用いられる）

19 リアリズム／ロマンティシズム

現実主義／写実主義／シュールレアリスム／リアリズム／ロマンティシズム ⇩ 参 p.31～

●次の文章を読んで 要約 しなさい。

リアリズム（＝レアリスム）とロマンティシズム（＝ロマン主義）は、**自己**と世界を捉えるときの相反する傾向・態度のことである。

リアリズムとは一般に、主義・**思想**にこだわらず、また空想・夢想に陥らず、現実に即応して事を処理する現実主義のことであるが、**芸術**においては、現実を美化・理想化せずに、模写・再現しようとする写実主義に近い。ただし厳密には、現実を正しく**反映**させるために非現実的なものも利用することを認めるという点で写実主義とは異なる。

一方、ロマンティシズムとは一般に、空想や夢想の世界にあこがれ、現実から逃避して、甘い情緒や感傷を好む傾向、態度のことだが、**芸術**においては、個性・**自我**の自由な表現を尊重し、情緒や想像力を重んじる傾向のことである。**理性**の支配を退け、夢や幻想など非合理な潜在意識の世界を表現しようとするシュールレアリスム（＝超現実主義）もロマンティシズムの発展形態である。

要約

リアリズムとロマンティシズムは、自己と世界を捉えるときの相反する傾向・態度のことであり、芸術の大きな思潮ともなった。

読解マップ

リアリズム（＝レアリスム）
↓現実に即応…現実主義
↓現実を再現…写実主義
⇔
ロマンティシズム（＝ロマン主義）
↓空想や夢想・情緒や想像
↓シュールレアリスム

「ロマン主義の影響とは？」

18世紀後半から19世紀前半の**ロマン主義**の運動は、政治的理想と結びついて革命運動の指導**原理**となり、また、夢や幻想などを重視することから、そこに抑圧された心を見出す精神分析への道を開くなど、**現代思想**に大きな影響を与えました。『レ・ミゼラブル』を書いたロマン主義作家ヴィクトル・ユゴー（１８０２～８５）の死に際してはフランスで国葬がとり行われました。

重要度順　次の□に当てはまる語句を答えなさい。

□ **91** ①**現実主義**②**芸術**では現実を美化・理想化せず、ときには非現実的なものも利用して現実を正しく**反映**させようとする傾向。
「□に満ちたこのお腹のたぷたぷ。」 関 現実感・真実味
① 対　② 対

□ **92** ①空想や夢想にあこがれて、甘い情緒・感傷を好む傾向・態度②**芸術**では個性や**自我**の自由な表現を尊重し、情緒・想像力を重んじる傾向。
「□は僕の人生をちょっとハッピーにした。」 対

□ **93** 現実を美化・理想化せずに、ひたすら模写・再現しようとする**芸術**上の立場。
「□って退屈…とつぶやいて彼女はどっかへ行ってしまった。」

□ 94 主義・**思想**にこだわらず、また空想・夢想に陥らず、現実に即応して事を処理する傾向。
「□にはなるのではない、なされるのだ。」

□ 95 **理性**の支配を退け(しりぞ)、夢や幻想など**非合理**な（＝**理性**で捉えられない）潜在意識の世界を表現しようとする芸術運動。
「□は考えるんじゃない、感じるんだ。」

解答・ポイント

リアリズム realism（＝レアリスム réalisme（仏））
関 リアリティ reality
① 対 理想主義
② 対 ロマンティシズム（＝ロマン主義）

ロマンティシズム romanticism（＝ロマン主義）
対 リアリズム（＝レアリスム）

写実主義

現実主義

シュールレアリスム surréalisme（仏）（＝超現実主義）

20 レトリック

イメージ／概念／還元／真理／レトリック

⇩ 参 p.160

●次の文章を読んで **要約** しなさい。

「レトリック（＝修辞・修辞学）にすぎない」と言えば、それは「真理ではない」ことを意味する。ここに見られるのは、レトリックと真理を対立的に捉える古代ギリシアから近代までの哲学に見られる思考である。言語とは、事物や概念・イメージを示し、それを他人に伝える道具だとする考え方である。

しかしぼくらは言葉が、伝達されれば忘れられる道具でないことを生活や文学で経験する。人はあるとき、一つの言葉に感動し、一つの言葉に深く傷つく。

現代の言語学は、言語の音声・表記などの**シニフィアン**（＝意味するもの）と事物や概念・イメージなどの**シニフィエ**（＝意味されるもの）を区別し、前者があってこそ後者が生まれ、前者は後者に還元できない多様性をもつとする。

つまり、言語とは単に事実を伝える道具ではなく、認識や思考の枠を広げ、新たなことをも語る可能性を秘めた構造をもつ**体系**であるとされるようになったのだ。まさにレトリックの知が発展的に生かされたと言えよう。

要約

言語とは単に事物や概念・イメージを伝える道具ではなく、それらを生む体系だとされてレトリックの知が生かされた。

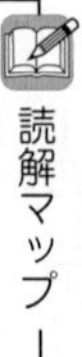

読解マップ

〈近代哲学〉
言語＝事物や概念を語る道具である

⇔

〈現代言語学〉
言語＝事物や概念を生む構造をもつ

「人間を生み出した交換とは？」

フェルディナン・ド・ソシュール（1857〜1913）が「言語」の交換に見出した構造を、文化人類学者**クロード・レヴィ＝ストロース**（1908〜2009）が**文化・社会全体**を読む方法に拡充して成立したのが**構造主義**です。「言語」「**貨幣**」を交換し、さらには近親相姦をタブーとして「女性」を交換することで親族関係が生まれたとき、**文化**をもつ人間が誕生したと考えられます。

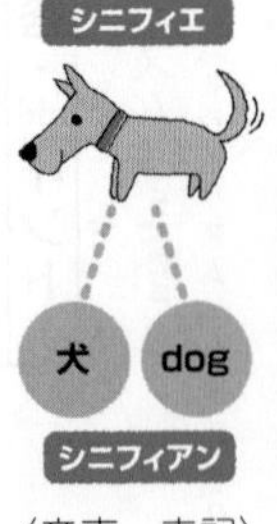

重要度順　次の□に当てはまる語句を答えなさい。

□96 ①元(もと)・根源・原理に戻すこと②酸化物から酸素を奪って元に戻すこと。
「男はどうして自分の話に□したがるの？」
関 部分を集めれば全体を再構成できると考え、要素に□して全体を理解しようとする考え方　①対　②対

□97 ①言葉を効果的に用いる技術②言葉を効果的に用いる原理を研究すること③文章を飾るための技法。
「その□の必然性が私にはまったくわからないわ。」

□98 ①普遍的で妥当性のある法則・事実②事態の真相（＝真実の姿・実態）。
「□に迫る演技に、僕はもうあの子に、だまされてもいいと思った。」
対

□99 ①本質を捉える思考の形式②大ざっぱな意味。
「彼らには神という□そのものがないのかもしれない。」
関 (1)一般的・図式的に考えている　(2)一般に共通した考え

□100 ①心の中に思い浮かべる（像・情景）②心象・形象・映像③全体的な印象。
「きみはかわいいけど、しゃべるとほんと□狂っちゃう。」
関 偶像・憧憬(どうけい/しょうけい)の対象・人気者

解答・ポイント

還元
関 還元主義（＝要素論）
①対 敷衍(ふえん)（意味・原理をおし広げて説明する）　②対 酸化

レトリック rhetoric
（＝①③修辞・②③修辞学）

真理（＝真(しん)）
対 偽(ぎ)

概念
関 (1)概念的　(2)通念

イメージ image
（＝イマージュ image（仏））
関 アイドル idol（語源はイドラ idola（羅）「偶像」）

第2章 思想・芸術

21 構造主義

構造主義／実存主義／認識論／ポスト構造主義／マルクス主義

⇩ 参 p.118 p.132 p.178

●次の文章を読んで 要約 しなさい。

近代哲学においては、人間という**主体**が世界という**客体**をどう**認識**するか、あるいは、自分が**認識**している**主観**と**認識**されている**客観**は同一なのか、などという**認識論**が大きなテーマとなっていた。

だが20世紀に入ると、**社会**は**歴史**の法則によって支配され進歩するという**科学的決定論**に呼応するマルクス主義、人間の**主体**性と自由な選択が**歴史**を動かすという**実存主義**が力をもった。ところが人間はみな変わらない構造に拘束された存在だという**構造主義**が現れて、この二つの**思想**を**止揚**して乗り越え、**現代思想**の中心的潮流となった。

しかし**歴史**の進歩や人間の**主体**性を否定し、人間を支配する構造の**分析**を重視した**構造主義**も**絶対**ではなく、構造とは安定したモデルにすぎないと**批判**され、**人間中心主義**の否定を継承しつつも、**自然**や現実は生命のように変化し続けるということを追求するポスト構造主義へと継承されることとなった。

要約

構造主義は、近代哲学を代表した認識論に代わって現れたマルクス主義と実存主義を止揚したが、ポスト構造主義へと継承された。

読解マップ

近代哲学……認識論が中心
↓
20世紀哲学…マルクス主義・実存主義
↓止揚して乗り越える
現代思想……構造主義
↓ポスト構造主義

「構造主義のポイントは？」

構造主義では、歴史の変化も人間の言動も変わらない構造に支配されていると考えます。たとえば**未開の文明**も西洋の**科学文明**も、同じ構造の関数に違う数値を代入した結果にすぎないといった数学的発想です。自分の思考は常に構造に支配されていますから、まずその思考を生み出す構造を把握しなければ真実に迫れません。こうして、**西洋中心主義**や**人間中心主義**も理論上では否定されたのです。

重要度順　次の□に当てはまる 語句 を答えなさい。

□ **101** **認識**の方法、**認識**された知の起源・構造・範囲・可能性を探る**哲学**。
「人間という**主体**が世界という**客体**をどう**認識**するか、**認識**する**主観**と**認識**される**客観**は同一かということを考えるのが□さ。」「お疲れ様！」 対

□ **102** **文化現象**を生み出す全体的・**有機的**・共時的な構造や**システム**の解明により、**体系的秩序**の発見を目指す**現代思想**。
「生きて、日々変化している私を□的に**分析**しようとしないで。」

□ 103 **社会**は**歴史**の法則によって支配されて進歩するという**科学**的**決定論**の立場で、世界を変革して**共産主義**を実現しようとする理論。
「□においても…**西洋中心主義**はほぼ受けつがれている。」（柄谷行人『終焉をめぐって』）

□ 104 **主体**性と自由な選択により**歴史**を動かすことのできる人間存在の**実存**の重要性を強調する立場。
「『人間は自由の刑に処せられている』と書いたサルトルは□者である。」

□ 105 **構造主義**を**批判**的に継承し、**自然**や現実は生命のように変化し続けるということを追求する**現代思想**。
「何その『□』、みたいな大雑把（おおざっぱ）なくくり方。」

解答・ポイント

認識論

対 存在論（人間・事物が存在するとはどういうことかを探求する**哲学**）

構造主義（ソシュールの言語学に始まり、**レヴィ＝ストロース**の文化人類学、**ラカン**の精神分析、**フーコー**の歴史学、**バルト**の文学などに受け継がれた）

マルクス主義（**マルクスとエンゲルス**の共同作業で打ち立てられた）

実存主義（**現象学**を用いて存在論を展開した**ハイデガー**、ノーベル文学賞を辞退した小説家**サルトル**、**メルロ＝ポンティ**などがその代表者）

ポスト構造主義（**デリダ**、**ドゥルーズ**、**リオタール**などがその代表者）

22 他者

アポリア／責任／他者／模倣／理念

⇩ 参 p.188

●次の文章を読んで 要約 しなさい。

近代哲学は、思考する**自我**（＝「われ思う」）に**哲学**の基礎を求めたため、他者の存在は長らく解けないアポリアとされてきた。

だが、ぼくらは生まれたときから、この「自分」として存在したわけではない。「自分」とは、他者との関係によって作られた虚像であり、また、他者を模倣し、その欲望を取り入れて形成されたものだとも言える。

そこで**自己**よりも前に他者が存在するという**哲学**が登場する。**自己**の理解や解釈を**中心**に世界を把握すると、人は孤独に陥り、**暴力**をふるうとされる。自分の理解を超える他者の呼びかけに答える（respond）ことが、初めて人に責任（responsibility）ある人格を与えると考えられるからだ。**自己**は理解し尽くせない他者に答える責任**主体**として存在すべきだという考えは、構造という理念で世界を理解し尽くそうとする**構造主義**の後、大きな注目を浴びている。

他者のために生きてこそ、人間は有限と無意味から解放されるのである。

要約

人間は、思考する自我を基礎とせず、むしろ理解し尽くせない他者のために生きてこそ、有限と無意味から解放される。

読解マップ

近代哲学…基礎＝思考する自我
↓他者＝アポリア
⇔
現代哲学…他者→自我＝責任主体
↓有限・無意味からの解放

「わたしはナチスの死刑執行人に対しても責任を負います」

みずからナチスの収容所に4年間も収容され、家族・親族のほぼ全員をナチスに虐殺されたユダヤ人の哲学者**エマニュエル・レヴィナス**（1906～95）の言葉です。どこまでも**他者**への**倫理**的責任を追及する彼の**哲学**の姿勢を示す言葉と言えるでしょう。**ジャック・ラカン**（1901～81）によれば人間の**自我**は自分が生み出したものではなく、他者の**自我**（＝**他我**）との関わりで形成・統一されたものです。そんなところにもレヴィナスの言葉の秘密があるのかもしれません。

重要度順　次の□に当てはまる語句を答えなさい。

□106 ①自分以外の者②他のものとして認識される存在③自分の理解できない存在。
「彼女はいまだに□との境界が曖昧なんだ。」
関□の固有性・異質性　対

□107 ①自分が引き受けねばならない任務・義務・償い（つぐない）②負わされる不利益・制裁。「まずは自分自身への□を果たしなさい。」

□108 既にあるものや他者の言語・動作をまねる。美学ではむしろ芸術活動の起源とされる場合もある。
「□じゃないよ、リスペクトだ。」
対(1)なかったものを作り出す　(2)独自の考えで作り出す

□109 ①物事はこうあるべきだという根本的な考え②理性によって得られる実在・最高の概念。
「□は他人に要求するものではない。」関固く信じる心

□110 ①解決できない難問②通路・解決法が見出せないことから生じる困難。
「鬱（うつ）になると、すべてが□に感じられる。」
関迷路状の構築物

解答・ポイント

他者
関他者性　対自己

責任

模倣
（＝摸倣・ミメーシス mimesis（希））

対(1)創造　(2)独創

理念（＝②イデア idea（希））
関信念（対は疑念）

アポリア aporia（希）
関ダンジョン dungeon・donjon
（元来は「地下牢」の意味）

第2章 思想・芸術

23 体系

体系／多様／超越／ツリー／リゾーム

⇩ 参 p.118

●次の文章を読んで 要約 しなさい。

人間は**哲学**によって思考の統一を、**国家**によって**社会**の統一を、また**個人**として人格の統一を求められる。特に近代の西欧では、物事を幹＝超越する存在と**二項対立**の思考に基づく枝葉末節の階層によって、理路整然とした体系が生み出されてきた。それが合理的であるとされ、思考、**社会**、人格のあり方を強く支配してきた。このようにして固定化されたあり方、それを支配する思考法を、**現代思想**ではツリー（＝樹木・系統樹）と呼ぶ。

これに対して幹＝超越する**中心**、枝葉、階層といった体系をもたず、多様な流れが**文化**の束縛を**越境**し、体系を**横断**して相互に**交通**する網状組織をリゾーム（＝根茎・地下茎）と呼ぶ。後者は固定されずに動き続ける生命の力に触れようとする傾向をもち、その復権によって前者を**批判**しようとする。

しかしまた一方で、前者の合理的な体系がなければ、人間は**国家**や**法**を生み出すこともできず、共同性を維持することさえできなくなるのだ。

要約

思考、社会、人格のあり方を固定化し、支配する合理的な体系は、生命の力を損なう面もあるが、共同性を維持するものだ。

読解マップ

合理的体系＝ツリー＝樹木・系統樹
＝固定化されたあり方・思考法
↓共同性を維持
⇔
多様な流れ＝リゾーム＝根茎・地下茎
↓生命の力に触れる

「差異を肯定する哲学」

ジル・ドゥルーズ（1925〜95）は**ポスト構造主義**の代表的**哲学者**。リゾーム（＝根茎）という用語を用いて、固定的な階層構造や**体系的思想**を重視する**形而上学**を**批判**し、生の力を捉えようとしました。**リゾーム**を「生成する異質性」のモデルとし、差異を優劣から解放し、そのまま肯定するのです。

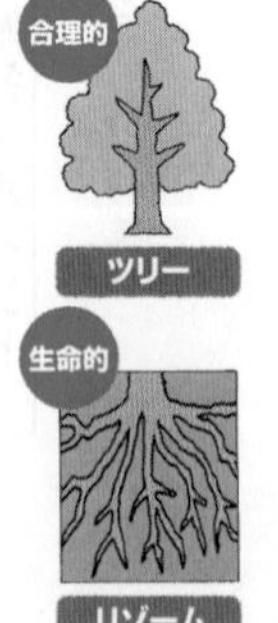

重要度順　次の□に当てはまる語句を答えなさい。

□ 111 ①個々のものをまとめあげ、各部分に**分節**して全体を形成する組織②**原理**に基づいて各部分が**有機的**に結びついた全体。
「場面とは…**空間的**、**時間的**□である。」（畠弘巳『場面とことば』）
異 系統的にまとめられた著作

□ 112 いろいろ異なるものがある状態。
「目も眩(くら)むほどの□な色彩が、僕はここに居ていいのだと告げていた。」
関 幅広く性質の異なる群が存在すること 対

□ 113 ①領域を超え出る②自然界・経験を超えるもの③**意識**の外にあるもの。
「子どもは自分を□したものに憧れを抱く。」
関 経験を越えて認識するための 対

□ 114 ①樹木・系統樹②物事を幹＝**超越**する存在＝特権的な中心と二**項対立**に基づく枝葉末節の階層によって**体系**として捉え、固定化するあり方、またそれを支配する思考法。
「やっぱクリスマス□は白でしょ。」 対

□ 115 ①水平に広がる根茎・地下茎②特権的な中心がなく、**多様**な流れが従来の**文化**の束縛を**越境**し、**体系**を**横断**して相互に**交通**する網状組織。
「体の中にあるDNAも…ぼくたちを**自然**の□へと組み込む。」（佐倉統『現代思想としての環境問題』） 対

解答・ポイント

体系（＝②システム system）
異 大系

多様
関 多様性（＝ダイバ（ー）シティ diversity 対 は画一性）
対 一様（同じ様・通り一遍）

超越
関 超越論的 対 内在

ツリー tree（＝ツリー構造）（近代のシステム・枠組みの説明として使われる）
対 リゾーム

リゾーム rhizome（仏）（近代の枠組みを超える肯定的な生命のあり方の説明として使われる）
対 ツリー

24 グローバル化

格差社会／グローバリズム／グローバル化／国際化／冷戦

⇩ 参 p.140 p.170

●次の文章を読んで **要約** しなさい。

グローバル化（＝グローバリゼーション）という言葉は、１９９１年ソ連崩壊による**冷戦**の終結以後から頻繁に使われるようになった。**冷戦**の終結による自由貿易圏の拡大と、運輸・ネットなど通信における技術革新によって、国境にとらわれず**文化**・経済の**交通**が促進される事態を指している。

それ以前から使われていた国際化（＝インターナショナリゼーション internationalization）との違いは重要である。**国際化**が**国家**と**国家**（＝nation）の間での（＝inter）＝インターナショナル（＝inter-national）＝**国家**間の異質さを意識したものなのに対して、グローバル化（＝globalize）は**国家**を超える地球（＝the globe）規模での同質化の動きを意味する。

そして地球全体を一つの**共同体**、**市場**と捉え、この動きを肯定するのがグローバリズムであり、**環境**保全や**テロ**対策においても強調されるが、また**文化**の破壊や経済・雇用の不安定化を招き、格差社会を生むと**批判**する意見も多い。

要約

冷戦以後に広まったグローバル化は、それ以前の国際化と違って地球規模での同質化を意味し、その是非が注目されている。

読解マップ

冷戦終結＝ソ連崩壊
←自由貿易圏の拡大・技術革新
グローバリゼーション⇔国際化
〈地球規模・同質〉⇔〈国家間・異質〉

「地球（the globe）から生まれた言葉」

グローバル化（globalize）は地球（the globe）から生まれた言葉。地球を西欧化しようとする**大航海時代**の思想が、現在も生き続けていると言えるでしょう。アメリカの**金融資本**によって地球を一元化しようとする経済活動が、強引な**市場**拡大を求めて地球の**グローバル化**を押し進めてきました。こうした動きの中で**多文化主義**的な**批判**は今後ますます重要なものとなっていくでしょう。しかしまた一方で、**情報技術**（＝IT）の発展は地球を狭くし、多様な文化の摩擦、闘争、紛争が頻発する出口のない困難な時代を生み出しました。

重要度順　次の□に当てはまる**語句**を答えなさい。

□ **116** 国家間の相違を意識して、**国家**の体制を変えていく動き・事態。
「わが村役場では、地域の□に対応できる人材を育成しております。」
関 複数の**国家**が相互に結びつき、影響を与え合う**社会**

□ **117** 国境を越えて、地球規模で拡大する同質化の動き・事態。
「□も受け入れながら異**文化**は異**文化**として存在するというあり方になるのが一番良い。」（青木保『異文化理解』） 関 (1)世界的な共通の基準 (2)□する権力に抵抗しようと結びつく民衆の力 (3)境界・国境がない

□ **118** ①地域・**国家**・地方より世界の利害を優先するという考え方②世界を**国家**の**集合**ではなく、地球という**共同体**と見る考え方。
「□が諸悪の根源と言うけど、**具体**的に今守るべき**伝統**とは何か？」 対

□ **119** 主に経済面において、富裕層と貧困層に二極化した**社会**。
「努力が報われない□の絶望を彼らにも少し思い知らせてやりたいのよ。」
関 (1)同類の間での格付け上の差 (2)出身の階級に固定され、階級別に編成された**社会** 対

□ **120** ①武力を用いない抗争②アメリカ中心の**資本主義**陣営とソ連中心の**社会主義**陣営の対立。
「彼女との仲は□の様相で、しかも修復不可能な見通しだ。」

解答・ポイント

国際化（＝インターナショナリゼーション internationalization）
関 国際化社会

グローバル化（＝グローバリゼーション globalization）
関 (1)グローバル・スタンダード global standard (2)マルチチュード maltitude (3)ボーダレス borderless

グローバリズム globalism（＝汎（はん）地球主義）（「汎」は pan の音訳で「全体にわたる」の意味） 対 ローカリズム localism（地方優先の考え方）

格差社会（金融のグローバル化・技術革新・政策上の問題が主な原因とされる）
関 (1)格差 (2)階級社会
対 中流社会（経済的中間層が多い社会）

冷戦（米ソの冷戦は1989年に終結し、ここにイデオロギー対立も終焉し、近代が終わったという考え方が一般的）

第2章 国際・地域

25 国民国家

国語／国民国家／国民文学／ナショナリズム／母語

⇩ 参 p.29〜p.118

●次の文章を読んで 要約 しなさい。

国民国家（＝nation state）とは領域内の住民を全て国民とすることで一元的に統治しようとする**制度**であり、**近代**国家の典型である。**地縁**・職能などによって結びついていた**近代**以前の**共同体**を解体し、全ての住民を国民（＝nation）、つまり同じ民族（＝nation）としての**アイデンティティ**をもつ存在として直接的に**国家**と結びつけ、また結びつかない少数者を排除してきた。

それを促進したのが同じ**情報**や価値観を共有させる**マスメディア**、同じ国語や身振りを習得させる義務教育、同じ**内面**や**歴史**に共感させる国民文学などである。こうして**ベネディクト・アンダーソン**の言う「想像の**共同体**」が住民に意識され、国民国家という**虚構**が成立した。その**虚構**は、日本語を母語とする日本人はみな外国人と異なる均一的な民族であるといったナショナリズム（＝**nationalism**）を生みだし、現実に強く働きかける。ちなみに現在では、**グローバリズム**の猛威から住民を守る壁となることを期待する議論も見られる。

要約

国民国家とは全住民を国民として統治しようとする近代の虚構であるが、ナショナリズムを形成して現実に強く働きかける。

読解マップ

国民国家＝近代国家の典型
→＝民族のアイデンティティ
→＝「想像の共同体」
→＝虚構→ナショナリズム
→↕グローバリズム
マスメディア・義務教育・国民文学

「ただ政府ありて未だ国民あらず」

明治時代のベストセラーである福沢諭吉（１８３４〜１９０１）『学問ノススメ』の言葉。帝国主義段階の各国家は国民の創出によって内部的安定を図りますが、日本でも日清・日露戦争を通して初めて日本人という国民が作られていったわけです。たとえば明治以来の義務教育では、体育の授業で軍隊に向いた同じ走り方や座り方なども教え、懸命に国民という一体感をもたせようとしました。ベネディクト・アンダーソン（１９３６〜２０１５）は国民が創作物だからこそ、民族主義・国粋主義とは異なる健全なナショナリズムが必要だと述べています。

重要度順 次の□に当てはまる語句を答えなさい。

□ 121 民族・国家に対する**個人**の忠誠心に基づく感情・**イデオロギー**。
「あの頃の日本人には、生きていくために□が必要だった。」
関 (1)自己の属する政治的共同体への愛着 (2)帰属意識で結ばれた集団

□ 122 幼児期に母親など周囲の人から**自然**に習得する**言語**。
「□とリズム感の関係について調べています。」
関 自分が生まれた国や所属する国の**言語**

□ 123 民族**共同体**を基盤とし、領域内の住民を全て国民とすることで一元的に統治しようとして政治的に形成された近代国家の典型。
「今の世界を□の集合と思わせるのが、彼らの仕事である。」

□ 124 ①方言を含め、独立国家で公に認められた**言語**②日本人だけのものという排他的価値観に基づく日本語③漢語・外来語を除く本来の日本語。
「ぼくの大好きな□のせんせい。」

□ 125 国民または民族の固有性を高度に表現しているとされ、**近代**の**国民国家**成立に伴って形成された**文学**。
「今や漫画こそ日本の□と呼ぶにふさわしい。」

解答・ポイント

121 ナショナリズム nationalism (＝民族主義・国民主義・国家主義・国粋主義)
関 (1)愛国心（＝パトリオティズム patriotism）(2)民族（≠民俗 p.185）

122 母語（＝マザー・タング mother tongue）
関 母国語（国家意識を伴う語で、母語と一致するとは限らない点が重要である）

123 国民国家（＝ネイション・ステイト nation state）

124 国語

125 国民文学

26 クレオール

オリエンタリズム／クレオール／西洋中心主義／帝国主義／ポストコロニアリズム⇩

参 p.136 p.154

●次の文章を読んで 要約 しなさい。

第二次世界大戦（１９３９〜４５年）以後、帝国主義の衰退とともに、植民地だった地域も次々に**国民国家**として独立を果たした。しかし現在も植民地時代の価値観による問題が残存しており、それを扱うのがポストコロニアリズムである。この言葉は植民地の（＝colonial（コロニアル））後（＝post-（ポスト））の学説（＝ism（イズム））を意味するが、**大航海時代**に始まる植民地支配以後の世界を**対象**とする。

エドワード・サイードは、西洋人のオリエント（＝東洋）に対する見方には常に西洋（＝ヨーロッパ）中心主義があり、帝国主義の正当化として機能してきたというオリエンタリズムの理論を唱え、ポストコロニアリズムを確立した。そして現在、ポストコロニアリズムが注目するのはクレオールである。元来クレオールは植民地生まれのスペイン人を指す言葉だったが、従来の民族、**言語**、国家の枠組みを**越境**する**現象**・**文化**一般を意味するようになり、単一の民族と言語にその統一の根拠を求める**国民国家**の**理念**自体を批判する。

要約

オリエンタリズムの理論に基づいて確立されたポストコロニアリズムは、現在国民国家を批判するクレオールに注目する。

読解マップ

国民国家←帝国主義の衰退
⇔
クレオール←ポストコロニアリズム
⇔
オリエンタリズム
西洋中心主義
⇔
帝国主義の正当化

「クレオール語とは？」

クレオール語は、異なる言語を話す者たちが意思疎通のために作り上げた新しい言語を、その子孫たちが母語として自然に話すようになって生まれました。他の自然言語と同様の意思疎通を行えるものを言います。生活の現実から生まれたわけです。他には**クレオール料理**や**クレオール音楽**もあります。ジャズなどもその一種と言えるでしょう。

重要度順　次の□に当てはまる**語句**を答えなさい。

□**126** 国家が勢力範囲の拡大を目指し、国境外の人々に対して支配権を及ぼそうとする傾向・活動・政策。
「□時代の制服も、彼女たちの好物なんだ。」
関 国境を越えて領土・民族を軍事力で支配する国家

□**127** 西洋（＝ヨーロッパ）こそ最も**文化**・**文明**の進んだ優れた地域だとする考え方。「優れているものを評価しただけで、俺は□じゃない。」

□128 西欧人の異国趣味・東方趣味。西欧が中東や東洋など第三世界（＝発展途上の国々）への植民地支配を正当化するための**偏見**とされる。
「なに、この□溢るる奇妙なインテリア。」 関 東方の・東洋の

□129 従来の民族・**言語**・**国民国家**の枠組みを**越境**する**現象**・**文化**。
「南方系の発音、北方系の文法、大陸の文字、まさに日本語は□です。」
関 (1)移住民の言語と土着の言語の混成語のうち、母語となったもの
(2)**国民国家**内の複数の民族集団がそれぞれ共有している意識・特徴

□130 植民地主義に基づく価値観を植民地化された現地の人々の視点から捉え直す考え方。
「□は上から目線でも下から目線でも駄目です。」 関 植民地主義

解答・ポイント

帝国主義
関 帝国

西洋（＝ヨーロッパ）中心主義

オリエンタリズム orientalism
関 オリエンタル oriental

クレオール créole（仏）（元来は植民地生まれのスペイン人を指す）
関 (1)クレオール語
(2)エスニシティ ethnicity

ポストコロニアリズム post-colonialism
関 コロニアリズム colonialism

第2章 国際・地域

27 多文化主義

自文化中心主義／多文化主義／テロリズム／排外主義／文化相対主義

⇩ 参 p.88

●次の文章を読んで 要約 しなさい。

冷戦の終焉後、**グローバル化**による画一的な欧米化が進むとともに、民族問題が先鋭化している。まず非難されるのは極端な排外主義に至る危険をもつ自文化中心主義（＝自民族中心主義）であるが、これに対する**批判**として形成されたのが文化相対主義である。これは**文化人類学**の用語で、**文化**はそれぞれ独自の価値体系をもつという**相対**性を基盤に、あらゆる**文化**は対等だとする考え方である。だが文化相対主義はこの**相対**性ゆえに、自文化の中ではそれぞれ何をしても勝手なはずだとされ、排外主義的な虐殺やテロリズムなどに対しても、他文化の側は何も言えないことになるという限界をもつ。

そこで**文化**は対等で**多様**だと認めつつも、**理性**に基づいて他の**文化**に働きかけようとする多文化主義が登場する。だが多文化主義もまた、自**文化**と他**文化**の境界を固定し、異**文化**による**変容**を拒むという限界をもつため、結局民族とは変化する**虚構**だと認め、外に開かれた**社会**を形成することが重要とされる。

要約

自文化中心主義を批判する文化相対主義も多文化主義も限界をもっており、民族は虚構だと認め、外に開かれた社会を形成すべきだ。

読解マップ

自文化中心主義→排外主義×
⇔
文化相対主義
←
多文化主義＋〈民族＝虚構〉
→開かれた共同体

「日本における単一民族神話とは？」

戦前の日本は、異民族をも天皇の臣民として日本人に同化させるという新しい多民族国家を目指しました。しかしその結果、植民地を失った戦後の日本は、今度は逆に、単一民族国家だという幻想を生み出しました。

重要度順　次の□に当てはまる語句を答えなさい。

□ **131** ①政治目的のために**個人**・集団に行使する**暴力**、あるいはその脅威に訴える行為・傾向②恐怖政治。
「暴力が生んだ□を暴力だけで押さえ込もうとしても無理だけれど、何としても排除したい。」

□ **132** 他の集団・民族に対して、自己中心的・敵対的な態度を取ること。
「残念ながら、景気の悪化と□の隆盛(りゅうせい)とは連動するのです。」
関 自分の仲間・思想以外を受け入れないこと

□ **133** 自分の属する**文化**、民族、集団を**中心**に置き、他の**文化**を差別して捉(とら)える態度。「彼らが□者なのは、結局のところ田舎者だからさ。」対

□ **134** **文化**はそれぞれ独自の価値**体系**をもつという相対性を基盤に、あらゆる**文化**は対等であり、異**文化**も尊重しようという考えや立場。
「ボクの趣味にも□の立場で接してくれよ。」対

□ **135** 様々な人種・民族がそれぞれ独自の**文化**を保ちながら、**理性**によって**他者**の**文化**も積極的に容認し、共存していこうという考え・立場。
「自分はまだ□の可能性をあきらめたくない。」対

解答・ポイント

テロリズム **terrorism**（テロはテロリズムとテロル〈＝**暴力**による政治的敵対者への威嚇〉の両方を指す日本語。**テロル**を行う者＝**テロリスト** terrorist）

排外主義（ナチスのユダヤ人への**ホロコースト**〈＝大量殺戮(さつりく)〉、セルビア・クロアチアの**民族浄化**〈＝異民族排斥〉などがその極端な実例）
関 排他主義

自文化中心主義（＝自民族中心主義）（民族に限らず、すべての集団がもつ傾向ともされる）対 文化相対主義

文化相対主義
対 自文化中心主義

多文化主義
対 同化主義（自分たちの文化を受け入れさせようとする考え・立場）

第2章 国際・地域

28 持続可能性（＝サステナビリティ）

国連／再生可能エネルギー／持続可能性／フレーム／リンク

⇩ 参 p.194

●次の文章を読んで 要約 しなさい。

有限の環境で、有限の資源を無限に消費し、人的・社会的資本を損なう人間活動は、**持続可能性**（＝サステナビリティ）をもたない。そこで**国連**（＝国際連合）の加盟国は、「ＳＤＧｓ（＝持続可能な開発目標）」を採択し、貧困の撲滅、**格差**の解消、**ジェンダー**平等、気候変動への対応などの課題に対して、各国が目標達成を目指すこととなった。いずれの課題も**個人**を起点として取り組めるものであると同時に、各課題が**リンク**しており、一つの地域、国家、学問領域というフレーム内では解決できないことも明らかにされた。指針では、われわれは「貧困を終わらせることに成功する最初の世代」「地球を救う機会をもつ最後の世代」になり得るとされ、**持続可能性**という言葉が注目を集める。

一方、日本だけを考えても、ジェンダー平等の実現、**再生可能エネルギー**の拡大、食品ロスの半減の課題において、目標達成は困難とされる。ただし、そもそも人類の存続自体が、地球や宇宙の存続に不都合だとも言えるだろう。

要約

現代人にとって、環境の有限性を自覚し、国連での採択を契機として持続可能性ある世界とすることは、困難だが必須の課題である。

読解マップ

有限の環境・資源
↕無限の消費
←持続可能性＝注目
←国連の採択・指針
↓困難

「誰一人置き去りにしない」

ＳＤＧｓの達成は、地球規模での取り組みを必要とするものであると同時に、日常生活の身近な場面とも関わっています。お店にあったプラスチック製のストローやレジ袋が紙製のものになったりしましたね。これは、微小なプラスチックゴミである「マイクロプラスチック」が生態系に与える影響が問題視されたことから広がった取り組みで、ＳＤＧｓを意識したものです。ちなみにＳＤＧｓのスローガンは「誰一人置き去りにしない」。

重要度順　次の□に当てはまる 語句 を答えなさい。

□ **136** 第二次世界大戦後、国際平和と安全の維持、経済・文化面の国際協力などを目的に設立された国際機構。「ドイツは□の常任理事国ではない」

□ **137** ①(知の)枠組み②(画面の)枠。「自分に似合うメガネ□のタイプがわからなくて」 関 (1)①骨組み②解決するための枠組み　(2)有限の情報処理能力しかないＡＩ（＝**人工知能**）が、現実に起こり得る問題全てには対処できない・文脈を理解できないこと

□ **138** ①関連づける・連結させる②(インターー)ネット上で別のページへと移動できるように、接続先のアドレスを記した文字列、またその接続先のページに移動すること。「『重要』って件名にあるからって、メールの□に不用意に飛んじゃだめだ」

□ **139** (資源消費や環境汚染などが管理され、経済・福祉・教育などにおいて)現在の水準が長期的に維持可能なこと。「□を考慮したシーフードを表すラベルってのがあるらしい」 関 将来世代の経済発展を損なわない形で行われる経済開発

□ **140** 太陽光・地熱・風力・生物体・廃棄物などを利用することで、絶えず資源が補充されて枯渇することのないエネルギー。「□がいいと思うけどお金がかかる？」

解答・ポイント

136 国連（＝国際連合）

137 フレーム frame　関 (1)フレームワーク framework　(2)フレーム問題

138 リンク link

139 持続可能性（＝サステナビリティ sustainability）　関 持続可能な開発目標（＝ＳＤＧｓ Sustainable Development Goals）

140 再生可能エネルギー

29 資本主義

資本／資本主義／ブルジョワジー／プロレタリアート／封建制

⇩

p.154

●次の文章を読んで 要約 しなさい。

資本主義とは、消費するためではなく、利潤を得るための資本の増殖を目指し、自由に商品を生産して利潤を追求しようとする経済体制のことである。15世紀末に地中海で誕生したとされ、その後世界中に広がっていった。

資本主義はすべてのものを商品化する**市場**（しじょう）を拡大することで、領主／農奴に二分された封建制を崩壊させた。多くの人が、生産手段をもちながら土地に縛られていた状態から、生産手段をもたないが移動、職業選択の自由をもつ**労働者**（＝プロレタリア）となり、一部の資本家**階級**＝ブルジョワジーだけが、**労働者階級**＝プロレタリアートの生産する商品価値と労働者に払う賃金との差額＝**剰余価値**によって利潤を追求する。

資本主義は**産業革命**によって確立され、資本の増殖を目指す**近代国家**と結びついて発展したが、それに対抗して資本家による労働者の搾取を問題とし、階級のない平等社会を目指したのが**共産主義**である。

要約

資本主義は資本の増殖を目指す経済体制であり、市場の拡大を求めて封建制を崩壊させたが、労働者搾取の問題をもつ。

読解マップ

封建制
〈領主／農奴〉
←市場拡大・産業革命・近代国家
資本主義
〈ブルジョワジー／プロレタリアート〉
⇕共産主義

「金持ち（資本家）だけが得をする？」

資本が自己増殖を目指して競争し、個人間・地域間・国家間での経済的な格差を生み出すことで成立するのが資本主義。この問題を深く追究し共産主義を唱えたのが**カール・マルクス**（1818～83）です。ところが共産党の支配下にある現代の中国では、経済的な格差は広がるばかり。また一方、かつての植民地のような開拓の対象となる領域＝フロンティアを失った先進国の資本主義は行き詰まり、出口が見つかりません。

重要度順 次の□に当てはまる**語句**を答えなさい。

□**141** 利潤を得るための財産。生産活動の元手になるもの。
「学力とは幻想なのか□なのか。それとも教育の成果なのか。」
関 (1)生産で利潤を得る□ (2)流通で利潤を得る□
(3)銀行が産業と結びついて経済を独占する□

□**142** 私有財産・自由競争を基本とする、**封建制**に代わる経済体制。
「恋愛と□は連動して、子供を家族から切り離し独立を促す。」
関 **国家**間の障壁を取り除こうとする現代の経済体制

□**143** **領主**（＝土地の所有者）が**農奴**（＝土地を所有せず土地に縛られた農民）を支配する関係を基盤とした体制。
「政治的に**近代**化されても、様々な形で□が残存している。」
関 **個人**の自由・権利よりも上下の権力関係を重んじる

□144 生産手段を所有し、労働者を雇って利潤を得る**資本家階級**。
「新興□は…『慎み、努力、正確、まじめ、節度、自制』などを可視化する。」（鷲田清一『ちぐはぐな身体』）対

□145 労働力を**資本**家に売るしかない無産者階級・**労働者階級**。
「**資本主義**社会から**共産主義**社会への移行には、□の革命的独裁以外にありえないとマルクスは考えた。」対

解答・ポイント

資本（貨幣・製品などの**流動**資本と、機械・土地などの**固定**資本がある）
関 (1)産業資本 (2)商業資本 (3)金融資本

資本主義（＝キャピタリズム capitalism）
関 グローバル資本主義

封建制（度）
関 封建的

ブルジョワジー bourgeoisie（仏）
（ブルジョワ bourgeois は資本家のこと）
対 プロレタリアート

プロレタリアート Proletariat（独）
（プロレタリア Proletarier は資本をもたない労働者）
対 ブルジョワジー

第2章 社会・制度

30 啓蒙主義

啓蒙主義／合理主義／進歩主義／措定(そてい)／偏見

⇩
参 p.154 p.192

●次の文章を読んで 要約 しなさい。

進歩主義に基づく**近代**において、**啓蒙主義**（＝啓蒙思想）は大きな影響力をもった。「啓蒙（＝enlightenment）」とは「光（＝light）で照らすこと」＝「蒙(くら)きを啓(ひら)くこと」である。つまり、人間は**自然**の光を自ら用いることによって**偏見**を振り払い、本来の**理性**を自立させることができるという発想に基づく**思想**である。

人間は誰もが**理性**をもっていると**措定**され、その**理性**による思考が常に正しいと信じられることによって、**理性**を拡大することで人間社会の合理的な進歩を図ろうという考え方が**啓蒙主義**である。**合理主義**に基づいて旧弊を打破することで、**理性**に基づいた**社会**の進歩を目指すわけである。

ヨーロッパにおいて**啓蒙主義**は、聖書や神学という従来の**権威**を離れ、**理性**による知によって世界を把握しようとする**近代**の運動となり、フランス革命などの市民革命に影響を与えるとともに、**近代科学**を形作る原動力ともなった。

要約

啓蒙主義は人間に理性を措定し、理性の拡大により社会の合理的な進歩を図ろうという、進歩主義に基づく近代の運動である。

読解マップ

近代＝進歩主義
人間＝理性を措定
←合理主義
啓蒙主義↓フランス革命・近代科学

「私はあなたの意見には反対だ、だがあなたがそれを主張する権利は命をかけて守る」

ヴォルテール（1694～1778）の有名な言葉。民主主義、自由主義の原則を示す名言とされます。近代の啓蒙主義が果たした役割がわかる気がしますね。

重要度順 次の□に当てはまる語句を答えなさい。

□ **146** 人間は**理性**によって**真理**を把握しうるとする考え方。すべてを**理性**によって解釈し、それのみを認めようとする考え方。
「何事も□でいこう。」 関 論理や目的にかなっている・因習や迷信にとらわれない 対

□ **147** **理性**による思考の**普遍**性を信じ、**理性**を拡大することで**社会**の合理的な進歩を図ろうという考え方。
「どこから見ても俺は□的な人間だろうが。」 関 知識を与え教え導く

□ **148** 偏（かたよ）った見解。根拠なく特定の**個人**・集団に対して抱く非好意的な感情・意見・判断。「□をセンスだと勘違いしてるでしょ。」

□ 149 **社会**の**矛盾**を変革して前進しようとする考え方。人間・**社会**は時代とともに進歩すると考える**合理主義**的信念。
「□とか好むのは基本オトコでしょ。」 対

□ 150 推論の前提として、とりあえず存在を肯定・固定すること。
「情念を『受動』と□する考え方はなにもこと新しいものではない。」（野内良三『レトリックと認識』）
対 否定するために提出される反対の理論・主張

解答・ポイント

合理主義
関 合理的
対 経験論（＝経験主義）

啓蒙主義（＝啓蒙思想）
関 啓蒙

偏見

進歩主義
対 保守主義

措定（そてい）（＝テーゼ These（独））
対 アンチテーゼ Antithese（独）

31 民主主義

基本的人権／憲法／自然権／民主主義／立憲主義

⇩ 参 p.154 p.198

●次の文章を読んで 要約 しなさい。

民主主義（＝デモクラシー democracy）は、人民（＝デモス㊕demos）が権力（＝クラティア㊕kratia）をもつ政治形態のことであるが、現代では人間の自由と平等を尊重する立場をも示す。

近代以降の民主主義は、古代ギリシアのような直接民主制ではなく、選挙を通じて選ばれた少数の代表者が、巨大な権力をもつ統治者となって政治を行うという間接民主制により運営される議会政治である。民主主義国家の国民は、争いや不公平を防ぎ平和や平安を実現し維持することで互いに基本的人権を享受するために、国家や法律に先立って本来的にもっている各個人の自然権の一部を統治者に委ねる。したがって民主主義国家の国民は、統治者を選択し注視し、統治者に権利を侵害された際には抵抗する権利をもつ。

また憲法とは、国の統治機関である政府の守るべきことを国民が定めた決まりであり、統治者はこの原則に従うべきだとする立憲主義が国民の権利を守る。

要約

近代以降の民主主義は人間の自由と平等を尊重し、統治者に権力を委ねる一方で、憲法によって統治者の行動を縛る立憲主義に立つ。

読解マップ

国民が権力を握る＝〈民主主義〉
←自然権の一部を委ねる
選挙による間接民主制
←統治者＝巨大な権力者
→国民が憲法で縛る＝〈立憲主義〉

「民主主義は多数決ではない」

政治家には、有権者を代表する者として少数派とも話し合うことで、社会全体に有益な政治を行う義務があります。多数決のみを優先すると、社会的に力をもつ一部の人間の利益だけが優先され不平等が拡大します。また、多数派の政治家が正しい判断をするとは限らないため、**ポピュリズム**（＝**大衆迎合主義**）が台頭し、独裁者、ファシズムが多数の支持を集めて**民主主義**そのものを破壊する危険性もあります。

重要度順　次の□に当てはまる［語句］を答えなさい。

□ **151** 国家の統治機関である政府が守るべきことを国民が定めた決まり。
「□を守らなくちゃいけないのは国民じゃなくて国家だろ。」
異 足で蹴ったり拳で突いたりすることを主とする中国の武術

□ **152** ①国民が**権力**をもつ政治形態②人間の自由と平等を尊ぶ立場。
「□は体力と同じように運動しないと衰える、とスーチーさんは言った。」 関 □に基づく政治に対する大衆の疑念と落胆を利用して、政治指導者が大衆の一面的な欲望に迎合し大衆を操作する政治姿勢。 対

□ **153** **憲法**に基づいて政治を行うという原理。
「**憲法**があっても□が事実上成り立ってない国も結構あるのな。」

□ **154** 国家の法的規定以前に人間が本来的にもっている諸権利。
「私は自分の□は当然のごとく要求するのに、ときに他人のそれを犯す発想を無自覚にもってたかも……。」

□ **155** 人が人間として生まれたこと自体に基づいて、どんな人でも所有している当然の権利。
「□という**概念**がある時代に生まれてよかったなぁ。」
関 人間が人間らしく生きるために生来（せいらい）（＝生まれついての性質として）もっている権利

解答・ポイント

151 憲法
異 拳法

152 民主主義（＝デモクラシー democracy）
関 ポピュリズム populism（＝大衆迎合主義）
対 権威主義

153 立憲主義

154 自然権

155 基本的人権
関 人権

32 自由主義（＝リベラリズム）

権威／自由至上主義／自由主義／新自由主義／独裁政治

⇩

参 p.154 p.168 p.176

●次の文章を読んで 要約 しなさい。

自由主義（＝リベラリズム）は、**宗教改革**において個人の内面の自由を、国家、政府、カトリック教会、**共同体**などの権威による侵害から守ろうとして生まれた思想であったが、経済を**市場**に任せ**国家**の役割を限定しようとする**ブルジョワジー**のイデオロギーとなった。その結果、自由主義は**近代社会**における弱肉強食を肯定したとされ、**社会主義**によって批判の対象とされた。

しかし、二〇世紀に出現した右翼・左翼いずれの独裁政治も、自由主義が至上の価値としてきた内面的自由や政治的自由などを踏みにじったため、自由主義は**市民社会**の原理であるとの再評価を受ける。現在では、経済的自由を重視する新自由主義が力をもつが、**格差社会**の拡大や貧困層の排斥などを推進するとして、自由主義はこれを社会的公正の立場から批判する。一方でそうした自由主義の立場もまた、個人的な自由・**自律**を重視する自由至上主義や地域を重視するローカリズムの立場から批判の対象となっている。

要約

自由主義は内面の自由を権威から守ろうと生まれた思想であり、現在も市民社会の原理とされるが、様々な批判の主体、対象となる。

読解マップ

自由主義↔権威
＝内面の自由を守ろう
＝市民社会の原理
↔ 社会主義
新自由主義
自由至上主義

「なぜ右翼、左翼と呼ぶのか?」

フランス革命後の議会で、保守派が議長席から見て右側の席に、急進派が左側の席に座ったことから、「極端に国粋主義的な思想（をもつ人・団体）」を「**右翼**(right-wing)」と呼び、「社会主義・共産主義的な思想（をもつ人・団体）」を「**左翼**(left-wing)」と呼ぶようになりました。

重要度順　次の□に当てはまる 語句 を答えなさい。

□ **156** **自己**と**他者**の自由と権利を尊重し、社会的公正を目指す考え方。
「日本は□って言っていいのかな。それと政治の『リベラル』は違う?」
関 (1)自由を重んじる・□に基づく・**偏見**の少ない
(2)自発的な決定に基づく意志・自分で運命を決定する能力

□ **157** 個人的な自由・**自律**を重視し、**他者**の身体や正当に所有された物質的・私的財産を侵害しない限り、**自己**の望む全ての行動は自由だと主張する考え方。「私の中では□って、成功者がなるイメージ」

□ **158** ①他を支配し服従させる威力②ある分野で抜きん出て優れていると一般に認められていること。「部長がやたらに□を振りかざすから新入部員が来なくなっちゃったじゃないですか」関 □を振りかざす・無批判に□に従う行動様式・非民主主義的な思想・運動・体制

□ **159** 民主的手続きを否定し、統治者の決断によって行われる政治。
「いいようにしてくれるなら□でいいんですよ」「まじ?」対

□ **160** 自己責任を基本に小さな政府を推進し、福祉・公共サービスの縮小、公営事業の民営化、グローバル化を前提とした経済政策、規制緩和による競争促進などの経済政策を重視する考え方。
「え、ベーシックインカムって□なの？　わっかんねー」

解答・ポイント

156 自由主義（＝リベラリズム liberalism）
関 (1)リベラル liberal
(2)自由意志

157 自由至上主義（＝リバタリアニズム libertarianism）

158 権威（＝オーソリティ authority）
関 権威主義

159 独裁政治
対 民主政治

160 新自由主義（＝ネオリベラリズム neoliberalism ＝市場原理主義）

33 日常／非日常

ケ／ケガレ／日常／ハレ／非日常

⇩ 参 p.162

●次の文章を読んで**要約**しなさい。

人はいつもと同じと感じる日常だけでなく、いつもと違うと感じる非日常を生きる。**民俗学**や**文化人類学**では、日常の生活をケ（＝褻）と呼び、非日常の儀礼、祭事、行事などをハレと呼んで区別している。また、ケ（＝褻）のエネルギーが枯渇することはケガレ（＝褻枯れ）と呼ばれる。

ハレの語源は「晴れ」であり、現在も「**晴れ舞台**」（＝大勢の前で何かを行う名誉な場面）、「**晴れ着**」（＝よそゆきの服装）などの言い回しで使用されているが、江戸時代までは「ケ着」（＝ふだんの服装）という言葉も使われていた。

われわれは日常において**自我**を維持しながら、日常の連続による退屈や忌まわしいものによってケが枯れてケガレとなったとき、ハレによってケを回復しようとする。

非日常は常に日常からの逸脱であるが、また、その非日常もやがて日常化する運命にある。醒めることのない恋はない、などと言われる理由でもあろう。

要約

人は日常と非日常を生き、ケガレを経験したときには非日常のハレによって日常の生活であるケを回復させようとする。

読解マップ

〈民俗学・文化人類学〉
日常＝ケ
←ケガレ
非日常＝ハレ（儀礼・祭事・行事）

「なぜ夢を忘れてしまうのか？」

「抑圧」という心の働きが夢を忘却させます。眠っているときに空を飛んでいたとしても、その夢の感覚のまま生活するのは危険。ぼくらは夢を忘れて、いつもと同じ自分がここにいると思い込み、自我やアイデンティティを維持します。

〈日常〉
〈非日常〉

重要度順　次の□に当てはまる**語句**を答えなさい。

□ **161** ふだん・いつものこと。人間が平均性・**公共性**をもって埋没している通常の状態。
「人は病気になることで健康や正常と対立し、□性から逸脱する。」（中村雄二郎『術語集』）
関 ありふれたこと 対

□ **162** いつもとかけ離れていること。
「思い出も、□も、**日常**を生き抜くための栄養剤さ。」
関 題材を日常の文脈から非日常へずらして非現実化・異常化させ、**意識**されていなかった知覚の過程や真実に注意を向けさせる**芸術**作用。 対

□ **163** よそゆきでないこと。**日常**的なこと。
「人の生活の大部分を占めるのは□のときである。」 対

□ **164** 表立って華やかであること。公式・正式であること。
「□の行事なんだから、酒や餅を用意しろって言われても…。」
関 大勢の前で人の注目を集める名誉な場面 対

□ 165 汚いこと。名誉を傷つけられること。
「□を知らない純真な少年って、それってちょっと怖いかも。」

解答・ポイント

日常
関 日常茶飯（事） 対 非日常

非日常
関 異化（「生物学用語」としては「呼吸」など、生物がエネルギーを得る反応）
対 日常

ケ（＝褻(け)）
対 ハレ（＝晴れ）

ハレ（＝晴れ）
関 晴れ（の）舞台 対 ケ（＝褻）

ケガレ（＝褻枯(けが)れ・汚(けが)れ・穢(けが)れ）

34 近代（＝モダン）

近代／宗教改革／大航海時代／中世／ルネサンス

⇩ 参 p.13～ p.138 p.146 p.156

●次の文章を読んで 要約 しなさい。

近代（＝モダン modern）という言葉が初めて使われたのは、５世紀後半のヨーロッパにおいてである。異教が支配していた過去の時代である古代に対してキリスト教が支配する現代（＝モダン modern）を区別するために用いられた。今で言う中世と呼ばれる時代である。つまり近代とは、元来自分たちの時代という自意識に基づく時代区分であり、したがって常に過去を超えて先へ進もうとする意味をもち、未来を志向し**進歩主義**を掲げるのが近代の**原理**である。

西洋史では、ルネサンス・大航海時代・宗教改革が中世から近代への幕開けとされ、市民革命により中世の**封建制**や身分制が廃止されて近代が成立したとされる。近代は、**個人主義・合理主義・自由主義**といった思想傾向を示し、**産業革命**以降の科学技術の進歩と結びついた**産業資本**の発達がその機動力となった。

また、現在の日本史では、明治維新の前後を近代の幕開けと見る。いずれにせよ、**市民社会**と**資本主義**を基盤とするのが近代である。

要約

市民革命により中世の後に訪れた近代は、未来志向と進歩主義を原理とし、市民社会と資本主義を基盤とした歴史区分である。

読解マップ

古代
←キリスト教
中世
←ルネサンス・大航海時代・宗教改革
←市民革命・産業革命
近代＝市民社会・資本主義

「モダンの付く言葉って？」

「モダン」には「現代的」っていう意味もあるのに、今では、**モダンアート**、**モダンジャズ**、**モダン焼き**、**モダンガール**など、昔風のものに使われるようになっているのは、ちょっと不思議ですね。モダン＝近代が古びてきたということでしょうか。

重要度順　次の□に当てはまる**語句**を答えなさい。

□ **166** 現代に近い時代（現代を含む場合もある）。未来志向と進歩主義を原理とし、**市民社会・資本主義**を基盤とする時代。
「その本との出会いが俺様の□の夜明けだった。」
関 (1)□の後の時代　(2)□の前の時代　(3)□と**中世**の間の時期

□ **167** **封建制**を基盤とする時代。
「□に生まれたかったわ…。え、もちろんお姫様で。」

□ **168** 「再生」を意味するフランス語で、古代ギリシア・ローマの**文化**を復興し、人間性の尊重を目指す14～16世紀における西欧社会の革新運動。
「□によって人々の魂は再生しえたのだろうか。」

□ 169 西欧でカトリック教会の内部に起こった16世紀の変革運動。ローマ法王の権威を認めない様々なプロテスタント教会を生み出した。
「□とか実はたいして□じゃないじゃん。」
関 人と神聖なものとの関係。神聖なものに意味と価値を与えようとする信念・行動・制度の**体系**

□ 170 西欧人が新天地を求めて競って航海した15・16世紀の時代。植民地支配の先駆けとなった。「彼女とは□オンラインで出会った。」

解答・ポイント

近代（＝モダン **modern**）
関 (1)脱近代（＝ポストモダン **postmodern**）(2)前近代（＝プレモダン **premodern**）(3)近世

中世（古代と近世との中間の時代という意味）

ルネサンス **Renaissance**（仏）（＝文芸復興）

宗教改革
関 宗教

大航海時代

第2章 社会・制度

35 ポストモダン（＝脱近代）

イデオロギー／機能性／近代主義／終焉（しゅうえん）／ポストモダン

⇩ 参 p.12〜 p.33 p.128 p.146

●次の文章を読んで **要約** しなさい。

ポストモダン（＝ **postmodern** 脱近代）は、**モダン**（＝ **modern** 近代）の後（＝ post-（ポスト））の時代を意味する。機能性・**合理性**を追求した近代主義に**批判**的な建築デザインに由来する言葉だが、**進歩主義**を掲げる**近代**が、今やその成立条件を失ったと考え、**近代**の行き詰まりを指す。この背景には、**近代**において人間の基本的枠組みと考えられた**主体**を否定する**構造主義**の登場がある。

ポストモダンとは、**主体**が共通にもつとされる**理性**によって**社会**の進歩を促そうという**近代**の**啓蒙主義**の廃棄を意味する。**社会**を変革し**歴史**を進歩させると信じられたイデオロギーの終焉、周りの人間が同じ価値観を共有していると信じさせる筋書きをもった**大きな物語**の終焉であり、またそれは、イデオロギー闘争による**近代化**という**歴史**が、米ソの**冷戦**終結によって終焉したという考え方に受け継がれた。だからポストモダンは、誰もがそれぞれ**個人**的な価値観に基づいて**小さな物語**を生きるという**多様性**を特徴とした時代のことである。

要約

ポストモダンは進歩主義を掲げる近代の啓蒙主義の廃棄を意味し、近代化の終焉に基づく多様性を特徴とした時代を指す。

読解マップ

近代主義・進歩主義・啓蒙主義
←構造主義・冷戦終結
イデオロギー・大きな物語・近代化・歴史などの終焉
←
ポストモダン＝多様性の時代

「なんのための受験勉強？」

大昔の受験生たちなら、日本や社会のためなどと答えたかもしれません。これも近代を生きる**大きな物語**の一つだったのでしょうか。今ではストレートにそう答えることに抵抗があるでしょう。

冷戦終結
▼
ポストモダン＝脱近代

重要度順　次の□に当てはまる**語句**を答えなさい。

□171 ①**伝統**を切り捨て、現代の**感覚**・効率に合わせようとする考え方②近代化を追求する立場。
「**近代科学**の進歩は**芸術**や**宗教**の分野にまで□を引き起こした。」対

□172 統一された・自分の立場を正当化しようとして作られる考え方。
「□の**体系**はフィクションである。」（R・バルト『テクストの快楽』）
「今も昔も、みんな大好き□。」

□173 危機に陥った**近代**を検証し直そうとする・乗り越えようとする立場・状況。**近代**が捨てたものを拾い直して再構築する試み。
「リオタールは大きな**物語**＝**イデオロギー**の**体系**の**終焉**を唱えて、□を流行語にした。」

□174 終わろうとすること。死の間際。隠居して晩年を送ること。
「フクヤマはソ連の崩壊を以て**歴史**の□を宣言した。」
異 ものの周り・縁。中央から離れた辺境

□175 全体を構成する各要素・各部分がその役割を果たす働きの度合い。
「生きものの□の高さには何度も感動させられる。」
関 物事に備わった働き・個々の部分が全体の中で担う固有の役割

解答・ポイント

近代主義（＝近代思想・モダニズム modernism）
対 伝統主義

イデオロギー Ideologie（独）

ポストモダン postmodern（＝脱近代）（ジャン＝フランソワ・リオタールはポストモダンを**大きな物語**の終焉によって特徴づけた）

終焉（『歴史の終焉』はフランシス・フクヤマの著作で、民主主義・資本主義体制を国家の最終体制とした）
異 周縁（対 は中心）

機能性
関 機能

第2章 社会・制度

36 記号

記号／コード／恣意(しい)／象徴／表象(ひょうしょう)

⇩ 参 p.196

●次の文章を読んで 要約 しなさい。

記号とは、**文化**固有の**コード**によって意味を表すものの総称である。**言語**をはじめ、「赤信号」のような符号（＝サイン）や、平和についての表象をもたらす「白いハト」のような**象徴**（＝シンボル）もまた**記号**である。

人間はこれら**記号**によって**混沌**とした世界に意味を与え、**秩序**あるものとして理解する。世界を国旗という**象徴**で**国家**に**分節**して理解し、連続的な光の帯である虹を七つの色を示す言葉で**分節**して理解する。だが日本語では七つに**分節**される虹も、他の**言語**ではさまざまな数に**分節**されており、もちろん、どの**分節**化にも**必然性**はない。また、ある動物を「イヌ」あるいは「ドッグ」などという音声で呼ぶ**必然性**もない。こうした性質を言語の**恣意**性と呼ぶが、**文化**のコードによって**恣意**的に決定されるわけだから、**文化**とは、人間の行為を意味づける**象徴**をはじめとする**記号**の**体系**、あるいは**コード**に基づいて**記号**の交換を行う**コミュニケーション**の**体系**であるといった捉え方もできる。

要約

記号とは、文化に固有のコードにより世界に意味を与える言語や符号、象徴の総称であり、文化の体系を形作るものだ。

読解マップ

記号＝信号・言語・象徴
　＝コードに従って意味を表す
←　＝恣意的
文化＝記号の体系
　＝記号の交換

「フランスには蝶も蛾もいない？」

言葉が変われば世界は変わります。フランス語では蝶も蛾も「パピヨン」という同じ言葉。つまりフランスには蝶も蛾もいなくて、蝶と蛾が合体した「パピヨン」がいるだけなのです。言葉が違うと、認識の仕方が違って、生きてる世界も違ってきます。

象徴
＝
平和

重要度順　次の□に当てはまる**語句**を答えなさい。

□**176** ①一定の意味を表すもの②言語など意味を伝えるもの。
「名前という□に思い入れなどない。」
関 □および、その意味のつながり・**体系**を研究する学問

□**177** **抽象的**なこと・想像上のものを、本来無関係な**具体**的な物で表すこと。また、そこで用いられた**具体**的な物・象(かたど)った徴(しるし)。
「人の幸福度はその外見に□される。」
関 **具体**的な物が**抽象的**な事を代表して表している様子

□178 ①**記号**が表す意味②意識に表れる**具体**的な像・**イメージ**③**象徴**。
「各チームには**理念**を□する女の子、通称マスコットが必ずいた。」
異 善行・功労・成果などを、広く明らかにしてほめること

□179 ①**文化**・**社会**の中で、**情報**を解読するための規則・**記号**の**体系**②**マスコミ**が指針として設定する倫理規定。
「俺の頭のバー□を読むな。」

□180 ①気ままな思いつき②関係が偶然的であること。
「人の考えはみな□に過ぎない。」
関 論理的に必然性がない・好みや思いつきで判断する様子
異 (1)心で深く考え思う　(2)威力を示す

解答・ポイント

記号
関 記号論（＝記号学）

象徴（＝シンボル symbol フロイトの精神分析は、人間心理の深層である**無意識**が象徴に支配されており、象徴を通してのみ**無意識**に接近できるとした）
関 象徴的（＝シンボリック symbolic）

表象(ひょうしょう)
異 表彰

コード code

恣意(しい)（「恣」の訓読みは「ほしいまま」）
関 恣意的
異 (1)思惟　(2)示威

37 言語

言語／混沌（こんとん）／秩序／分節／本能

●次の文章を読んで 要約 しなさい。

本能とは、動物が生まれつきもっているその動物種に特有の行動パターンを言う。人間以外の動物はこれによって秩序（＝コスモス）の中に生き、迷うことなく、個を生かす生存、種を生かす生殖のための行動をとる。ところが人間の本能は複雑化しており、人間を秩序に導くとは限らない。それどころか人間の本能は利益／快楽、生／死などといった正反対の方向を同時に目指すエネルギーさえもっているため、心の葛藤や心の病を生み出すことになる。

そこで人間は言語や文化という装置によって、混沌（＝カオス）の世界を秩序ある世界とする必要がある。動物ならば本能によって、たとえば食物／毒物をある程度判断することができる。しかし人間はまず食物か毒物かと言語によって分節して対象を捉え、文化の中で学習して初めて、食べる物を判断できるようになる。つまり言語が文化の条件であり、文化なしに人間は生存できない。言語は、人間と自然・動物との差異を説明する概念とも言える。

⇩ 参 p.158

読解マップ

動物＝本能→秩序
⇔
人間＝言語→文化→秩序

要約

本能で秩序ある世界に生きる動物と違って、人間は言語によって分節して対象を捉え、秩序ある世界を作り出して生きる。

「動物と異なる人間の本能とは？」

ジグムント・フロイト（1856～1939）によれば、人間は生きたい、他者と触れ合いたい、という生の本能（エロス）と、死にたい、自他を壊したい、という死の本能（タナトス）に引き裂かれていると言います。そのため人間はときに自分を責め、食事を拒み、自殺や戦争まで引き起こしてしまうのです。

重要度順　次の□に当てはまる語句を答えなさい。

□ **181** 人間に固有な意思伝達手段であると同時に、**社会**・**文化**を支えるもの。**共同体**の中の**体系**（＝**ラング**）と**個人**的な使用（＝**パロール**）の両面をもつ。「彼らの□体系は少し奇妙だった。」関 □の意味は文脈次第だという考え方

□ **182** ①複数の**要素**が相互に一定の関係・規則によって結びついている状態 ②物事の正しい順序・筋道。「俺には俺の□が必要なんだ。」関 宇宙論・宇宙観 対

□ **183** ①複数の**要素**が入り混じって区別がつかない様子②物事の区別・成り行きがはっきりしない様子③**神話**で天と地が分かれていない状態。「彼女のバッグの□っぷりは半端（はんぱ）ない。」対

□ 184 個体の生存や種族の維持に関係する欲求・衝動と深く結びついた生まれつきの性質・能力。動物種に固有の複雑な行動パターン。「□が俺に、いま見とけって言うんだ。」

□ 185 ①ひと続きになっている全体を部分に分ける②区別して**概念**に分けていくこと。「□されたかけらを集めても、もはや本体とはならない。」異 文を自然に区切って読める最小の単位

解答・ポイント

言語
関 言語ゲーム

秩序（＝コスモス **kosmos**（希））
関 コスモロジー **cosmology**
対 混沌（＝カオス）

混沌（こんとん）（＝カオス **khaos**（希））
対 秩序（＝コスモス）

本能

分節（化）（人間は各言語に基づく分節によって物事を恣意的に捉える）
異 文節

38 神話／タブー

神話／タブー／データ／内面／プライバシー

⇩ 参 p.18〜p.220

●次の文章を読んで**要約**しなさい。

社会は常に**神話**や**タブー**（＝禁忌（きんき））を生み出す。前**近代**の**共同体**を支えたのは**宗教**や**伝統**だったが、それらを**共同体**の人々に共有させる**神話**、聖なるものは直接触れたり疑ったりしてはならないといった**タブー**が**共同体**を維持した。

近代になって**共同体**が解体されると、**個人**が**社会**を支える**主体**とされるため、**近代社会**は他の誰でもない私＝**個人**といった**神話**を生み、**個人**に責任ある**主体**として**自己**の**内面**を統一することを要求し、一方、**個人**は**内面**こそが**自己**の本質だと信じ、それを隠すべき**プライバシー**として**他者**の介入を**タブー**とした。

しかし**ネットワークメディア**が発達した現代では、**個人**は**データ**化された**個人情報**によって把握されるようになり、**情報システム**内に分散する**個人情報**が守られるべき**プライバシー**として問題となる。**個人**は身体的**自己**だけではなく、ブログに載せられた日記など、**データ**で構築された虚像をも第二の**自己**と感じるようになる。まさにこれは、**データ**を現実と見る現代の**神話**とも言えよう。

要約

前近代から現代に至るまで、社会は神話やタブーによって支えられてきたが、近代以降はプライバシーの問題が両者と関わる。

読解マップ

社会→神話・タブー ←
- 前近代…宗教・伝統
- 近代……個人の内面
- 現代……個人情報

→ プライバシー

「現代の神話やタブーとは?」

神話は神の話とは限りません。「愛は尊い」「人間は平等だ」といった理想を凝縮した神話、ゲームやネット上のキャラを人格と見る神話など…。また、近親相姦などは、昔も今もどの民族にも共通して見られるタブーだと言われています。

重要度順　次の□に当てはまる**語句**を答えなさい。

□**186** 精神・**心理**・心情に関する方面。人物の心の状態。
「人の外見って、いちばん外側の□でしょ。」対

□**187** ①世界の起源や意味を超自然的存在によって説明する**物語**②根拠もなく絶対と信じられている事柄。
「多くのＲＰＧは□の構造を組み込んでいる。」

□**188** 忌（い）まわしいものとして禁止されている社会的慣習。触れることを禁じられていること。
「面白くするために□をいっぱい作っておこう。」

□189 ①**情報**作成のための材料・資料・事実②コンピュータによって特定の目的に役立つように処理される数値・文字・**記号**。
「□なんて、見方でいくらでも化けるさ。」
関 (1)事業などに役立つ知見を得るための膨大な**データ**　(2)（**インター**）**ネット上**に存在するサーバー（＝他のコンピュータにファイル・□を提供するコンピュータ）を利用して□の処理をする形態

□190 人格の**自律**のために自分に関する**情報**の流れを管理する権利。**個人**の私生活上の秘密・自由、またそれを守る権利。
「ごめんなさい、クローンから作られたあなた方に□など無いのよ。」

解答・ポイント

内面
対 外面

神話

タブー **taboo**（＝禁忌）

データ **data**
関 (1)ビッグデータ **big data**
(2)クラウド（コンピューティング）**cloud computing**（「ネットワーク」を「クラウド（＝雲）」に見立てたと言われる）

プライバシー **privacy**

39 宗教　アニミズム／神／宗教／世俗／伝統

⇩ 参 p.186

●次の文章を読んで 要約 しなさい。

アニミズム（＝精霊崇拝）を原初的形態とする宗教（＝religion）は、「再び結びつける（＝religo）」という意味のラテン語を語源とし、神と人とを再び結びつけることと考えられるが、たしかに多くの宗教は神のいる死後の世界の存在を説く。つまり、死者は消滅せずに生き続けているものとされるのだ。

このことは世俗における価値観とも深く結びついている。なぜなら現在の**社会**も現在の自分も、すでに死者となった祖先や家族などが形成し継承してきた伝統や言語に規定されており、つまり死者は生者に働き続けているからである。

また多くの**社会**は、**他者**のために**自己**を犠牲にして死に、次世代に伝統を継承することを評価するが、そのためには死への不安を**払拭**する必要があり、そのことと宗教に基づいて死後の世界を信じ、死を悼むこととは無縁ではない。

さらに最近では、自然保護の**思想**においても、アニミズムを再評価する動きが見られるが、ここでも宗教との関連を見逃すことはできない。

要約

アニミズムに始まる宗教は、世俗の価値観とさまざまな点で結びついており、生者を死者や自然と結びつける役割を果たす。

読解マップ

宗教←アニミズム
↓死後の世界＝死者の存続
世俗←
↓伝統が規定＝死者の存続
↓自然保護……アニミズム

「生命保険は宗教に似ている?」

宗教が、善行と寄付を続ける人に死後の幸福な世界を保証するように、生命保険は、掛け金を払い続ける人に死後の莫大な保険金を保証します。死んだら終わる人生のように、死んだらローンの払いが終わるようにと、銀行は生命保険を組み込んでいます。まるでそれは宗教のよう。

重要度順　次の□に当てはまる 語句 を答えなさい。

□ **191** 歴史的に形成・蓄積され、受け継がれた精神的・**文化**的な遺産や慣習。
「自然と守りたくなるのが□の本来のあり方なんじゃないかな。」
関 受け継いで伝えていくこと、またその事柄

□ **192** 人と神聖なものとの関係。神聖なものに意味と価値を与えようとする信念・行動・制度の**体系**。
「エコという名の□を押し付けないで。」 関 □のために命を捨てること

□ **193** 人間を**超越**した信仰の**対象**。世界や人間のあり方を支配する**絶対的**・究極的な存在。
「俺の□は八人くらいかな。」

□ 194 **世の中**の風俗・習慣。俗世間。
「君は自分の内なる□を**社会**に投影して嫌悪しているだけだ。」
関 (1)**社会**や**文化**において**宗教**や聖なるものの影響が弱まること
(2)卑しくて下品であること　(3)俗っぽく下品なこと

□ 195 **自然**界のすべての物には霊魂が宿っているという世界観で、すべての**宗教**の基礎に関わる信仰。
「俺はばあちゃんに対しても□を感じないんだが…。」
関 霊魂・内に宿っているもの

解答・ポイント

伝統
関 伝承

宗教
関 殉教

神

世俗
関 (1)世俗化
(2)卑俗　(3)低俗（対 は高尚）

アニミズム animism（＝精霊崇拝）
関 アニマ anima（羅）

40 倫理／道徳

規範／習俗／道徳／倫理／礼儀

⇩ 参 p.194

●次の文章を読んで要約しなさい。

道徳（＝モラル moral）と倫理の違いは、辞書を引いてもなかなか理解しにくい。道徳は「習俗」を語源とする語で、ある**社会**を前提に**個人**が正しく行為するための**規範**であり、**礼儀**として形式化される場合もあり、**法律**のような強制力はないが、有能な社会的活動を行うように**個人**に押し付けられるという傾向をもつ。それに対して**倫理**は、人がよりよく生きることを目指す**内面的**な**原理**であり、問題をより**本質的**に考えようとする傾向をもつ。

たとえば「嘘をついてはならない」という道徳は、死を前にした者、深く傷ついた者、幼児などを前にしたとき、必ずしも**倫理**において正しいとは言えないだろう。「嘘をついてはならない」という道徳の**本質**が人を傷つけないことにあるなら、あまりに深く人を傷つけないため「あえて嘘をつく」ことが、むしろ**倫理**として正しいとされる場合もありえる。医療現場などにおいても、道徳ではなく**倫理**の問題が考えられねばならない。

要約

道徳が社会から個人に与えられる規範なのに対して、倫理は人がよりよく生きることを目指す内面的で本質的な原理である。

読解マップ

道徳…社会→個人の規範
　…礼儀として形式化も
⇔
倫理…人間の内面的原理
　…よく生きる＝本質的

「医療倫理学とはなにか?」

インフォームド・コンセント（＝説明を受けた上での同意）による患者の権利の拡大、臓器移植やクローン技術などが生み出す問題について考える学問体系で、医療**倫理**学は難問の山と言われます。たとえば、もし輸血を拒む患者に輸血をして命を救ったとしたら、それは間違った医療行為と言えるのでしょうか?

重要度順　次の□に当てはまる語句を答えなさい。

□ **196** 人がよりよく生きることを目指すときに守るべき内面的な**原理**で、**本質的**に考え、求めようとする傾向をもつ。
「自分の□観に疑問を抱くことがスタート地点です。」
関 法令遵守（じゅんしゅ）。企業などが法令や□をよく守ること。

□ **197** 人が**社会**の中で正しく判断し活動を行うために守るべき態度で、**社会的**に押し付けられる傾向をもつ。
「すべての□は、ひとが徳のある人間になるべきことを要求している。」

（三木清『哲学入門』） 関 個人が従うべきだと考える行為の規則

□ **198** 判断・評価の基準として従うべきもの。行動・判断の手本。
「何を行動□とするかで選択肢は変わってくる。」 関 見習うべきもの・手本

□ 199 **社会**の中で習慣となった生活様式。
「恋愛って日本の□じゃなかったの?」
関 (1)土地の習わし・しきたり　(2)うわさ（として聞くこと）

□ 200 社会生活の**秩序**を保ち、他人との交際を適切に行うために、守るべき行動様式・作法。「□正しさがときにはきみを救う力となるだろう。」
関 **社会**的慣習にのっとった規律ある行為・やり方

解答・ポイント

倫理
関 コンプライアンス **compliance**

道徳（＝モラル **moral**）
関 格率（＝格律）

規範（＝軌範）
関 模範（「模」は木製の、「範」は竹製の器を作るときの型のこと）

習俗
関 (1)風習　(2)風聞（ふうぶん）

礼儀
関 儀礼

第2章 社会・制度

41 市民社会

公共性／個人主義／市民社会／全体主義／大衆社会

⇩ 参 p.18～ p.148 p.150 p.176

●次の文章を読んで 要約 しなさい。

市民社会とは、**自律性**をもった**個人**と、その**個人**の自由を制限する**社会**との対立を、市民が自覚することによって成立する。

そしてこの**個人**の**自律性**を重視する立場が個人主義であり、**自己**の利害だけを規準とする**利己主義**（＝**エゴイズム**）とは異なる。

個人主義は、**個人**が一**個人**として一貫性ある**思想**と**責任**をもって行動することを高く評価するものであるが、しかしまた市民社会は、**マスメディア**による大衆操作などを通じて**個人**が群衆化する**大衆社会**ともなるため、**国民国家**が**個人**を抑圧する**全体主義**に陥る危険も秘めている。

また現代では、**個人**の利益を追求しつつも、市民社会を一つの**共同体**と考え、**合理性**の観点に立って、「個」「私」と対を成す「公共性」を重視する**共同体主義**（＝**コミュニタリズム**）の主張も盛んであり、**個人主義**や**自由主義**と対立する局面も見られる。

要約

個人と社会の対立を前提とする市民社会は、個人を抑圧する全体主義に陥る危険をもつが、公共性を重視する主張も盛んである。

読解マップ

市民社会＝個人で成立
←　↓全体主義の危険
個人主義＝個人を重視
⇔
共同体主義＝公共性を重視

「マスメディアは国民国家を支える」

新聞やテレビなどマスメディアはいつも国家単位で、沖縄から北海道までの天気予報を知らせてきます。沖縄なら台湾の、北海道ならカムチャツカの予報がもっと役立つかも。事故があれば「乗客に日本人はいませんでした♪」などと。一方ネットは簡単に国境を越境します。

重要度順　次の□に当てはまる 語句 を答えなさい。

□ **201** **個人**が**自律**的に一貫性ある**思想**と**責任**をもつことを評価する立場。
「この国で□が根付くわけがないじゃないか。」「『私の□』は漱石の講演集だ。」 関 **自己**の利益だけを求める態度

□ **202** **自律**性をもった**個人**と、その**個人**の自由を制限する**社会**との対立を、市民が自覚することによって成立する**近代**の**社会**。
「ここには□など最初からなかったんだ。」

□ **203** **社会一般**の利益・**正義**となる性質。市民の**理性**的な討議で形成されるべきだが、**国家**の独占物となる危険がある。
「□とはけっして**国家**が与えるものではない。」 関 □を重視する政治**哲学**

□ **204** **個人**が群衆化して、大きな力をもつと同時に私的生活へと逃避する傾向をもつ**社会**。
「**社会**機構の官僚制化の中で□は作られていくのです。」
関 さまざまな人々から成り、組織化されていない一般的な人々の集まり

□ 205 全体の利益を優先し、全体に尽くすことによってのみ、**個人**の利益が増進するという前提で、**個人**を抑圧する**思想**・体制。
「ナチスもファシストもスターリニズムも毛沢東主義も一種の□だ。」

解答・ポイント

201 個人主義
関 利己主義（＝エゴイズム egoism）
対 利他主義（＝他人を優先する態度）

202 市民社会

203 公共性
関 共同体主義（＝コミュニタリズム communitarism）

204 大衆社会
関 大衆

205 全体主義

42 分断社会

市民革命／社会契約説／先進国／二極化／分断社会

⇩ 参 p.13～ p.134 p.168

●次の文章を読んで 要約 しなさい。

社会・国家の成立は、平等な**個人**の自由意志に基づく相互契約によるものだと説明するのが社会契約説である。この説はかつて市民革命の理論的武器となり、その後に成立した**近代**以降の**市民社会**の**原理**となっている。

したがって、健全な**市民社会**を維持するには、各市民が自分たちは平等であり、自由意志によって相互に結びついていると感じることが重要である。

ところが現在多くの先進国では、同じ市民の間に激しい経済的・社会的・**文化**的**意識**の差が生じており、人間関係の分断が深刻化し市民の結束を阻む分断社会が生まれている。もはや自分たち市民が平等であり、自由意志に基づいて**社会・国家**を形成しているという**意識**が希薄化したのだ。多くの先進国が**市民社会**崩壊の危機を迎えている。格差の有無や程度は、あくまで**個人**の価値観に基づくと言えようが、**グローバル化**のもたらした、極端な経済格差による二極化した**格差社会**が、対話不可能な分断社会を生み出したのである。

要約

平等な各市民の自由意志に基づくとされる市民社会は、先進国が格差の拡大による分断社会となったことで崩壊の危機を迎えている。

読解マップ

〈社会契約説〉
平等な個人→自由意志→社会・国家
＝市民社会
⇔
先進国の経済格差→二極化→分断社会

「分断して統治せよ（Divide and conquer）」

支配者が支配されている側の結束を避け、不満の矛先が自分たちに向かないように対立を煽って分断を図るという分割統治の技術を指す言葉。人の差別・優越意識と仲間意識が利用されます。国家間、民族間、宗教間の対立、富裕層と中間層、中間層と貧困層と言われる人々の間に生じる分断の背後に、支配者の統治技術が潜んでいる可能性も考えるべきです。現代では社会の不満のはけ口として、SNSなどが悪用され、集団間の対立が煽られ、様々な排他的な分断が生じています。自分と同じ意見にしか耳を傾けないエコーチェンバー現象も起き分断が深まっているとの指摘もあります。

重要度順 次の□に当てはまる［語句］を答えなさい。

□ 206 **産業資本**家を**主体**とする市民階級が封建権力や**絶対主義権力**を倒し、**国家権力**を掌握(しょうあく)する政治改革。
「俺たちも□起こそうぜ！ ってさっき誘われたわ。」 関 国家や社会や地域社会の構成員・主体的に政治や社会に参加する人・自由民

□ 207 経済開発が進み、経済・政治・**文化**などの面で比較的進歩している国。
「きみが□に生まれたのはたまたまで、優越感を抱くのはどうかと思うな。」 関 経済成長・貿易自由化・発展途上国支援を目的として、**民主主義**を原則とする□が集まる国際機関 対 □と比べて国民一人当たりの実質所得が低く、産業構造が一次産品に依存している国

□ 208 勢力分布・物事が二つの相対立する方向に分かれること。
「モテと非モテの□とか大きなお世話だっつの。」

□ 209 市民間の経済的・**社会**的・**文化**的**意識**の差が激しくなり、人間関係の分断が深刻化して結束が困難な**社会**。
「□を解決することは出来ないから、俺は今の自分が出来ることするわ。」 関 分けて別々・ばらばらにする

□ 210 **社会**や**国家**の成立原理を、平等な個人の自由意志に基づく相互契約によるものだとする説。「□のホッブズが『リヴァイアサン』という著作を記(しる)したと知った時、頭の中でラスボス戦的なBGMが流れた。」

解答・ポイント

市民革命（＝ブルジョワ革命）
関 市民

先進国
関 OECD(＝Organisation for Economic Cooperation and Development ＝経済協力開発機構)
対 発展途上国（＝後進国・開発途上国）

二極化

分断社会
関 分断（対 は統合）

社会契約説

43 監視（＝モニタリング）社会

監視社会／ソーシャルメディア／フェイクニュース／ポピュリズム／リスク ⇩

参 p.198 p.210

●次の文章を読んで 要約 しなさい。

権力をもつ**個人**や組織によって**個人**の行動が常に監視されている**社会**を監視（＝モニタリング）社会と言う。ＡＩを用いた監視カメラなどによる直接的な監視や個人情報による間接的な監視がある。政府や軍隊が国民を統制するために監視する場合もあるが、人権を守るために人権侵害を監視する場合もある。**情報社会**は個人データの収集などを行うため、監視社会を推進する。個人データの監視は**個人**、**企業**、政府にとって利便性があるから発達してきたのであり、**社会**全体が**合理性**とリスクの管理を求めたからこそ、効率的な監視システムが築かれてきた。だが、相互的な監視が常態化した現代では、**個人**が他人による承認を求める傾向を強め、公共空間の監視カメラが個人情報を抜き取る道具（＝ツール）と化し、双方向的なソーシャルメディアがフェイクニュースなどを用いてポピュリズムや憎悪（＝ヘイト）を煽り、仲間で他人を攻撃して自己承認の欲望を満たす道具と化すなど、様々な問題を生み出している。

要約

情報社会により監視社会は推進され、相互的な監視の常態化により監視カメラやソーシャルメディアが様々な問題を生み出している。

読解マップ

監視社会 ←↑情報社会
← 相互的な監視
← 監視カメラ / ソーシャルメディア
↓様々な問題

「攻撃する人にこそリスク」

コミュニケーションのツールとして広く使われているのがソーシャルメディアを構成するＳＮＳ。とても大きな影響力をもつため、ネット掲示板などで攻撃を受ければ、当然、恐怖を感じることさえあるでしょう。でも実は、本当に人生の**リスク**を抱えるのは、攻撃する側の人です。暴言を吐いて法律に触れれば、開示や賠償を求められ、その記録はネット上に残り続けます。

重要度順 次の□に当てはまる**語句**を答えなさい。

□ **211** **権力**をもつ**個人**や組織によって**個人**の行動が常に監視されている**社会**。

「生まれた時から□？だったし、それが普通っていうか」

□ **212** ①予測できない危険②損害を受ける可能性。「自分から告るとか□高すぎ」 関 (1)経済や科学技術を発展させた結果、これまでにない多様で複雑化した□を生み出す**社会** (2)□が高い

□ **213** 虚偽（＝フェイク）の**情報**で作られたニュース。

「こんなの、盛り盛りの自撮り□じゃねーか」

関 **情報**の正確さ・妥当性を検証する行為

□ **214** **民主主義**に基づく政治に対する**大衆**の疑念と落胆を利用して、政治指導者が**大衆**の一面的な欲望に迎合し**大衆**を操作する政治姿勢。個人的自由・経済的自由の拡大に消極的な傾向をもつ点で、**自由至上主義**（＝**リバタリアニズム**）と対極の面をもつ。

「お前が□とばかにしている限りその数は増え続けるぞ」 対

□ **215** SNS、ブログ、またユーチューブなどの動画共有サービスなどをプラットホーム（＝コンピュータシステムの基礎的部分）として構築された、（**インター**）**ネット**上の双方向的な情報発信メディア。

「□は彼の社会的スタンスを煽（あお）ってるわけじゃなく炙（あぶ）りだしただけだ」

解答・ポイント

監視（＝モニタリング monitoring）社会

リスク **risk**

関 (1)リスク社会 (2)リスキー **risky**

フェイクニュース **fake news**

関 ファクトチェック **fact check**（＝検証行為）

ポピュリズム **populism**（＝大衆迎合主義）

（元来は、「エリート」より「大衆」の権利を尊重すべきだという政治思想を意味していた）

対 エリート主義

ソーシャルメディア **social media**

（「双方向的」であるため「社会的」social と考えられることから）

第2章 社会・制度

44 共同体

共同体／血縁／大衆／地縁／匿名性(とくめい)

⇩ 参 p.20～ p.144 p.170

●次の文章を読んで 要約 しなさい。

共同体（＝コミュニティ）という言葉は二つの意味で使われる。

一つは、社会学などで使われる用語として、自然発生的な**地縁**・**血縁**や友情などの感情的なつながりによって深く結びついた社会形態のことであり、特定の目的・利益を追求する集団とは大きく異なる。したがって広くは、学校、**インターネット上**、あるいはオンラインゲーム内の仲間なども、相互の助け合いやルールをもち、同じ集団に属しているという意識を共有する場合には、**共同体**と言うことができる。

もう一つは、歴史学などで使われる用語として、**資本主義**成立以前の、集団による土地所有によって深く結びついた**社会**形態であり、これは**近代**的な都市の成立により解体された。**個人**の自由を抑圧する**共同体**に対して、都市は**個人**に自由を与え、その活力を**資本**として経済活動を活発化させたが、見知らぬ人間関係の中で**個人**は**匿名性**を強め、**責任**を回避する**大衆**となる条件も生まれた。

要約

共同体とは、自然発生的または感情的なつながりや、資本主義以前の集団による土地所有によって深く結びついた社会形態を言う。

読解マップ

共同体
- ①社会学など
  - 地縁・血縁＝自然発生的つながり
  - 友情など＝感情的つながり
- ②歴史学など
  - 〈資本主義成立以前〉
  - 集団での土地所有↓個人抑圧
  - ↑崩壊
  - 〈資本主義成立以後〉
  - 近代的な都市↓個人が大衆化

「共同社会から利益社会へ」

人間社会は近代化されるとともに、自然発生的な**地縁**・**血縁**などで結びついていた伝統的な**共同社会**（＝**ゲマインシャフト**）から、近代の国家、都市、会社のように利害関係に基づいて人為的に作られた**利益社会**（＝**ゲゼルシャフト**）に移っていくとされます。

重要度順　次の□に当てはまる**語句**を答えなさい。

□ **216** ①自然発生的・感情的なつながりによって深く結びついた**社会**形態②集団による土地所有によって深く結びついた社会形態。
「僕と君とは運命□であることに、なぜ気づかない。」
関 共に認め合って生きる・異種の生物が一緒に生きること

□ **217** さまざまな人々から成り、組織化されていない一**般**的な人々の集まり。
「□**社会**を語る人の多くは自分を□だとは思っていない。」
関 (1)一**般**に広まり、親しまれる
(2)**個人**が群集化した**社会**

□ **218** 血のつながり（のある親族）。
「呪われた□という設定は、はずせないでしょう。」 対

□ **219** 住む土地に基づく**縁故**（＝人のつながり）。
「□が希薄となり、神輿（みこし）の存続も危ういんだ。」 対
異 遅れる・延びること

□ 220 誰の行為かが特定できないこと。
「□が存在しえない**社会**となりつつある。」
関 実名をかくすこと

解答・ポイント

共同体（＝コミュニティ community）
関 共生

大衆
関 (1)大衆化
(2)大衆社会

血縁
対 地縁

地縁
対 血縁
異 遅延

匿名性（とくめいせい）（「匿」は「かくす・かくれる」の意味）
関 匿名

45 個人／社会

個人／社会／自律／世間／世の中

⇩ 参 p.168 p.174

●次の文章を読んで 要約 しなさい。

社会という言葉は、**前近代**の**共同体**が崩壊し、個人が自律的に判断し行動する**近代**以降に成立したとされ、元来「結合する」という意味をもつ西欧語の訳語である。

個人とは身分から解放された契約の自由・私的所有権・法的平等を保障された存在のことであり、この個人が結合したものが社会である。また自律とは、習慣、父親、**道徳**、法律など、**他律**（＝外部の**規範**に従うこと）によらず、自分が守るべきことを自分で決めて、それに従うことである。

それに対して「世の中」は元来「よ」（＝竹などの「節（よ）」）の「中」（＝間）を語源とする**大和言葉**（＝**和語**＝日本固有の語）であり、「限定され、移り変わるこの世」を意味し、「世間」は元来「心の働きをもつものが生活する世界」という漢語であり、「縁のある人々の集まる世界」を意味するため、ともに**前近代**の**共同体**意識に基づく点で、「社会」という言葉と同じとは言えない。

要約

前近代の共同体の崩壊後に、個人の結合によって成立した社会は、前近代の共同体意識に基づく世の中、世間と同じとは言えない。

読解マップ

〈前近代〉の共同体
⇔
〈近代〉の「社会」（←西欧語）
＝自律した個人の結合
⇔
「世の中」（←大和言葉＝和語）
「世間」（←漢語）

「世の中、世間、社会」

日本人は大和言葉・漢語・翻訳語の三つを見事に使い分けます。「世の中は金しだいなんて考えが世間に広がるのは、社会的に許しがたい」などと。大和言葉を知るために古文を、漢語を知るために漢文を、翻訳語を知るためにも英語を勉強することで、日本語の力を鍛えよう♪

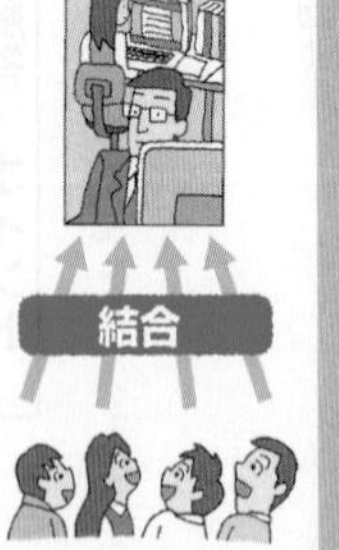

重要度順　次の□に当てはまる語句を答えなさい。

□ **221** 自律的に判断し行動する**個人**が結合してできたとされるもの。
「僕は□との距離感がいまだにうまくつかめずにいる。」
関 (1)**資本主義**を批判し、平等な□を建設しようとする**思想**・運動
(2)□現象を実証的方法で分析し、法則を明らかにしようとする学問の総称
(3)産業や□生活の基盤となる施設。下部構造（＝□の土台となる経済構造）。

□ **222** ①集団に埋没せず集団を構成している一人②身分から解放された契約の自由・私的所有権・法的平等を保障された存在③私人（しじん）。
「君ともっと□的なお付き合いをしたいな…。」

□ **223** 縁のある人々の集まる世界。
「□様に申し訳が立ちません。」 関 □に対する体面・見栄（みえ）

□ 224 限定され、移り変わるこの世。
「言いたいことも言えない□。」

□ 225 自分の**規範**に従っていること。
「あまりに□的だと生きていくのが辛いでしょ。」 対
異 援助や支配を受けずに自力で判断する・身を立てること

解答・ポイント

社会
関 (1)社会主義
(2)社会科学
(3)インフラ（ストラクチャー　**infrastructure**）

個人（英語では**individual**で、分けることの＝**divide**、できない＝**in**という意味。社会の構成単位を示している）

世間
関 世間体（てい）

世の中

自律
対 他律（外部の規範に従うこと）
異 自立

第2章 社会・制度

46 中心／周縁（しゅうえん）

ウェブ／周縁／中心／マイノリティ／マジョリティ

⇩ 参 p.18～ p.120 p.128

●次の文章を読んで 要約 しなさい。

文化や**社会**において**権力**と**資本**が集中する側を中心、それから遠い側を周縁と捉える見方は一般的である。中心においては、正統、**秩序**、**理性**、**日常性**、伝統文化などの特徴が見出されるのに対して、逆に周縁においては、異端、**混沌**、**感性**、**非日常性**、**サブカルチャー**などの特徴が見出される。たとえば国会、マスコミなどが中心に位置するのに対して、地方議会、ネットなどは周縁に位置するものと意識されているが、中心と周縁が入れ替わることもあり、そのようなときに、時代は大きく変化する。また、社会不安が**共同体**の中に広がったとき、中心に位置するマジョリティは周縁に位置するマイノリティを**批判**し迫害することで、**秩序**を回復しようとする傾向をもつ。

ただし、現代は中心など存在しない**ネットワーク**の支配するウェブの時代になったとも言われ、現代思想においては、中心の価値を否定しようとする**脱中心化**の志向が見られる。

要約

権力と資本が集中する側を中心、それから遠い側を周縁と捉える見方は一般的であるが、現代では脱中心化の志向も見られる。

読解マップ

〈中心	↕	周縁〉
正統	↕	異端
秩序	↕	混沌
理性	↕	感性
日常性	↕	非日常性
伝統文化	↕	サブカルチャー

〈ウェブ〉＝中心がない・脱中心化

「流行はいつも周縁から生まれる」

多くの場合、権力や社会の中心を占めているのは、中年以降の男性です。ですからその逆に、流行や新しい流れを生み出すのは、周縁に位置する若者、女性、子供たちなのです。

重要度順　次の□に当てはまる［語句］を答えなさい。

□ **226** ①中央②円周・球面のどの点からも等しい距離にある点③**権力**や資本が集まる場。
「十歳で彼女は世界の□から**ドロップアウト**（＝脱落）した。」
関 □の価値を否定し、周縁の価値を肯定しようとする考え方
異 まごころ

□ **227** ①ものの周り・縁（ふち）②中心・中央から離れた辺境。
「少し□をはみ出し気味になぞって、ふっくら唇に見せます。」
関 取り巻く周りの部分・方
異 終わろうとすること・死の間際・隠居して晩年を送ること

□ **228** ①ある**情報**から関連情報の参照が容易に行える**ネット**上の情報**ネットワーク**②クモの巣状。
「詳しくは□で。」関 □のページがまとめて置かれたネット上の場

□ 229 多数（派）・過半数。**社会**的強者という意味合いをもつ。
「私は意志を持って□に属してきました。」対

□ 230 少数（派）・少数民族。**社会**的弱者という意味合いをもつ。
「自分が□だからこそ、考えを押し付けたくないのです。」対

解答・ポイント

中心
関 脱中心化（ポスト構造主義における重要語）
異 衷心

周縁（しゅうえん）
関 周辺
異 終焉

ウェブ web
関 ウェブサイト website（その最初のページがホームページ）

マジョリティ majority
対 マイノリティ

マイノリティ minority
対 マジョリティ

第2章 社会・制度

47 貨幣

貨幣／供給／市場（しじょう）／需要／フェティシズム

⇩ 参 p.186

●次の文章を読んで 要約 しなさい。

もしも**貨幣**がなかったら、人は必要なものを**暴力**で奪い合うしかない。また一方で、人は**暴力**によって死にたくないという**意識**をもっている。だから暴力の代用として**貨幣**を使用するようになった。未来において必要なものと交換できることを互いに約束し合う**貨幣**の使用により、信頼の**体系**も生まれ、**社会**が可能になったと**フリードリッヒ・ニーチェ**は説明している。

貨幣が発明されると、人々は必要な物だけではなく、商品を生み出すようになる。最初は物々交換が行われる日時・場所を指す言葉であった**市場**は、商品が取引される場所、さらに商品経済の発達とともに、**需要**と**供給**の対立関係によって富・サービスの価格が成立する場を意味する言葉となった。

人は商品の売買のために**市場**に参加せざるをえなくなり、すべてが価格によって測られるようになって、交換手段にすぎなかった**貨幣**自体に価値があると思い込む**貨幣**への**フェティシズム**（＝物神崇拝）も一**般化**した。

要約

暴力と死への意識から生まれたと考えられる貨幣は、物の効率的分配を可能にする市場を生み、フェティシズムの対象となった。

読解マップ

死の観念
←暴力を避ける
貨幣の発明
←物の効率的分配
市場←〈需要／供給〉で価格成立
←すべてが価格で測られる
貨幣のフェティシズム

「貨幣はなぜ金や銀だったのか？」

貝殻などが最初とされる**貨幣**ですが、やがて大半の地域で金・銀を本位とするようになりました。役に立つ物を得るために、本来役に立たない**貨幣**を渡すのですから、そこに生じた負い目を隠そうと、役に立たないけど稀少でいつも貴重な印象を与える金・銀が選ばれたと考えられます。そして今は為替、カードのデータ、電子マネーなどがそれに代わりつつあります。でも、漢字だけは今も「財テク」の財にも「費用」の費にも「貯金」の貯にも「貨幣」の貨にも「貝」がついていますね。特に宝貝（たからがい）などは世界の広い地域で貨幣として使われていたと言われます。

重要度順　次の□に当てはまる**語句**を答えなさい。

□ 231 ①商品が売買される**具体的**な場所②**需要**と**供給**に基づいて交換される**抽象的**な場③商品売買の範囲。
「**思想**上の自由主義の成功が経済上の□の拡大を進める。」「えっ、逆じゃないの？」
関 自己の責任によって利益を追求することで働くとされる□の自動調節機能。

□ 232 商品交換の際に受け取られる**媒介**物であり、価値尺度・流通手段・価値の貯蔵手段の機能をもつもの。
「この世界の□単位はギルだ。」「□もまた…諸価値を創り出す〈神〉にほかならない。」（丸山圭三郎『言葉と無意識』）

□ 233 ①必要として求める②消費・生産のために、**市場**から商品を買い取ること、またその総量。「□があるうちは出ますよ。」対

□ 234 ①必要に応じて与える②販売・交換のために、**市場**に商品を出すこと。
「恋愛もまた、**需要**と□のバランスの上に成り立つ。」対

□ 235 物それ自体に価値があると思い込んで**神**のようにあがめること。
「□と**嗜好**（しこう）（＝好み・たしなみ好むこと）の境は、どの辺りだろう？」

解答・ポイント

231 市場（＝マーケット **market**）
（物以外の売買も含むときは「しじょう」と読み、「いちば」とは読まない）
関 市場原理

232 貨幣

233 需要
対 供給

234 供給
対 需要

235 フェティシズム **fetishism**
（＝物神崇拝・フェチ）

第2章 社会・制度

48 贈与／返礼

貨幣経済／市場経済／贈与／返礼／ボランティア

⇩ 参 p.180

●次の文章を読んで 要約 しなさい。

文化人類学は、人間が**他者**と共生するために必要な**システム・構造**として、**贈与**と**返礼**の往還を見出してきた。人間は大昔から、対等な物々交換、等価的な**貨幣経済**（＝商品経済）とは別に、贈与による不等価な富の移動を行ってきたのである。

ところが**貨幣経済**に基づく**市場経済**が、**グローバル化**の進行によって拡大した結果、**贈与**と**返礼**に基づく**共同体**は著しく破壊された。

元来、**個人**は他の**個人**に対して、また**共同体**は他の**共同体**に対して、贈与を行うことで**暴力**を緩和して**交通**すると同時に、**贈与**と**返礼**を通じて共同の**時間**、**コミュニケーション**を生み出してきた。

だが時差、ズレのない交換に基づく**市場経済**のみの拡大は、現在の**自己**の利益への無制限な欲望を追求させ、人間のつながりが失われた弱肉強食の世界を生む。だから今、**贈与**、また**ボランティア**の価値が**認識**される傾向にある。

要約

市場経済の拡大が、他者との共生に必要な贈与と返礼を行う共同体を破壊した今、贈与、ボランティアの価値が認識されつつある。

読解マップ

- 贈与・返礼の共同体
- 贈与・ボランティア

⇔

- グローバル化の進行
- 市場経済の拡大

「サンタクロースも愛も、贈与です」

お中元、お歳暮では、贈与した側が返礼を要求しなくても、贈与された側は返礼しなければならないという負い目を感じます。「ギフト（Gift 独）」という言葉に「贈り物」「毒」という二つの意味があるのもその現れ。お返ししなければという「毒」＝負い目を与えず、**返礼**なしに済ます方法が、サンタクロースの贈り物という形での**贈与**です。見返りを求めない**贈与**こそ愛なのです。なんてね♪

重要度順　次の□に当てはまる**語句**を答えなさい。

□ **236** ①交換ではなく一方的に他人に贈り与える行為で、原始的**共同体**形成の基本**原理**②財産を**無償**（＝報酬がないこと・無料）で与える契約。
「□税とか意味不明。」
関 北米先住民（＝インディアン）の贈り物を与え合う儀式

□ **237** **贈与**を受けた礼として返しをして報いる、またその返す**儀礼**・品物。
「司令の□の美しさを、私は一生忘れないだろう。」

「□の儀礼として熊神に歌や踊りを捧げる…」（今福龍太『**風聞**の**身体**』）

□ **238** 自ら進んでする人。特に**社会事業**（＝生活救済・福祉向上を目指す事業）の分野で、自発性・**無償**性・奉仕性を原則に活動しようとする事・人々。
「どんな□活動でもしないよりマシよ。」

□ **239** **市場**が生産・消費を調節する経済制度。
「ほんとうに□は崩壊しつつあるのだろうか。」対

□ **240** **貨幣**が交換の**媒体**として普及している経済。
「金持ちの□**批判**なら、聞いてみたいな。」
関 人間の共同生活に必要な物資・サービスの生産・分配・消費・蓄積を行う過程と社会関係の総体

解答・ポイント

贈与
関 ポトラッチ

返礼

ボランティア **volunteer**

市場経済
対 計画経済（中央政府の計画が生産・分配を決定する経済制度）

貨幣経済（＝商品経済）
関 経済

49 歴史

共時的／通時的／文化人類学／民俗学／歴史

⇩ 参 p.174

●次の文章を読んで 要約 しなさい。

歴史は遺跡や史料という**客観的**存在を前提に構築されるが、必ずしも**客観性**をもつとは言いがたい曖昧さをもつ。現代の**歴史**学では、「重要な出来事」を**客観的**に記述したものが**歴史**だといった**実証主義**は鋭く**批判**されている。

「重要な出来事」の選択が**共同体**の支配的価値観に基づいて**主体的**に行われ、また、**主観的**な関心によって作成された**歴史**史料に基づいて選択された記憶だけが**歴史**とされるからだ。したがって、先に**客観的**な**歴史**があり、次にその真実が物語られるとする**実証主義**は間違いである。先に物事が現在の**主体性**と**主観性**に基づいて物語られ、次にその**物語**（＝story）が**歴史**（＝history）とされていくのである。その結果として、**個人**は**歴史**に束縛されるが、また現在において新たな**歴史**を物語る**責任**も負う。**歴史**とは**共同体**の未完の物語である。

ちなみに、本来**歴史**学は物事を**通時的**に捉える学問だが、現在では**共時的**に物事を捉える**民俗学**や**文化人類学**の成果を**反映**させようとする試みも見られる。

要約

歴史は現在の主体性と主観性に基づく共同体の物語であり、個人は歴史に束縛されながら、新たな歴史を物語る責任も負う。

読解マップ

×歴史＝客観的→物語（実証主義）

⇔

○歴史←物語＝主体的・主観的

通時的＝歴史学 ← 影響

⇔

共時的＝民俗学・文化人類学

「失恋は幸運？それとも不運？」

歴史と同じことが自分史についても言えるでしょう。過去のある出来事が重要であったのか、また幸運か不運であったのかは、現在における解釈＝物語しだいです。今は不幸な失恋にしても、すてきな次の相手が現れた未来においては、幸運な失恋だったことにされるかもしれません。**歴史**（**history**）とはまさに物語（**story**）なのです。

重要度順　次の□に当てはまる語句を答えなさい。

□ 241　一定の関心と価値判断に基づき、選択した過去の出来事を物語ること。
「□とは、無数の**他者**の行為、力、声、思考、夢想の痕跡にほかならない。」（宇野邦一『反歴史論』）　関 ある時代に特有で重大な・過去となった

□ 242　伝承されてきた民間の文化がいかに表現され、推移してきたかを明らかにしようとする学問。
「□やってる人とお祭り行きたくないな。」
関 民間に伝えられている風習・風俗

□ 243　様々な**文化**を**対象**に、**文化**の特徴や**文化一般**の共通性を研究する学問。
「いい□者になりたかったら、まずタフになろう。**フィールドワーク**（＝野外調査・野外研究）が勝負だからね。」

□ 244　**時間**を共有する**空間**的・地理的な広がりの中で、**現象**の**体系**・**構造**を捉える様子。
「この時期からやっと□なアプローチがなされるようになった。」対

□ 245　**時間**の流れを通した**時間**的・**歴史**的な広がりの中で、**現象**の変化を捉える様子。
「□に辿ると、とても同一人物だと思えない。」
関 **時間**の流れに沿って生じる・行われる様子　対

解答・ポイント

歴史（ヨーロッパ系言語では、「物語」「探究」の意味をもつ語を語源とする）
関 歴史的（対 は普遍的）

民俗学（＝フォークロア **folklore** 日本の民俗学を確立したのは**柳田國男**で、**口承文芸**の重要性などを説いた）
関 民俗（≠民族 p.137）

文化人類学（**レヴィ＝ストロース**は**構造主義**に基づく文化人類学を確立し、**現代思想**にも影響を与えている）

共時的
対 通時的

通時的
関 継時的　対 共時的

第2章 社会・制度

50 死生学

慰霊（いれい）／死生学／尊厳死／追悼（ついとう）／ホスピス

⇩ 参 p.180

●次の文章を読んで 要約 しなさい。

埋葬という儀礼は、10万年前のネアンデルタール人に始まると考えられている。人骨と共に花粉が見つかるとき、そこには花を手向け（たむけ）て死者を埋葬する人類がいたと言える。

人間とは、死者を埋葬する唯一の動物である。人類は長期にわたって常に死についての思考を養ってきたとも言えよう。

ところが近代社会は死をタブー視した。そこで現在新たに必要とされるのが死生学である。ホスピス設立の運動も背景にあって70年代に確立された。死にいかに向き合うか、死にゆく人々へのケア、尊厳死の問題、命の尊厳の教育、慰霊・追悼のあり方などを考える、広く学際的な分野の学問である。

たとえば日本人が死者の遺骨収集に熱心なことは、民俗宗教における祟り（たたり）の信仰が、近代の軍国主義国家の政治戦略と結びついて現在に受け継がれ定着した結果とも考えられるが、そこには日本人の歴史的な死生観が表れている。

要約

死についての思考を長期間養ってきた人類を理解するには、近代社会がタブー視した死について考える死生学が必要とされる。

読解マップ

人類→死についての考えを養う
↕近代社会→死＝タブー
←
死生学←ホスピス設立の運動

「もしも人間が死ななかったら…」

もし人間が死ななかったり、死ぬことを意識しない存在だったりしたら、この世は弱肉強食だけが支配する世界だったかもしれません。自分が死ぬと思うからこそ、他人に何かを手渡し、また他人から何かを受け継ぐのです。そして人間は有限の生しかもたないと思うからこそ、きっと、死者や恋人に、散りゆく花を花束にして贈ったりもするのでしょう。ちなみにフランス語の「幽霊」(revenant) は元来「戻ってくる者」の意味です。人は常に死者が戻ってくることを願ったり恐れたりするのかもしれません。

重要度順　次の□に当てはまる語句を答えなさい。

□ **246** 死者の生前に思いをはせ、**悼**（いた）**む**（＝嘆き悲しむ）こと。
「死者を□することで、**社会**の連続性を表現しなければならない。」
異 謀反（むほん）人・反逆者を追って討ち取ること

□ **247** 人としての尊厳を保って死を迎え・迎えさせること。
「問題はどうやって□に見せかけるかだ。」 関 死期が近い病人の苦痛を除き安らかに死なせること。法的に問題があるとされる。

□ **248** **自己**の消滅としての死に向き合うことで、死までの生き方、**個人**の死とその死生観について考える学問。
「死ぬことを**意識**する存在こそが人間だから、□は必要な学問だろう。」

□ 249 **近代**医療の手続きの多くが死にゆく人々には不適切な場合があるとして、**身体**的・感情的な苦しみを緩和する目的で作られた療養所・病院。
「三十歳になった国民には一年間の□での研修が義務付けられた。」

□ 250 死者の霊魂を慰めること。
「『□』という行為は…霊に対する生者の心の内部に発生する『後ろめたさ』『負い目』を浄化する行為であった。」（小松和彦『神なき時代の民俗学』） 異 普通と違った珍しいこと

解答・ポイント

追悼（ついとう）
異 追討

尊厳死（植物人間状態での延命への反省から生まれた）
関 安楽死

死生学

ホスピス hospice

慰霊（いれい）
異 異例

第2章 人間・環境

51 身体

間主観性／間身体性／身体／知性／独我論

⇩ 参 p.118

●次の文章を読んで 要約 しなさい。

たとえばあなたはこう思ったことはないか？　自分と他人が生きている世界は本当に同じ世界なのだろうか？　はたして自分が感じているのと同じように、他人も世界を感じているのだろうか？　あるいはまた、自分の意識だけが**実在**していて世界も他人も自分の幻想にすぎないとする独我論が、もし正しいとするならば、この世界の**秩序**はどうなるのだろうか？

他人と違う**自己**が存在するという**近代**的**自我**の立場を出発点とする知性だけでは、これらの問題に対処できない。そこで世界は**客観性**をもって存在するのではなく、それぞれの**主観性**が絡み合って自分と他人の共同世界として存在するのだとする考え方が登場した。このように考える**主観**のあり方を間主観性（＝共同主観性）と言う。そしてさらに母子一体感や没我的抱擁にも見られるように、**自己**と**他者**はけっきょく**身体**によって根源的に結びついているのだから、根源的な間主観性とは、間身体性にほかならないという考え方も生まれた。

要約

近代的知性では対処できない、自己と他者のつながる世界を考えるために、間主観性さらに間身体性という考え方も生まれた。

読解マップ

独我論＝自己は実在・他は幻想
近代的知性＝まず他者と異なる自己
⇔
間主観性＝共同の主観的な世界
間身体性＝まず身体による結びつき

「われ思う、ゆえにわれ在り」

ルネ・デカルト（１５９６～１６５０）の有名な言葉です。ラテン語では「コギト・エルゴ・スム」。世界のすべてが虚偽だとしても、こんなふうに思考する精神（＝心）をもつ私だけは疑いなく存在する、という意味です。つまり、物質以外にも思考する精神が存在するということが哲学の前提とされたわけです。**物心二元論**に基づく近代的**知性**の原点とされます。

重要度順　次の□に当てはまる語句を答えなさい。

□ **251** 精神が宿る人の体。**近代**の**心身二元論**では軽視されたが、**現代思想**では意味を構成する**中心**、世界や環境と直接につながる存在として重視される。
「□は、その皮膚を超えて伸びたり縮んだりする。」（鷲田清一『普通をだれも教えてくれない』）　関 DNAに組み込まれた遺伝情報（の総体）

□ **252** 考え、理解し、判断する能力。知覚したことを整理・統一し、**認識**を作り上げる精神の働き。
「眼鏡で□を演出します。」

□ 253 **実在**するのは自分の**自我**だけで、**他者**や外界は**自己**の幻想にすぎないとする考え。全世界が自分のためだけにあるとする利己的態度。
「他人がすべてロボットに感じられるなら、それはもう立派な□。」

□ 254 自分と他人が互いを**主体**として承認し合い、同じ世界を共有していると考える**主観**のあり方。
「□を意識すればきみの**作品**はずっと洗練されるだろう。」

□ 255 自分と他人が**身体**を通して同じ世界を共有していると感じる**身体**のあり方。
「同じ世界につながっていると**身体**で感じること、それが□の出発点。」

解答・ポイント

身体（現代思想の祖であるフリードリッヒ・ニーチェは「近代人は身体の重要性を忘れている」と**心身二元論**を批判した。）
関 ゲノム **Genom**（独）

知性

独我論

間主観性（＝共同主観性）

間身体性（メルロ＝ポンティは自己も他者も同じ間身体性の一部と捉えた）

52 アイデンティティ

アイデンティティ／自我／自己／認識／物語

⇩
参 p.18～p.174

●次の文章を読んで 要約 しなさい。

アイデンティティ（＝同一性・自己同一性）とは、自己が常に同じで他人と異なる、一貫した唯一の存在だとする**個人**・集団による自己定義を示す言葉だ。

特に青年期では自己をどう認識するかという自我の問題と重なる。アイデンティティは他人と無関係に成立するように思えても、自己の思いだけでは成立しえない。たとえばそれは、自分を承認する核となる自分の顔が、直接自分で見られないという事実にも現れる。アイデンティティは語り手／聞き手の連鎖をもつ**共同体**の中で、自己が何者であるかという物語が他人に承認されることを必要とする。したがって家庭、学校、職場、民族、国家など自己の属する**共同体**が**個人**のアイデンティティの核を成すことが多い。しかしまた、余りに強くアイデンティティを求めると、自己の属する**共同体**だけを絶対とし、他人のアイデンティティを否定する危険も生じる。自己の属する**共同体**もまた、他人の承認によってアイデンティティを得ていることを忘れるべきではない。

要約

アイデンティティとは、個人・集団が他人の承認を受けることで一貫した唯一の存在だと考える、自己定義を示す言葉である。

読解マップ

アイデンティティ
＝同一性・自己同一性
＝自己は一貫した唯一の存在
→共同体・他人による承認

「アイデンティティの意味の広がり」

とても広い意味で使われる言葉です。アイデンティティ・クライシスは自己喪失。コーポレート・アイデンティティ（ＣＩ）は企業イメージを認知させる戦略。アイデンティティの訳語としては、原義の「この同じ（＝イデム）自分」以外にも、主体性・存在証明・帰属意識・歴史的連続性・人格的同一性などが考えられます。実は「アイデンティティ」という言葉こそ曖昧で、きわめてアイデンティティに乏しい言葉と言えるでしょう。

重要度順　次の□に当てはまる**語句**を答えなさい。

□ **256** （客体として捉えられる）自分自身。同一性・統一性をもった自分。
「□チューなこと自体は問題でも何でもないよ。」 対

□ **257** 知覚（＝感覚を通して知ること）に基づき、解釈することによって理解すること、またその結果得られた知識。
「自分の部屋ではないと□するのに少し時間がかかった。」
関 □の方法、□された知識の起源・構造・範囲などを探求する**哲学**

□ **258** XがXであること・根拠。本人であるという**自己認識**。私がこの私であると言える核心は何かという**自己**定義。**自己**の存在証明・存在理由。
「自分の□について考えたこともないタイプの人は強い。」

□ 259 ①納得や共感を得るため、**現象**と**内面**を結びつけた話のまとまり②見聞や想像により、人物・事件についてまとめた**散文**による**文学**様式。
「世界は、何十億という□の主人公だけで構成されているんだ。」

□ 260 意識の**中心**にあって、自分を統合（＝一つにまとめる）する**主体**。
「見るからに□の塊みたいな奴は、実際にはもろい。」
関 衝動や□の働きを**無意識**的に監視し、**道徳**的な方向に向かわせようとする心の要素

解答・ポイント

256 自己
対 他者

257 認識
関 認識論

258 アイデンティティ **identity**（＝同一性・自己同一性）

259 物語

260 自我
関 超自我（両親の懲罰（ちょうばつ）やその価値観への同一化によって形成されると言われる）

第2章 人間・環境

53 理性／感性

感性／合理性／パトス／理性／ロゴス

⇩ 参 p.146

●次の文章を読んで 要約 しなさい。

理性（＝reason）とは、ほんらい理由（＝reason）を推論する（＝reasoning）能力のことであり、言語、法則、比例、定義などの意味をあわせもつ古代ギリシア語のロゴスに対応する言葉である。

西欧の伝統において人間は理性的動物と定義され、特に近代では理性が、中世までの神への信仰に代わる、人間にとってもっとも重要な能力とされた。

一方、感性は身体に基づくもので、刺激を受け入れる認識能力のことであるが、西欧の伝統では理性よりも劣る能力とされてきた。

しかし理性が万能とされ、合理性ばかりが追求された結果、自然や人間性が損なわれた現代においては、ロゴスに対立するパトスの知、すなわち身体とそれを基盤とする感性による知が重要視されるようになり、理性の再検討が迫られている。人間は感性を用いて世界を敏感に感受しなければ、理性を用いて正しく行動することはできないのだ。

要約

西欧では人間は理性的動物とされ、特に近代では理性が万能とされて様々な問題が生じたため、現代では感性が重要視される。

読解マップ

理性（能動的）↑ロゴス
…近代↓合理性追求
⇔
感性（受動的）↑パトス
…現代…身体が基盤

「ロゴス的とパトス的」

〈ロゴス的／パトス的〉の違いに注目すれば、たくさんの対概念を把握できます。〈ロゴス的／パトス的〉なものである〈理性／感性〉〈秩序／混沌〉〈意識／無意識〉〈精神／身体〉〈科学／芸術〉〈能動的／受動的〉〈西洋的／日本的〉〈一義的／多義的〉などは、現代文の読解で重要な対概念です。

重要度順　次の□に当てはまる**語句**を答えなさい。

□ **261** 信仰、**感覚**、経験、**無意識**などに頼らず、論理を用いて意識的に推論していく思考能力の全体。
「恋愛を維持し、発展させるにも□は欠かせません。」
対 (1)□性　(2)□気

□ **262** 論理にかなっていること・無駄なく能率的に行われること。
「最終的には最も□を満たす**フォルム**（＝形態・型）が気持ちいい。」
関 **理性**を重んじ、□を貫こうとする態度

□ **263** **対象**からの刺激を、**身体**の**感覚**を**媒介**して受け入れる精神の**認識**能力。
「自分の頭に花を咲かせて平気な女子の□が理解できない。」 対

□ 264 「集める・数える」を意味する動詞を語源とし、言語・法則・比例・定義など**理性**に関わる意味をあわせもつ語。西洋の古代**哲学**・神学における重要な**概念**。
「**真理**は本当に□によって保証されるのでしょうか。」 対

□ 265 「働きを受ける」を意味する動詞を語源とし、情念・受苦など**感性**に関わる意味をあわせもつ語。現代では一時的な感情の高まりや激情を指すことが多い。
「□以外信じるな。」 関 習慣・習俗によって培（つちか）われた性格 対

解答・ポイント

理性
対 (1)感性　(2)狂気（**近代産業社会**では、労働／怠惰がそれぞれ理性／狂気に重ねられ、前者を肯定し後者を否定する二**項対立**を形作っていった）

合理性
関 合理主義

感性
対 理性

ロゴス **logos**（希）（『新約聖書』の〈ヨハネによる福音書〉のギリシア語原典の冒頭に「初めにロゴスがあった。」という一句があるが、日本では一般に「初めに言葉があった。」と訳されている）
対 パトス

パトス **pathos**（希）（sympathy（シンパシー）はパトスを一緒に〈sym-〉もつということ）
関 エ（ー）トス **ethos**（希） 対 ロゴス

54 環境倫理

エコロジー／環境／環境倫理／自然／生態系

⇩ 参 p.98 p.142

●次の文章を読んで 要約 しなさい。

環境倫理は、**人間中心主義**を否定して人間と環境との**共生**を目指し、エコロジーの運動を支える**思想**的基盤である。

しかし環境倫理について正確に考えるには、まず環境という言葉が、自然や生態系（＝エコシステム）と違う点を押さえておかねばならない。自然は人間をも一要素として含む**概念**であり、価値や目的をもたず、また生態系は、一定区域内の生物群集とそれを取り巻く非生物とが作る機能的なまとまりのことであり、どちらも人間を前提とする**概念**ではないため、あるべき姿の基準は曖昧であり、人間の**倫理**をそのまま適用できない。それに対して環境は、逆に人間という**主体**を前提とする**概念**である。たとえば暗い部屋は、睡眠する**主体**にとって良い環境とされるが、勉強する**主体**にとっては悪い環境とされる。

したがって環境倫理もまた、人間という**主体**の利益を前提としているのであり、非**人間中心主義**の限界が露呈しているとの指摘もある。

要約

環境倫理は人間中心主義を否定して人間と環境との共生を目指しながら、人間の利益を前提とするという矛盾を抱える。

読解マップ

環境倫理 ↔ 人間の利益が前提
↓エコロジー運動
⇔
人間中心主義

「環境倫理学の三つの原理」

基本的には三つの考え方に整理されます。

①**自然生存権**（＝すべての物質・生物は生存権をもつ）

②**世代間倫理**（＝未来の世代に同等の生存可能性を与える）

③**地球全体主義**（＝有限な地球環境を守ることを優先する）

です。現在はこれらが**普遍**的な環境倫理であるとされていますが、主義主張によってその優先順位は違っています。

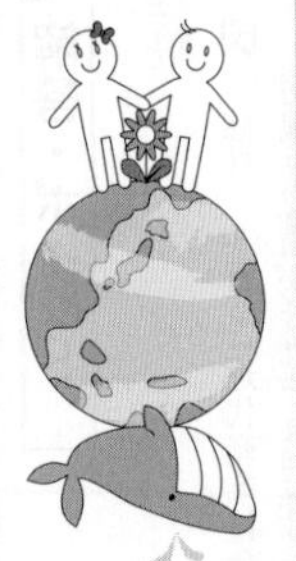

重要度順　次の□に当てはまる語句を答えなさい。

□ **266**　①あるがまま②他の力によらず自らの力で生成し変化するもの。
「多くの人間は、ありのままの□を□と感じられない程度に調教されている。」　関 太陽の光・熱、水力、風力、波力、地熱など

□ **267**　①人間を取り巻き、生活に影響を与える外的条件のすべて②動作中のコンピュータの状態。
「脱け出して初めて自らのいた□を**客観**視できる。」
関 (1)人間の活動による□の変化のために発生した問題　(2)開発が□に与える影響への対策についての事前予測・評価　(3)□が知覚に与える**情報**によって、人間の特定の**認識**・行為が促されるという考え方

□ **268**　人間の**自然**に対する傲慢さが**環境**破壊を招いたことを**反省**し、**生態系**に対して人間がどのような**義務**を負うかを問う分野。
「□は許される最悪のラインを走り続けるだろう。」

□ **269**　一定区域内の生物群集とそれを取り巻く非生物が作る機能的まとまり。
「□の安定によって守られるのは種であって、種に属する個体ではない。」（加茂直樹『社会哲学の現代的展開』）

□ 270　①**生態**学（＝**生態系**を扱う学問）②**自然**との共生を目指す**思想**・運動。
「□もまたビジネスとしてしか存続し得ない。」
関 **多様**性ある**生態系**に配慮することを意味する接頭語

解答・ポイント

自然
関 自然エネルギー natural energy

環境
関 (1)環境問題
(2)環境アセスメント environmental impact assessment
(3)アフォーダンス affordance
（affordには「与える」の意味がある）

環境倫理

生態系（＝エコシステム ecosystem）

エコロジー ecology
関 エコ eco

第2章 人間・環境

55 文化／文明

サブカルチャー／文化／文明／未開／野蛮（やばん）

⇩ 参 p.160 p.178

●次の文章を読んで 要約 しなさい。

文化（＝**culture**（カルチャー））とは、耕す（＝cultivate）という形で**能動的**に**自然**に働きかける人間固有の行動様式・生活様式のことであり、特に人間が**自然**の中に価値を見出す精神的・感情的な面を**文化**と呼ぶことが多い。

文化は、人間が**社会**の構成員として獲得した能力・習慣の融合した全体であるから、当然ながら**個人**は所属する**文化**に支配されるが、複数の**文化**間を移動することも可能であり、また**個別**の**文化**のなかには、支配的な**文化**に収まらないサブカルチャーも存在する。

一方、かつての**西洋中心主義**が**未開**の**社会**を差別して**野蛮**と決めつけ、それと対比的に用いられた言葉が**文明**であった。

だが今日では、**文明**の基本的要素を都市化と文字の所有とする考え方が主流となっており、特に人間が**自然**を支配する技術における物質的・実質的な面を**文明**と呼ぶことが多い。

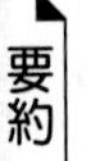

要約

一般に、人間が自然の中に価値を見出す精神的・感情的な面を文化、自然を支配する技術における物質的・実質的な面を文明と呼ぶ。

読解マップ

文化＝人間固有の行動・生活様式
＝自然の価値を実現
＝精神的・感情的
⇔
文明⇔未開←西洋中心主義
＝自然を支配する技術
＝物質的・実質的

「文化・文明の違いは？」

文化（＝culture（カルチャー））は「耕された（＝cult）所（＝ure）」を語源とする言葉ですが、それに対して**文明**（＝civilization）はラテン語の市民（＝civis）に由来する言葉です。ただし、文化というものが一つの場所で独立に生まれたわけではありません。日本語も文法は北方系、文字は大陸系、発音は南方系。いろんな地域のものがこの列島で融合して生まれたものです。一方、**文明**は広範囲に発展した**文化**のことを言う場合もあります。「西欧文明」とか「中国文明」とか…。

重要度順　次の□に当てはまる**語句**を答えなさい。

□ **271** ①**能動的**に**自然**に働きかける人間固有のもので、集団が共有し伝達する行動・生活様式②人間の価値ある精神的・感情的な面。遺伝とは異なる**情報**伝達の仕組み。

「□によって一民族は初めて主権をもちます。」（服部英二『文明の交差路で考える』）　関 □の発展・向上を**理念**とする国家　対

□ **272** ①人間が**自然**を支配する技術における物質的・実質的な面②広範囲に発展した**文化**。

「マヤ□が俺を呼んでる。」

関 明治初期の近代化・西洋崇拝の**風潮**（＝時代における世の中の傾向）対

□ 273 ①土地・分野が開拓されていないこと②**文明**が未だ開けていないこと。

「自信のない者ほど、□ということに魅力を感じる。」対

□ 274 ①**文化**が開けていないこと②教養がなく粗暴なこと。

「□人と言われ、思わずニヤけてしまったオレ。」

□ 275 **社会**の**中心**となる支配的な**文化**に対して、その**社会**の周縁の集団がもつ独立した**文化**。

「オタクと言われるのを嫌がるような□好きとは友達になれない。」

解答・ポイント

文化（英語 culture は「生活様式」を、ドイツ語 Kultur は「精神文化」を意味する）

関 文化国家（対 は警察国家＝人権や自由を規制する国家）対 自然

文明

関 文明開化　対 未開

未開

対 文明

野蛮（やばん）

サブカルチャー subculture（＝サブカル）

第2章 人間・環境

56 国家

権力／国家／正義／法／暴力

⇩ 参 p.150 p.180

●次の文章を読んで 要約 しなさい。

人間は肉体的にも精神的にも**他者**に対して暴力を加え、また、**他者**から暴力を受ける可能性をもつ。

そこでこのような暴力を防ぐための装置として国家が形成される。国家は法を制定し、その**規範**による権力で、ほぼ住民のすべてを従わせるが、それは**恣意的**な暴力を防ぐためである。

しかしまた、国家の権力も、警察や軍隊などの暴力を独占することで可能となっている。国家は暴力をもつことで初めて人間を従わせる**絶対的**な権力を維持する。つまり国家とは、暴力を防ぐために、暴力を背景にして権力を行使する装置である。

もちろん、国家の行使する権力が、常に正義に適(かな)っているとは限らない。法は正義に基づくとされているが、実は法に基づく行為が正義とされているだけかもしれない。したがって、常に法も**脱構築**されることが望まれる。

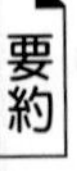

要約

国家は暴力を防ぐため、暴力を独占して法を制定し権力を行使するが、法は正義に基づくとは限らず、常に脱構築されるべきだ。

読解マップ

人間→暴力を加え・受ける

⇔

国家＝暴力を独占→法→権力

⇔

正義→法を脱構築

「仲良しグループは暴力を生む？」

ナチスがユダヤ人の大量殺戮（＝ホロコースト）によって強固な共同体を生み出したように、ぼくらは他の人たちを排除することで、仲良しグループを作り出しているかもしれません。気づかないうちにグループ周辺の誰かを排除するという暴力をふるっていないでしょうか。自分自身のもつ暴力や権力に対しても、無自覚でいたくないですね。

重要度順　次の□に当てはまる語句を答えなさい。

□ 276 法律を含む、きまり・規則一般。
「ここでは私が□よ。」
関 **国家**や統治者が人民に守ることを強制する決まり

□ 277 一定の領土・居住する人民・排他的な統治組織による主権という三つの要素をもつ政治的**共同体**。「生まれ落ちた□を憎んでも仕方がない。」
関 (1)国民の意志で制定された法により□権力が行使される□
(2)国際間の平和と安全の維持、諸□間の友好関係の発展、国際協力の奨励を目的とする国際機構

□ 278 ①他人を支配し従わせる力②**国家**や政府などがもつ国民に対する支配力・強制力。「実力とは関係なく、□欲をもたない男性は少ない。」
関 武力や権謀により競争者を抑えて得た□

□ 279 ①乱暴で不当・不法に使用される力・行為②物理的な強制力。
「その□的な服の**コーディネート**（＝調整・組み合わせ）やめてよ。」

□ 280 人間の**社会**的関係において実現すべき価値であり、違反に対して制裁を伴う**規範**。「気に入った曲はCDで買うのが俺の□。」
関 個人の態度として実現すべき**道徳**的価値

解答・ポイント

法
関 法律

国家
関 (1)法治国家
(2)国際連合（＝国連）

権力
関 覇権（はけん）

暴力

正義
関 善（対は悪）

第2章 人間・環境

57 多様性（＝ダイバーシティ）

ＬＧＢＴ／企業／社会科学／人文学／多様性

⇩ 参 p.132

読解マップ

多様性←自然科学
＝→人間・社会
重要な概念
→企業経営にも
→異なる水準

●次の文章を読んで 要約 しなさい。

多様性とは**自然科学**を出発点とする**概念**だが、人間は自分で選択できる多様性があってこそ充実を得られる存在であり、社会科学や人文学（＝人文科学）では、**社会**の発展や価値の創造にとって不可欠とされる。

今日、全世界に拡大していく**グローバル化**に対抗して、各地域固有の**文化**や**多文化主義**を守るためにも、**文化**・価値観の多様性が重要とされる。また近年では、この**概念**が企業の経営にも適用され、様々な価値観の下で働き方の異なる従業員が共存できる企業を、多様性を備えた組織として評価するようになった。企業に対して、ＬＧＢＴなどの性的少数者への適切な理解と受容も推奨されるようになったが、背景には、少子高齢化などによる労働人口の減少もあり、企業が多様性に取り組まざるを得なくなっているとの指摘もある。

このように、異なる水準の多様性が、同じ一つの多様性であるかのように取り沙汰されるところに、現代の多様性を巡る**言説**の特徴があると言えるだろう。

要約

多様性は自然科学を出発点とし、人間や社会にとって重要な概念だが、企業の経営にも適用されるなど異なる水準で取り沙汰される。

「**ESG投資とは？**」

環境（environment）、**社会**（social）問題、企業統治（governance）に配慮している企業を重視・選別して行う投資のこと。ESGは英語の頭文字を合わせた言葉。**環境**では気候変動対策や生物**多様性**の保護活動、社会問題では人権への対応や地域貢献活動、企業統治では法令遵守、社外取締役の独立性、情報開示などが重視されるため、**ESG投資**は企業の**持続可能性**や**多様性**を後押しすると言われています。

重要度順　次の□に当てはまる語句を答えなさい。

□ 281 幅広く性質の異なる群が存在すること。

「□って言っても、自分が認められないのもやだけど、自分と考えが全然違う人を認めるってムズい」 関 (1)いろいろ異なるものがある状態 (2)種の中、種の間、**生態系**、地球全体に多様な生物が存在していること

□ 282 社会現象を実証的方法で分析し、法則を明らかにしようとする学問の総称。「ITのもたらす大量の情報が□のあり方を変えていっている」

関 人間および人間を取り巻く社会事象を研究対象とする□の一分野

□ 283 人類の創造した**文化**を研究対象とし、人間を深く知ろうとする学問の総称。「□の元の英語、ヒューマニティーズなんだ。概念でけー」

関 **文化**をもつ動物としての人類を相対的に把握しようとする学問

□ 284 営利を目的として継続的・計画的に事業を行う活動・組織。

「ぶっちゃけ□に人生捧げる気はないが安定は欲しい」

関 営利を目的とせず身近な問題に自発的に取り組む市民の活動組織

□ 285 女性同性愛者・男性同性愛者・両性愛者・性別越境者の英語の頭文字を取った単語で、性的少数者を代表する総称。

「私は□という区分けのされ方は好きではないけれど、話題になるだけましになったのかな」

解答・ポイント

281 多様性（＝ダイバ（ー）シティ **diversity**）

関 (1)多様 (2)生物多様性

282 社会科学（**法学・経済学・社会学・政治学など**）

関 社会学

283 人文学（＝人文科学）（**哲学・文学・言語学・歴史学など**）

関 人類学（**自然人類学と文化人類学に分かれる**）

284 企業

関 NPO（＝**non-profit organization** ＝非営利団体）

285 LGBT（女性同性愛者＝レズビアン lesbian、男性同性愛者＝ゲイ gay、両性愛者＝バイセクシャル bisexual、性別越境者＝トランスジェンダー transgender の頭文字）

58 科学革命

科学革命／科学史／産業革命／自然科学／パラダイム

⇩ 参 p.14～ p.204 p.210

●次の文章を読んで 要約 しなさい。

科学革命という言葉は、自然科学の成立における重要な変革を意味する。

一般的に科学革命（＝大文字のScientific Revolution）は、天動説から地動説への宇宙観の変革、**アイザック・ニュートン**による**古典物理学**の基礎の確立など、17世紀の大変革を意味する。**中世**では**神・悪魔・天使**といった**外因**によるとされていた**自然現象**が、**自然**の**内因**に**起因**すると見なされるようになった。

また18世紀においては、**科学**技術による産業革命の進展により、**科学**が教育・研究機関に組み込まれ、自然科学という専門の一分野として**公共性**のある理論**体系**が形成された。これを第二の科学革命と呼ぶ。これら科学革命は、**市民革命**とともに人間を**宗教**から解放し、**近代**を成立させた重要な変革である。

また一方、科学史の分野では、**科学**の**歴史**は常に科学革命（＝小文字のscientific revolution）という非連続な変化で画され、ある科学革命と次の科学革命の間で共有されるパラダイムが、一時代を支配すると考えられている。

要約

科学革命は、一般的には近代を成立させた17世紀の変革を指すが、科学史では新たな時代を生む自然科学上の変革を意味する。

読解マップ

科学革命＝｛宇宙観の変革／古典物理学の確立／産業革命｝
↓
自然科学＝専門分野として認知

「パラダイム・シフトとは?」

トマス・クーン（1922～96）によれば、科学者集団は常に伝統的な知の枠組み（たとえば天動説）に従うが、理論が社会で信頼を失うと**科学革命**が起こり、急に別の新しい知の枠組み（たとえば地動説）を唱えるようになるということです。**自然科学**が実は連続的な進歩によらず、非連続な**社会**の**パラダイム転換**によって進展するものだとし、科学もまた社会現象の一つだという重要な指摘を行いました。

重要度順　次の□に当てはまる語句を答えなさい。

□ **286** **自然現象**を扱い、**普遍的**な法則性を探求する学問。
「□のベストセラーも読んどりやすよ。」
関 あるがまま・他の力によらず自らの力で生成し変化するもの

□ **287** **機械**の発明などの技術革新を原動力として、**資本主義**を確立させた生産技術。
「□によって、**科学**はやっと学問として認められた。」

□ **288** 大きな**社会的**・**思想**的影響をもたらす**科学**理論の転換。
「**近代**への幕開けとなった二つの事件が**市民革命**と□です。」
関 自分たちの力を超えたものに世界が支配されているという考え方から脱すること。□の結果とされる

□ 289 長期にわたり、学問の考え方として認められ、人々の考え方を規定する思考の枠組み。
「□を学んで学生は、将来仲間入りしようと思う特定の**科学**者集団のメンバーになる準備をする。」（T・クーン『**科学革命**の構造』）
関 思考の枠組み・科学上の概念の転換

□ 290 **科学**の発展の過程や**科学**における**思想**などに関する研究。
「□をやってる人の黒髪率って高いのかな?」

解答・ポイント

自然科学
関 自然

産業革命（第一次は蒸気による機械化、第二次は電力による大量生産、第三次はコンピュータによる機械の自動化、第四次はAIとIoTによる機械の自律化を言う）

科学革命
関 脱魔術化（対 は再魔術化）

パラダイム paradigm
（元来はギリシア語で、事例・模範・模型などの意味）
関 パラダイム・シフト paradigm shift（シフトは転換の意味）

科学史

第2章 物質・生命

59 近代科学

還元主義／機械論／近代科学／心身二元論／物心二元論

⇩

参 p.14～ p.188 p.210

●次の文章を読んで**要約**しなさい。

自然科学は西欧における**歴史**上の**科学革命**によって**制度**化され、近代科学として確立された。

近代科学は、精神と物質は異なる**実体**だとする**ルネ・デカルト**の物心二元論（それを人間に当てはめたのが心身二元論）に基づくため、**自然**を心＝精神から切り離して捉え、部品＝物質でできているものと見る。あらゆる自然現象を機械の運動になぞらえ、**因果律**（＝どのような**事象**も原因から結果が導けるという考え方）によって解明しようとする機械論の立場をとった。

また近代科学は、**社会**を物質的に豊かにする**産業革命**の要求に応じて制度化され、たとえ**科学**が**理性**に基づくとしても、**科学**者の情念は常に**社会**の要求に左右される。したがって、近代科学は**資本主義**の個々の要求に応じて、個々の要素に**還元**して**分析**するという還元主義（＝要素論）によって発展したが、**科学**や**社会**の全体の調和は保てず、深刻な**環境**問題も引き起こした。

要約

近代科学は物心二元論に基づく機械論と、資本主義の要求に応じる還元主義によって発展し、深刻な環境問題も引き起こした。

読解マップ

近代科学＝
- 物心二元論→機械論
- 産業革命・資本主義
- →還元主義

「錬金術師(alchemist)とは何者?」

近代の化学者（chemist）と違って「精神と物質を切り離さず、金（Au）を作り出しオーラ（aura）を身につけようとした人たち」です。実は古典物理学を確立した**アイザック・ニュートン**（１６４２～１７２７）も晩年は**錬金術**に没頭していました。まさに**ニュートン**は中世から近代への橋渡しをした人物と言えます。

重要度順　次の□に当てはまる**語句**を答えなさい。

□ **291** 古代ギリシア、ヨーロッパ**中世**の**自然**学を継承しつつ、これを克服して成立した**近代**の学問**体系**。
「□をこきおろす奴は、逆にどんだけ万能だと思ってたんだって話だよ。」

□ **292** 人間の心の**本質**は思考であり、人間の体の**本質**は**空間**における延長であって、心と体は異質だとする説。「何故私が痩せられないかを□を用いて説明します。」 **関** 心・魂、能動的な心の働き

□ 293 物の**本質**は**空間**における延長であり、心の**本質**は思考であって、物と心は別だとするルネ・デカルトの説。
「**近代科学**とは□に基づく一つの信仰であり、心をもつ人間は物である**自然**界を支配できるとする一種の**ロマンティシズム**なのです。」

□ 294 **自然現象**を**機械**の運動になぞらえ、**因果律**で解明しようとする考え方。
「**生態系**の**概念**には、□的に把握された**自然**の**概念**よりも豊かな内容が含まれているといえるであろう。」（加茂直樹『社会哲学の現代的展開』）

□ 295 分解した部分を集めると全体を再構成できると考え、要素に**還元**して全体を理解しようとする考え方。「もう□の限界が来ているのです。」
関 物質は原子によって構成され、**自然現象**は原子の動きで説明できるとする考え方

解答・ポイント

近代科学

心身二元論
関 精神 **対** は物質

物心二元論

機械論（機械とは「目的のための仕組み」、「自動的に働くシステム」）

還元主義（＝要素論）
関 原子論（＝アトミズム atomism）

60 分析／総合

止揚（しよう）／総合／分析／弁証法／命題

⇩ 参 p.14～p.204

●次の文章を読んで **要約** しなさい。

分析とは、物事を成分・**要素**・側面に分解して明らかにしようとすること、また証明すべき**命題**から条件へとさかのぼってゆく証明の仕方を言う。

対義語である**総合**（＝綜合）とは、この逆の手順で、成分・要素・側面を一つに合わせまとめること、また**原理**から出発してその帰結に至ること、さらに**弁証法**では、**矛盾**する二つの**概念**や事物を**止揚**することを言う。

この**分析**と**総合**は、古代ギリシア以来、論理学、幾何学、**自然科学**などで重要な技法として利用されてきた。**近代哲学**や**近代科学**も、まず要素に**分析**して**対象**を考察しようとする**還元主義**（＝要素論）の立場を採用してきたが、この立場には限界があることも知られている。

生命を要素に**還元**しても、生命は要素に**分析**された途端に生命ではなくなるという、要素を超えた全体性をもっており、また**社会**は**個人**という**要素**に**分析**して**総合**しても理解できず、**個人**は常に他の**個人**との関わりで行動する。

要約

分析と総合という技法は、古代ギリシアから近代哲学や近代科学に至るまで採用されてきたが、生命や社会の理解には限界がある。

読解マップ

近代哲学・科学 ……〈分析／総合〉→要素論
⇔　　　　　　　　　　　　　　　↕
生命・社会 ……………………………全体性

「自然や社会は分割できるのか？」

近代科学において「原子（atom）＝分割（tom）できない（a）もの」が自然を構成しているとする**原子論**（＝アトミズム）が復活しましたが、この説は**近代**において大きな力をもちました。学問全般においてもそうですが、「**個人**（＝individual）＝分割（＝dividual）できない（＝in）もの」が**社会**を構成しているとした近代の**個人主義**の考え方とも対応しています。この点で**近代**の**自然観**と**社会観**は一致していたと言えるでしょう。**分析**と**総合**はまさに**近代知**の技法なのです。

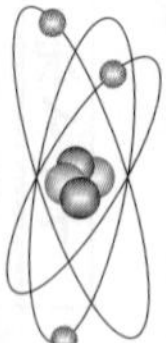

重要度順　次の□に当てはまる語句を答えなさい。

□ **296** ①成分・要素・側面を一つに合わせまとめること②**原理**から出発し、その帰結（＝何かを原因として結果が生ずる事態）に至ること③**弁証法**における**止揚**。「□格闘技が好き！」対

□ **297** 物事を成分・要素・側面・条件に分解して明らかにしようとすること。「□してわかった気にならないで。」関⑴□して論理的に明らかにすること　⑵問題を表現する言語形式の□により、明晰さを追究する**哲学**　対

□ 298 ①真偽を判定できる文、またその意味内容②題をつけること、またその題。「『何々は何々だ』と言って真偽(しんぎ)を判定できるのが□です。」関ある理論・主張を否定するために提出される反対の理論・主張

□ 299 **矛盾**する事柄を統一・**総合**することによって高い次元の結論に至る・まとめる思考方法。「多数派が少数派を大事にすれば、□によってよりよい意見を築ける。」関⑴自己そのままである無自覚な在り方　⑵自己を対象とする自覚的な存り方

□ 300 事物の発展は否定を通して進むが、否定された**要素**も高い段階においてはその実質が保存されること。**矛盾**の発展的統合。「プリンが食べたい、いやパンが食べたい、ならプリンパンだ。これが□。」

第2章 物質・生命

解答・ポイント

総合（＝綜合）
対 分析

分析
関 ⑴解析　⑵分析哲学
対 総合（＝綜合）

命題（「彼女は可愛い」などのように「可愛い」が定義されていない文は、真偽が判定できないため命題ではない）
関 アンチテーゼ **Antithese**（独）

弁証法
関 ⑴即自　⑵対自（弁証法とは即自と対自が統合される過程だと言える）

止揚(しよう)（＝揚棄(ようき)＝アウフヘーベン **Aufheben**（独））

61 科学

カオス理論／科学／決定論／線形／複雑系

⇩ 参 p.204 p.212

●次の文章を読んで 要約 しなさい。

従来の科学は、**還元主義**（＝**要素論**）と**機械論**に基づく決定論に従って、**要素**という部分で成立したことを重ね合わせていけば、全体や結果を理論的に決定できるという線形の思考で事柄を法則化してきた。だが、現実はそうした思考だけで解明されないことが明らかになりつつある。

たとえば、**古典物理学**の運動方程式 ma＝F（mは物体の質量、aは物体の加速度、Fは運動の力で、質量と加速度の積が力に等しいことを示す）は、すでに**相対論**によって、この方程式の適用に限界があることが知られている。

初期条件のわずかな差で大きな違いが生じて結果が予測できない**現象**を**カオス**と呼ぶが、それを研究するカオス理論の登場により、決定論に基づくだけの科学は疑問視され、**量子論**における確率**概念**の確立によって後退した。

さらに現代では、カオス理論の発展により、線形で思考できないものを複雑系と呼び、これを研究**対象**とする新しい科学も登場している。

要約

決定論に従う線形の思考を行ってきた従来の科学だけではなく、カオス理論によって複雑系を対象とする新しい科学も登場している。

読解マップ

従来の科学…還元主義・機械論→決定論
…線形
⇔
新しい科学…相対論・量子論
…カオス理論→複雑系

「小さな親切が、大きなお世話に…」

線形の思考では、仮に全体が部分akと部分bkでできているとき、部分akと部分bkとを重ね合わせ足し算して考えます。したがって全体は、k（a＋b）となります。でも孤独な人間akと孤独な人間bkとの出会いは孤独k（a＋b）とは限りません。孤独kと孤独kから愛ｌｏｖｅや友情が生まれたり、また小さな親切が結合して大きなお世話になったり…。人間はまさに**カオス**ですね（笑）

重要度順　次の□に当てはまる **語句** を答えなさい。

□ **301** いろいろな学科に分かれた学問の総称。経験による実証、論理による**推論**に基づく**体系**的整合性を特徴とする。
「僕はただ、君に□的にアプローチしたいだけだ。」

□ **302** **要素**の結びつきが複雑で、時間経過に伴う変化が捉えきれない**システム**。**還元主義**的なアプローチが適用できない**システム**。
「生命、**環境**、経済活動では、□の**現象**が普通に見られる。」

□ **303** 人間の行為を含めて**事象**・出来事は、**神**・**自然**・**因果律**・社会関係など、なんらかの原因によってあらかじめ決定されているとする考え方。
「あなたの□は責任逃れよ。」

□ **304** ①**要素**の積み重ねで成り立つ**現象**②線のように細長い形③一次式。
対
「単純に重ね合わせれば推測できる**現象**だから、□だと言える。」

□ **305** 初期条件のわずかの差により、**時間**経過に伴って大きく違った結果が生じるような**現象**についての研究。
関 **混沌**
「君がここで□を持ち出すのは単なる言い訳としか思えないよ。」

解答・ポイント

科学（研究の対象・方法により、自然科学・社会科学・人文(科)学に分かれるが、自然科学のみを指す場合もある）

複雑系

決定論

線形
対 非線形

カオス理論
関 カオス khaos（希）（**対**はコスモス kosmos（希）秩序）

62 AI（＝人工知能）

IT／イノベーション／AI／外化／情報格差

⇩ 参 p.172 p.202 p.216

●次の文章を読んで 要約 しなさい。

　人類は道具を用いて自らの活動を**外化**（がいか）することにより、外界に立ち向かい、人間らしい生活の獲得を目指してきた。やがて家畜の使用を始めることで、移動や運搬などに数多くの「馬力」を利用することができるようになり、多くの肉体労働から解放され、居住や活動の範囲を拡大することに成功した。**産業革命**時には蒸気機関などの発明により、移動、運搬、生産活動において数多くの「動力」を利用する**機械**の使用に成功する一方、**環境**を破壊し**自然**と遊離し**自己疎外**に陥りながらも、爆発的な生産力を手に入れ繁栄する生物となった。

　そして今、人類はAI（＝人工知能）の使用を始めつつある。これまでの「**身体能力**」の**外化**に加えて「思考能力」の**外化**が行われ、数多くの「知脳」を利用できるようになる。IT（＝情報技術）化が進みAIが共存する環境で、人類がどのようなイノベーションを起こせるかと期待される一方、労働がAIに代（だい）替（たい）され失業者が増えるだけでなく、情報格差や**監視社会**の危険性も懸念される。

要約

人類は活動の外化によって人間らしい生活を目指してきたが、人工知能使用によるイノベーションも多様な可能性と危険性をあわせもつ。

読解マップ

〈人類の活動の外化〉

身体能力の外化

① 家畜＝「馬力」の使用

② 機械＝「動力」の使用

↓⊕・⊖

③ 思考能力の外化

AI＝「知脳」の使用

↓イノベーション＝⊕

↓失業・情報格差＝⊖

「人間はケンタウルスになるのか」

　現在世界最強のチェスプレーヤーは、AIでも人間でもなく「ケンタウルス」という名の「AIと人間」の協働チームです。ケンタウルスとは上半身が人間で下半身が馬というギリシア神話の怪物。これからはチェス以外の世界でも、人間はAIと協働して活動する「ケンタウルス」となるでしょう。

重要度順　次の□に当てはまる語句を答えなさい。

□ **306** コンピュータや**インターネット**を使って**情報**処理を効率的に進める技術。「□がリアルタイムで拡がっていく時期を生きられて楽しい。」
関 (1)□を活用・伝達する技術。□に通信技術面の重要性を加味した言葉
(2)モノが**インターネット**で**情報**交換を行い制御し合うことで**自律化**する仕組み

□ **307** ①飛躍的革新②経済成長の原動力となる革新③新しい結合。新機軸。「俺の人生にも□が必要だ…!」関 生産技術・**テクノロジー**における飛躍

□ **308** 人間の知能がもつ機能を与え、人間的な推論・学習・仕事などをさせようとするコンピュータの**ソフトウェア**。「□が作った曲とかの著作権ってどこに帰属すんだろ。」関 (1)□に人間の脳と同じ状況判断をさせ試行錯誤により学ばせる学習法で、飛躍的な成果を上げた技術
(2)□やコンピュータがデータを元に課題を解決する際に行う計算手順

□ **309** ①自分の能力や考えなどを外に出す②知識を適用し解決を試みる③手本を現実に応用する。「人は□によってやっと自分自身から解放される。」関 □により自分がどのように**認知**したかを**認知**すること

□ **310** 放送・通信の**情報**量やサービスの可否、**情報**技術の習熟度で所得・地位・**社会**的機会などにおいて**個人**間・地域間・**国家**間で生じる**格差**。「ネットもパソコンもふつーにあるし、日本の□はましな方じゃない？」

解答・ポイント

IT(=information technology=情報技術)
関 (1)ICT(=information and communication technology=情報通信技術)
(2)IoT(=Internet of Things=モノのインターネット)

イノベーション innovation
関 技術革新

AI(=artificial intelligence=人工知能)
関 (1)ディープラーニング deep learning(=深層学習)
(2)アルゴリズム algorithm

外化(がいか)
関 メタ認知

情報格差(=デジタル・ディバイド digital divide)

63 時間／空間

空間／古典物理学／時間／相対論／量子論

⇩ 参 p.202

●次の文章を読んで 要約 しなさい。

時間・空間とは、それぞれ「いま」・「ここ」からの広がりとして意識される「間」であり、世界を成立させる基本形式のことである。

古典物理学においては、両者はともに均質であり、時間とは空間の中を**不可逆**に流れるもので、時計によって計測できるとされ、空間とは時間や物質とは独立したもので、高さ・幅・奥行きの三次元の座標で把握できるとされた。

この世界観は画期的で、**近代**の**自然**支配や賃金労働を可能にし、見知らぬ者が均質化した時間と空間を共有して暮らす**近代**都市の成立に力を発揮した。

だがもちろん、われわれは生活の中で時間と空間を常に均質で**客観的**なものと見なすわけではない。また現代物理学では、三次元の空間と一次元の時間が関連し合う四次元時空間の中で運動を把握すべきだとする相対論（＝相対性理論）や、微小な領域の時間や空間は均質でないとする量子論がそれぞれ有効とされており、このことは現代の**哲学**・**思想**にも大きな影響を与えている。

要約

時間・空間を均質と見なす古典物理学による世界観は、近代世界の成立に力を発揮したが、必ずしも絶対ではなくなっている。

読解マップ

古典物理学＝均質な時間・空間
↓近代都市
⇔
現代物理学＝相対論・量子論

「日本で最初の時計はどんなもの？」

日本最初の時計は、容器に出入りする水の高さの変化を測る水時計だったと言われています。**天智天皇**（６２６〜６７１）以降、水時計を据えて鐘で時刻を知らせ**時間**の統一が図られました。たぶん国家の統一に必要だったのでしょう。バビロニアやエジプトではすでに紀元前16世紀に水時計が存在していました。

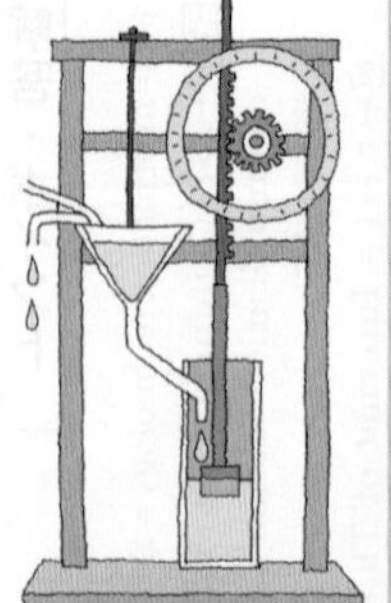

重要度順　次の□に当てはまる語句を答えなさい。

□ **311** ①時刻と時刻の間②今からの広がりとして意識される**認識**の基礎を成すもの③**現象**や出来事の経過と順序を記述するための連続した変数。
「死ぬまでにあとどれくらいの□を過ごさねばならないのだろう。」 対

□ **312** ①物がなく空いている所②ここからの広がりとして意識される**認識**の基礎を成すもの③**現象**や出来事が生起する三次元の広がり。
「本屋という□が大好きで、来るといつもアガる。」 対

□ 313 アインシュタインが提唱した現代物理学の基礎を成す考え方で、**時間**が三次元**空間**と密接に関わるものであること、などを導き出した。
「お前が進歩ないから、時代を早く感じるんだろ。□みたいなもんさ。」

□ 314 ミクロの物質に関する現代物理学の基礎を成す考え方で、未来が**因果**関係で決まるものではなく確率的に決まること、などを導き出した。
「日本の多くのアニメは□を扱っている。」

□ 315 ニュートン力学などを基礎に、物理**現象**を説明する理論**体系**。すべてが**因果**律で成り立つとし、**近代**的思考を導き出した。
「僕の頭は□で止まっているが、先へ進みたいとは思わないね。」
対 量子力学を基礎とする現代物理学の理論**体系**

解答・ポイント

311 時間
対 空間

312 空間
対 時間

313 相対論（＝相対性理論）（物体が高速で移動するほど時間の流れは遅くなるとする）

314 量子論（物理現象を量子力学の適用によって解明しようとする理論。観測という一種の運動が観測の前後の時間の均質さを壊すとする）

315 古典物理学
対 量子物理学

64 メディア

コミュニケーション／媒体／マスメディア／メッセージ／メディア

⇩ 参 p.25～

●次の文章を読んで 要約 しなさい。

メディアとは本来、メッセージを伝える媒体という意味である。人間は**社会**を構成する存在であるため、どのようにメッセージをやり取りするかというコミュニケーションの媒体としてのメディアの変遷が人間のあり方を変える。

メディアに基づくコミュニケーションの**歴史**をたどれば、第一段階は身振りと音声による相互伝達の時代、次に文字が加わるのが第二段階。文字は時空の制約を超えて人々を結びつける。特に印刷文字は、特定**個人**から不特定多数の**個人**への接続を可能にしてマスメディアを生み出した。第三段階は電子メディアに基づくもので、不特定の**個人**と不特定の**個人**の接続を可能にする。**情報**は瞬時に世界に発信され、見知らぬ者同士をも瞬時に接続し、身近に感じさせる。

一方、**ネット**が一**般化**した現代では、電磁波ではなく物を媒体とする先行メディアの本や紙がもつ役割も再評価され、有限で唯一の物に関わるからこそ、**知性**の有限性を知り、完成への意志が生まれるとも考えられている。

要約

メッセージを伝える媒体としてのメディアの変遷は、三つの段階のコミュニケーションの歴史を生み、人間のあり方を変えてきた。

読解マップ

メディア→コミュニケーション
① 身振り・音声→相互伝達
② 文字→印刷文字→マスメディア
③ 電子メディア→不特定個人同士

「**メディアはメッセージだ**」

これは**マーシャル・マクルーハン**（1911～80）の言葉です。**メディア**（media）はミディアム（medium 中間のもの）の複数形。「人と人の中間にあるもの」＝**メディア**は**メッセージ**の**媒体**であることを超えて、それ自体が家族、友情、恋愛をも変えてしまう**メッセージ**なのです。毎日メールが来るということ自体が、メールの内容以上に**メッセージ**をもつ場合もありますよね、きっと♪

重要度順　次の□に当てはまる語句を答えなさい。

□ **316** 精神的な交流。**意思**（＝考え）・感情・思考を伝達し合うこと（ラテン語の「分かち合う」が語源）。「お金で買える□なんて…。」
関 (1)不特定の**大衆**に大量の**情報**を伝達すること。新聞・テレビ・雑誌など
(2)□に必要な知識・能力

□ **317** **媒体**。**情報媒体**。**情報**の保存・伝達のためのもの。「マクルーハン的にいえば、□そのものが**メッセージ**なんだ。」（村上春樹『1Q84』）「完璧な記録□など存在しないんです。」
関 (1)□の**情報**の真偽などを**主体的**・**批判**的に解読して**コミュニケーション**できる能力
(2)□を通じて受け手に提供される**情報**内容

□ **318** ①**媒介**する（＝間にあって仲立ちをする）もの②伝達の**媒介**手段となるもの。「僕は彼女を□として、やっと世界を感じ取れるようになった。」

□ **319** 新聞・テレビ・雑誌など、不特定の**大衆**に大量の**情報**を伝達する**マス・コミュニケーション**の**媒体**。「みんな□に頼って安心したいんだよ。」
関 （**インター**）**ネット**上の双方向的な**情報**発信**メディア**

□ **320** **言語**や他の**記号**によって伝えられる**情報**内容。伝言。声明。「私、歌に□性は求めてないなー。」

解答・ポイント

コミュニケーション communication
関 (1)マス・コミュニケーション mass communication（＝マスコミ）
(2)コミュニケーション・リテラシー communication literacy

メディア media（元来は「中間にある物」を意味する medium の複数形）
関 (1)メディア・リテラシー media literacy
(2)コンテンツ contents

媒体

マスメディア mass media（「マス」mass は「集団・大量・大衆」を意味する）
関 ソーシャルメディア social media（「双方向的」なため「社会的」social と考えられることから。）

メッセージ message

65 テクノロジー

ヴァーチャル・リアリティ／情報社会／臓器移植／データベース／テクノロジー

⇩ 参 p.20～ p.32～ p.162

●次の文章を読んで **要約** しなさい。

人間は**近代以降**、テクノロジー（＝科学技術）を駆使することにより、**人間中心主義**に基づいて、世界のあらゆるものを利用しようとしてきた。

しかしその結果として、人間の大量殺戮（さつりく）も可能となり、臓器移植にも見られるように人間自体を利用するテクノロジーも生み出された。

今やテクノロジーは、人間の生活や**感性**、またヴァーチャル・リアリティなどを通じて、人間の現実感（リアリティ）をも大きく変える力となっている。もはやテクノロジーが優位となり、人間中心の時代は終わったとも言われる。

また、**社会**はテクノロジーの発達により、**産業革命**以降の工業社会から、情報産業が主導して生産活動を促す情報（化）社会に移行し、そこではこれまでと異なる問題も生じている。情報産業の偏重が産業の空洞化を招いて経済力を弱めるという指摘や、データベースやＡＩによる**監視社会**の強化が**個人**の**プライバシー**を侵害し、人間の**疎外**を進行させるという指摘もある。

要約

今やテクノロジーは人間を変える力をもち、近代以降の人間中心の時代を終焉させ、様々な問題をあわせもつ情報社会をもたらした。

読解マップ

テクノロジー
→ 人間の生活・感性・現実感を変える
→ 近代以降の人間中心の時代が終わる
→ 情報社会→様々な問題

「テクノロジーの宗教化？」

情報通信技術（＝ＩＣＴ）やバイオテクノロジーなど、現在のテクノロジーは個人の生活にも忍び込み、生命の誕生や死など人間の尊厳に関わる技術をも生み出しています。科学は生活も感性も現実感をも変える力をもち、人間が深く信仰するものとなって、ある意味では、中世の宗教と似たものに変貌し始めたのかもしれません。モノがインターネットで情報交換を行い制御し合うことで自律化するＩｏＴ（＝Internet of Things）という仕組みも生活の中に浸透し始めています。知らぬ間に情報交換を行うモノたちはまるで命を与えられたかのようです。

重要度順　次の□に当てはまる**語句**を答えなさい。

□ **321** 技術の進展が**社会**構造に影響し、**科学**と技術が一体化した状態。
「**自然**法則は、**自然**を改変し操作する強力な□として応用されていった。」（河野哲也『意識は実在しない』）
関 (1)生物工学・生命工学　(2)技術的・専門的

□ **322** コンピュータと通信技術の発達により、**情報**も資源と見なされ、その価値に基づいて機能する**脱工業化社会**（＝**ポスト工業化社会**）。
「**インターネット**以前と以後では□の意味が違う。」対

□ **323** 臓器の機能を代行させるため、他人の正常な臓器を移植すること。
「新聞に躍（おど）る□という四文字が、いつも、なぜか怖い。」
関 □のために、脳の機能停止を死と見なす死の新しい基準

□ 324 **情報**基地を意味する言葉で、大量の**データ**が維持・管理され、目的に応じて活用されるようになっているファイル・**システム**。
「□を**個人**で所有する意味は、日に日に薄れていっている。」

□ 325 コンピュータと**シミュレーション**の技術で作られた三次元**空間**を、視覚などの**感覚**を通じて現実のように知覚させること。
「□の世界に何の不満もありません。」
関 現実世界からの情報を元に**デジタル情報**を重ね合わせて表現した映像と現実の映像とを合成しリアルタイムにディスプレイ上に表示すること

解答・ポイント

テクノロジー technology（＝科学技術）
関 (1)バイオテクノロジー biotechnology　(2)テクニカル technical

情報(化)社会
対 産業社会・工業(化)社会（産業**革命**以降の工業を**中心**として発達した**社会**）

臓器移植
関 脳死

データベース data base

ヴァーチャル・リアリティ virtual reality（＝VR＝仮想現実「ヴァーチャル」とは「現実的に存在しない」という意味で、物理的には存在するが、本来は「仮想」と異なる）
関 AR augmented reality（＝拡張現実）

第2章 数理・情報

66 アナログ／デジタル

アナクロ／アナログ／システム／デジタル／離散的

⇩

参 p.220

●次の文章を読んで 要約 しなさい。

アナログ、デジタルと言えば、時計の種類で馴染み深い。**一般**にアナログとは、物質・システムなどの状態、たとえば**時間**という状態を、他の連続した物、たとえば回転する針の角度などで表示することを言う。アナログの「アナ」は、「後」「反」「類似」などの意味をもつギリシア語である。アナログは、「類似」という意味から派生した言葉だが、「アナ」を使った言葉には他にも、「アナ」＋「ロジック」（＝論理）で「アナロジー」（＝**類推**）、「アナ」＋「クロノス」（＝**時間**・時代）で「アナクロ（ニズム）」（＝時代錯誤）などがある。

それに対してデジタルとは、物質・システムなどの状態を限られた数の数字列などで表示することを言う。デジタルの語源は、ラテン語の「指」であり、数を「指」で数えるところから、離散的な数を意味するようになった。

また**一般**に、アナログは曖昧で瞬間的・直感的で、全体的な把握に向き、デジタルは明確で**分析**的・**理性**的で、部分的な把握に向くとされる。

要約

物質・システムの状態を、類似の物で表示することをアナログ、限られた数の離散的な数字列で表示することをデジタルと言う。

読解マップ

アナログ＝連続する類似の物で表示
↓曖昧・瞬間的・直感的
↓全体的な把握に向く
⇔
デジタル＝有限の数の数字列で表示
↓明確・分析的・理性的
↓部分的な把握に向く

「デジタル時計は便利？」

デジタル時計は、スマホとかで毎日見てますね。「23：59」の後に「0：00」と急に変化して不思議な感じもします。あいだが飛ばされて急に時間が流れたみたい。また、後どのくらいで授業が終わるのかを知るには、時間を空間（＝針の角度）で表示するアナログ時計が便利かも。

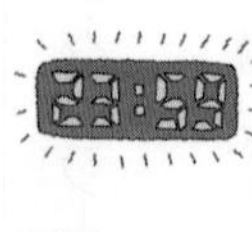

重要度順　次の□に当てはまる**語句**を答えなさい。

□ **326** 多数の構成**要素**が役割をもって**秩序**を保ち、**有機的**に働く全体的な関連。
「私生活よりも、それを管理する**情報**□こそが**プライバシー**保護の**対象**となりつつある。」（阪本俊生『ポスト・プライバシー』）
関 (1)組織的・体系的・系統だっている　(2)**生態系**

□ **327** 連続的な状態・**システム**を伝えるデータが、**離散的**な数字・文字などの信号によって非連続的に表されること。「この□な音が懐かしい。」
関 (1)コンピュータ処理を可能にするため□方式に変換すること
(2)□技術により顧客体験やビジネスに変革をもたらすこと 対

□ **328** 連続的な状態・**システム**を伝えるデータが、長さ・回転角度・電流などの連続的な変化によって表されること。
「地上□波は2011年に終了した。」 関 類似・**類推**・**類比** 対

□ 329 時代の流れに遅れている・逆行していること。
「頼むから携帯くらい持ってよ、この□野郎がぁぁ！」

□ 330 ある変化量がとびとびの数値しか取りえない状態。
「ここでの時間は伸び縮みする。□な**データ**を**リニアル**（＝直線のよう）につないで考えてはだめよ。」
関 まとまっていたものが散り散りに離れること

解答・ポイント

システム **system**（生命体も官庁も企業もシステムの一つと言える）
関 (1)システマチック **systematic**
(2)エコシステム **ecosystem**

デ（ィ）ジタル **digital**
関 (1)デ（ィ）ジタル化（多数の人々が同時に情報を共有するために行う）
(2)デ（ィ）ジタル革命　対 アナログ

アナログ **analog / analogue**
関 アナロジー **analogy**
対 デ（ィ）ジタル

アナクロ（ニズム） **anachronism**（＝時代錯誤）

離散的
関 離散

第2章 数理・情報

67 情報

インターネット／情報／ソフト／ハード／メディア・リテラシー

⇩ 参 p.214

●次の文章を読んで 要約 しなさい。

コンピュータの普及により、ハード（ウェア）、ソフト（ウェア）などの言葉が高頻度で使われるようになった。前者は、コンピュータの**システム**を構成するものを意味したが、現在ではあらゆる機器の構造に関すること、さらにはＣＤプレーヤーやＤＶＤプレーヤーなども指す。それに対して後者は、コンピュータのプログラムの総称であったが、現在ではあらゆる機器の利用面、さらにはＣＤやＤＶＤなども指す。またコンピュータは、文字、音声、映像を０と１の二進数の数字配列で**デジタル**化し、（インター）ネットなどを通じて、高速で広範囲に情報を伝達する。その結果、情報という言葉は、現在では、**メディア**を通してやり取りされるすべての文字、音声、映像を指す重要語となった。

今後の世界においては、ネットをはじめ**メディア**から得た情報の真偽を見極め**主体的**に読み解くとともに、**メディア**を使って情報を適切に書き込む能力、すなわち、メディア・リテラシーが問われると言えよう。

要約

コンピュータの普及は、情報という言葉を重要語に変え、ネットなどを通じてのメディア・リテラシーが問われる世界を生んだ。

読解マップ

コンピュータの普及
↓ハード（ウェア）
　＝機器の構造に関すること
↓ソフト（ウェア）
　＝機器の利用面
↓情報＝メディアでやり取りされるすべての文字、音声、映像

「コンピュータは本当に正確なの？」

コンピュータは1001…などと０と１でデジタル処理された情報を電圧の高・低に置き換えて読み取ります。またこの数字列の桁数をビットと呼びますが、ビットは限られた桁数なので、それを超える情報に関して常に誤差が生まれています。だからコンピュータが正確だというのは実は迷信なのです。

重要度順　次の□に当てはまる**語句**を答えなさい。

331 種々の**媒体**・**メディア**を通してやり取りされる、判断・行動するために必要な文字・音声・映像。「おトクな□が満載でございます。」

関 他人に□を提示し、自分の考えを目に見える形で示すこと

332 **コンピュータ・ネットワーク**（＝複数のコンピュータを通信回線によって接続した組織網）をさらに相互に接続して一つに機能させた組織網。「□がある時代に生まれてほんとうによかった、って思うのは私だけ？」

関 (1)モノが□で**情報**交換を行い制御し合うことで**自律**化する仕組み (2)移動先で□やメールなどの情報をやりとりすること・機器。

333 (1)処理を行うプログラム・手続き(2)電子機器などの利用面(3)CD・DVDなど。「かつては不完全ながら良質なフリー□がいくらでもあった。」対

334 (1)**システム**の物理的な構成**要素**(2)電子機器などの構造(3)CDプレーヤー・DVDプレーヤーなど。「俺は自分の□としてのスペック（＝仕様＝構造やデザイン）には満足してる。」対

335 メディアの**情報**の真偽などを**主体的**・**批判**的に解読して**コミュニケーション**できる能力。「世代によって□に差があるんでしょうか？」

関 (1)読み書きの能力・ある分野の知識を活用する基礎的能力 (2)□の欠如やSNSの普及などにより、**客観的**事実より個人の感情に訴える**虚偽**の**情報**が影響力をもつ状況

解答・ポイント

情報（人は情報から知識を、そして知識から知恵を構成するが、また逆に知恵も単なる情報へと解体される）

関 プレゼン（テーション） **presentation**

（インター）ネット **internet**（**net**〈＝ネットワーク〉の **inter**～〈＝間での～〉更なるネットワークという意味）

関 (1)IoT（＝モノのインターネット **Internet of Things**） (2)モバイル **mobile**

ソフト（ウエア） **software**

対 ハード（ウエア）

ハード（ウエア） **hardware**

対 ソフト（ウエア）

メディア・リテラシー **media literacy**

関 (1)リテラシー **literacy** (2)ポスト・トゥルース **post-truth**（＝ポスト真実）

誤用しやすい慣用句②

問 次の意味として、A・Bのどちらが適切か。 **解答**

□ **1** 流れに棹(さお)さす「その発言は流れに棹さすものだ」
A 傾向に逆らって、勢いを失わせる行為をすること
B 傾向に乗って、勢いを増す行為をすること
B

□ **2** 敷居(しきい)が高い「あそこは敷居が高い」
A 相手に不義理などをしてしまい、行きにくい
B 高級過ぎたり、上品過ぎたりして、入りにくい
A

□ **3** 破天荒(はてんこう)「彼の人生は破天荒だった」
A だれも成し得なかったことをすること
B 豪快で大胆な様子
A

□ **4** 憮然(ぶぜん)「憮然として立ち去った」
A 失望してぼんやりとしている様子
B 腹を立てている様子
A

□ **5** 姑息(こそく)「姑息な手段」
A 一時しのぎ
B ひきょうな
A

□ **6** ぞっとしない「今の映画は、余りぞっとしないものだった。」
A 面白くない
B 恐ろしくない
A

□ **7** 情けは人のためならず
A 人に情けを掛けておくと、巡り巡って結局は自分のためになる
B 人に情けを掛けて助けてやることは、結局はその人のためにならない
A

□ **8** 確信犯「そんなことをするなんて確信犯だ」
A 政治的、宗教的等の信念に基づいて正しいと信じてなされる行為・犯罪（を行う人）
B 悪いことであると分かっていながらなされる行為・犯罪（を行う人）
A

問 次の内容を表現するとき、A・Bのどちらが適切か。 **解答**

□ **1** 混乱した様子
A 上や下への大騒ぎ
B 上を下への大騒ぎ
B

□ **2** 世間の人々の議論を引き起こすこと
A 物議を醸す
B 物議を呼ぶ
A

□ **3** 目上の人の気に入られること
A お目にかなう
B お眼鏡にかなう
B

□ **4** ある事をしてみようという気になる
A 食指が動く
B 食指がそそられる
A

□ **5** 古くからのやり方にのっとった様子で
A 古式ゆかしく
B 古式豊かに
A

基本重要語の多くは、見たり聞いたりしたことのあるものが多いだろう。だが、正確に意味がわかっていないことで、文章の読み違いをする危険も大きいので、確実な理解を心がけよう。また、外来語は従来の日本語になかった新しい語彙であるため、現代の事象と深く関わっている場合も多く注意して欲しい。空欄補充の形式を採用し、正確に習得できているかがチェックできるようになっている。もちろん下欄の解答だけでなく、関、対、異などにも注目し、語彙の関連性を捉え、知らない語彙への推理力も身につけて欲しい。

第3章　頻出の基本重要語200

1 □性　感性／悟性（ごせい）／属性／知性／理性（五十音順）

形式で覚える重要語90①

重要度順　次の□に当てはまる語句を答えなさい。

□ 1 信仰、**感覚**、経験、**無意識**などに頼らず、**意識**的に推論していく思考能力の全体。
「□で救えることと救えないことがある。」
対 (1)□性 (2)□気

□ 2 **対象**からの刺激を、**身体**の**感覚**器官を**媒介**して受け入れる精神の**認識**能力。
「大丈夫、□なんてものは、後からついてくるから。」対

□ 3 考え、理解し、判断する能力。知覚したことを整理・統一し、**認識**を作り上げる精神の働き。
「□のある人が狂っていくのがいいんだよ。」

□ 4 ①固有の性質・特徴②事物がそれなしには存在できない**本質**的な性質。
「そのキャラの萌え□は何？」対

□ 5 知的能力・理解力。
「君の論理は飛躍しすぎる。□というものをもっと大事にしなよ。」

解答・ポイント

理性
対 (1)感性 (2)狂気（近代産業社会では、労働／怠惰がそれぞれ理性／狂気に重ねられ、前者を肯定し後者を否定する**二項対立**を形作っていった）

感性（西洋では**理性**よりも下位に位置づけられてきた）
対 理性

知性

属性（ルネ・デカルトは「精神」という実体の属性を「思考」、「物質」という実体の属性を空間における「延長」と考えた）対 実体

悟性（ごせい）

2 □知　英知／機知／狡知（こうち）／才知／周知

形式で覚える重要語90②

重要度順　次の□に当てはまる**語句**を答えなさい。

□ **6** 知れ渡っていること。
「私の脚線美は□のところ。」
異 (1)多くの人の知恵　(2)恥ずかしく思う気持ち

□ **7** 深遠な**道理**（＝行うべき正しい道）を悟る優れた**才知**。
「僕達の□を結集してクイズ大会を勝ち抜こう。」

□ **8** その時その場に応じて働く**才知**・意表を突く鋭い知恵。
「いかにも□に富んでます、っていう話し方が恥ずい。」
異 既（すで）に知っている・知られていること

□ **9** 才能と知恵・物事をうまく行う頭の働き。
「自らが□に長（た）けると思っている人の集団って、ホントにあるんだね。」
異 細かく綿密なこと

□ **10** 狡賢（ずるがしこ）い知恵。
「彼女の口元に□さがちらちらと浮かんでは消えた。」
異 巧（たく）みではあるが仕上げの遅いこと

解答・ポイント

周知
異 (1)衆知（＝衆智。「衆知を集める」などと使う）　(2)羞恥

英知（＝叡知・叡智）

機知（＝機智・ウィット wit）
異 既知

才知（＝才智）
異 細緻

狡知（こうち）
異 巧遅（**対**は拙速（せっそく）＝下手ではあるが仕上げの速いこと）

3　□念　概念／観念／懸念（けねん）／諦念（ていねん）／理念

形式で覚える重要語90③

重要度順　次の□に当てはまる**語句**を答えなさい。

□ **11** ①本質を捉える思考の形式②大ざっぱな意味。「**空間再編の設計は、ひとにぎりの人びとの□の押しつけであってはならない。**」（桑子敏雄『風景のなかの環境哲学』）関 (1)一般的・図式的に考えている　(2)一般に共通した考え

□ **12** ①物事に対するまとまった考え②思考の**対象**となる**表象**③あきらめること。「リアル生活に忙しいと□的にもなれない。」
関 (1)**意識**を支配し行動を規定する□　(2)事実から離れた主張

□ **13** ①物事はこうあるべきだという根本的な考え②**理性**によって得られる**実在**・最高の**概念**。「当初の□が忘れ去られていても、みな気づかないふりをした。」関固く信じる心

□ **14** 気がかり・心配。「ガスを止め忘れたかも、って□が…。」
関祈って目的の達成を念じること

□ **15** ①道理を悟る（さと）心②あきらめの気持ち。
「彼には底の浅い□みたいなものがあって、それが私をイラつかせた。」

関うっかり忘れること

解答・ポイント

概念（＝コンセプト concept）
関 (1)概念的　(2)通念

観念
関 (1)固定観念　(2)観念論

理念（②＝イデア idea（希））
関信念（対は疑念）

懸念（けねん）（読みに注意）
関祈念

諦念（ていねん）
関失念

4 □象　仮象（かしょう）／形象（けいしょう）／心象／抽象／表象（ひょうしょう）

形式で覚える重要語90④

重要度順　次の□に当てはまる**語句**を答えなさい。

□16 ①**対象**からある性質を抽き（ひ）だすこと②他との共通性に着目し、**一般的**な**概念**にまとめ上げること。「□的な理論で煙（けむ）にまくのはやめて。」
関 **概念的**で一般的な・現実離れした　対 ⑴□体　⑵□象

□17 ①**記号**が表す意味②**意識**に表れる**具体**的な像・**イメージ**③**象徴**。
「若者**文化**を□しているとか言われることにはもううんざりだ。」
異 善行・功労・成果などを広く明らかにしてほめること

□18 **観念**によって心で形作られる像・外に表れている形。
「**普遍的**に美しい□というものは、果たして存在するのだろうか。」
異 風景がすぐれていること・その土地

□19 **意識**に表れてくる**具体**的な像・**イメージ**。「わからないかい？　これが彼の□風景なんだよ。」　異 心に受ける印象・裁判官の確信

□20 **主観的**には**実在**するように感じるのに、**客観的**には**実在**しない**表象**。
「彼の美しい言葉が、名目にすぎないものに実在の□を与えてしまった。」
対 異 正式の名前が決まるまでの仮の名前

解答・ポイント

抽象（化）
関 抽象的　対 ⑴具体　⑵具象

表象（ひょうしょう）
異 表彰

形象（けいしょう）
異 景勝

心象
異 心証（「心証を害する」などと使う）

仮象（かしょう）（虹や鏡像などがその例）
対 真相（＝真実の姿・実態）
異 仮称

5 □在　外在／顕在／実在／潜在／内在　形式で覚える重要語90 ⑤

重要度順　次の□に当てはまる**語句**を答えなさい。

□ **21** 主観の生み出すものとは独立に、**客観的**に存在するもの・その在り方。
「えっ、オスカルって□しないの？」
関 **主観**から独立した**客観的**□を**認識**できるとする立場

□ **22** 表面に現れず、ひそかに存在すること。「僕の魅力を彼女の□意識に刷り込んだ。」　関 ひそんで隠れていること　対

□ **23** **現象**が、その根拠・原因を自分自身の中にもっていること。
「自分に□する感情に優劣をつけないことだ。」
関 **概念**に含まれる事物が共通にもつ性質

□ **24** はっきり表面に現れて存在すること。
「世間という『非言語系の知』を□化する」（阿部謹也『「世間」とは何か』）
対　異 元気で暮らしている・変わりなく活動・存在していること

□ **25** 物事の外部に在ること。
「問題が□してるなら話は早い。」
関 ある**概念**に対応する事物・集合

解答・ポイント

実在
関 実在論

潜在
関 伏在　対 顕在

内在
関 内包（たとえば「人間・犬・猫」などの内に共通して存在している「動物」という性質などを言う。対 は外延）

顕在
対 潜在　異 健在

外在
関 外延（たとえば「動物」に対してその延長にある「人間・犬・猫」などの集合を言う。対 は内包）

6 □存　異存／温存／既存（きそん）／実存／所存（しょぞん）

形式で覚える重要語90⑥

重要度順　次の□に当てはまる**語句**を答えなさい。

□ **26** 既（すで）に存在すること。
「みんな□の概念の組み合わせ方を披露（ひろう）しあっているだけなんだよ。」

□ **27** ①現実に存在する**具体的存在**②**主体性**をもつ**個人**として存在すること。
「『それでも人だ』と言うことから出発する□の**思想**を鍛えてきた。」（西谷修『問われる「身体」の生命』）　関 □の重要性を強調する立場

□ **28** ①他人と違う考え②反対の意見。
「□がおありなら、帰ってくれていいのよ。」
異 他のものに頼って存在すること

□ **29** ①使わないで大事に保存すること②改めずにそのままになっていること。
「体力を□するのにもう飽きたぜ。」
関 悪事の起こる原因となる環境や事柄

□ **30** 心に思っていること。
「己（おのれ）のスイーツ好きを堂々と表明していきたい□であります。」
関 心で望む

解答・ポイント

26 既存（きそん）

27 実存　関 実存主義

28 異存（いぞん）　異 依存（いぞん）

29 温存　関 温床（おんしょう）

30 所存（しょぞん）　関 所望（しょもう）

7 反□

反映／反語／反芻（はんすう）／反省／反目（はんもく）

形式で覚える重要語90⑦

重要度順　次の□に当てはまる語句を答えなさい。

□31 ①自分の内面・自分自身に意識を向けること②過去の自分の言動に間違いがなかったかを考えること。「夢のもつ切迫感や迫真力の本質は、□意識の欠如にある。」（永井均『〈魂〉に対する態度』）

□32 影響が他に及んで、形をとって現れること。「委員会は業界の意向を□して、対策は不要と結論づけた。」関 影を映す・見え方や解釈に内面が表現される・満たされない欲求を無意識に他人に求めること

□33 ①反対の内容を疑問の形で述べて強調する表現②表面上の意味を反転させて伝える表現。「今日の会話は□縛（しば）りな感じ。」関 遠回しの非難・予想や期待に反する結果となること

□34 くり返し考え味わう。「『かわいいね』という彼の言葉を、一日中、心の中で□し続けた。」関 十分に考えて理解する・噛み砕くこと

□35 にらみ合う・仲が悪くて対立すること。「おっさん達は□しあうのが仕事なのさ。」関 ⑴二つの勢力が向き合ったまま対立して動かない ⑵他人の主張・非難に反対し、論じ返すこと

解答・ポイント

反省（日常会話では「悪いと思う」という意味で使われることが多いが、文章中では違うことも多いので注意）

反映　関 投影

反語（＝アイロニー irony）関 皮肉（ただしアイロニーには、「反語」「皮肉」の両方の意味がある）

反芻（はんすう）（「芻」は干し草の意味で、牛などが反芻するところからできた熟語）関 咀嚼（そしゃく）

反目（はんもく）　関 ⑴対峙 ⑵反駁（はんばく）

8 因□・□因　因果（いんが）／因習／遠因（えんいん）／外因／起因

形式で覚える重要語90⑧

重要度順　次の□に当てはまる**語句**を答えなさい。

□ **36** ①原因と結果②悪行の報い（むく）としての不幸。
「□は巡るよ、どこまでも♪」 **関** 過去に応じて現在の良い報いや悪い報いがあり、現在の行為に応じて未来の報いが生じること

□ **37** 物事の起こる原因となること。
「僕の幸せも不幸せも、彼女の一挙一動（いっきょいちどう）（＝一つ一つの振る舞い）に□する。」 **関** 物事を引き起こす直接の原因・動機
異 気品のある**趣**（おもむき）（＝しみじみとしたあじわい・様子）

□ **38** **共同体**によって保たれてきた**伝統**的なしきたり。違反すると非難や制裁を伴う。悪い意味で使うことが多い。
「□も何らかの必然があって生まれる。」 **関** 宿命・原因・前々からの縁（えん）

□ **39** 物事が起こる間接的な原因。
「親友が先に結婚してしまったことも□としてあるかもしれない。」 **対**

□ **40** 物事の外部から作用する原因。
「使ってるシャンプーが薄毛の□かもよ。」 **対**

解答・ポイント

因果（いんが）
関 因果応報（いんがおうほう）

起因（＝基因）
関 動因
異 気韻

因習（＝因襲）
関 因縁（いんねん）

遠因（えんいん）
対 近因（物事が起こる直接的な原因）

外因
対 内因（物事自体に**内**在する原因。外因に反応する内部の素地）

9　□□（一般に名詞として使う）　差異／実体／贖罪（しょくざい）／所与／摂理（せつり）　形式で覚える重要語90⑨

重要度順　次の□に当てはまる語句を答えなさい。

□41 ①性質・特徴ではなく事物の本体②変化する性質の根底にあって、他の影響によらず、それ自体として持続的に実在するもの。
「僕の彼女はカラダという□をもたない。」　対　異 実際のありさま

□42 ある観点からは同一のものの間で、互いを区別する違い。
「二人の態度のわずかな□を彼は見逃さなかった。」
関 違いを際立たせること　対

□43 ①与えられること・もの・条件②出発点として異議なく受け取れる事実・**原理**。「その頃の僕は□の**環境**に不満ばかり抱いていた。」

□44 あらゆる事物・世界を支配する法則。
「日本でビジュアル系が流行（はや）るのは自然の□みたいなものさ。」
関 公に通用する道理・証明せずに前提とされる事柄

□45 ①犯した罪を償（つぐな）う・刑罰を免（まぬが）れること②神による罪の償い・救い。
「私にお金をかけることが□になるとでも思ってるの？」
関 人間が生まれながらに背負う罪

解答・ポイント

実体
対 属性　異 実態

差異（「姉」は「妹」との差異で成り立つ言葉だ、といった言語論で重要語）
関 差異化（＝差別化）　対 同一

所与

摂理（せつり）
関 公理（たとえば、二点を通る直線は必ず一本だけ存在する、など）

贖罪（しょくざい）（キリスト教では、キリストの死による人類の罪の償い・救いを言う）
関 原罪

10 □□（「―する」の形でも使う）　疎外／漂泊／払拭／変容／包括　形式で覚える重要語90⑩

重要度順　次の□に当てはまる**語句**を答えなさい。

□ **46** 姿や形が変わる・姿や形を変える。
「僕が金を失ったとわかった時の、奴の□っぷりには引いた。」
異 **実体**は変わらずに、形や様子が変化する

□ **47** （外部へと）遠ざける。仲間外れにする。**本質**を奪う。自分本来の姿でなくなる。「人間が作ったものが人間を□していくのさ。」
関 (1)仲間外れにされたという感情　(2)**自己**の**本質**が**外化**し（＝外に出て）、それに支配されて人間性を失うこと　異 邪魔をする

□ **48** ひっくるめて一つにまとめる。
「□すると、もうお腹空いたってことだな？」
関 より大きな範囲・より一**般**的な**概念**に□する

□ **49** 払い拭う・すっかり取り除く。
「過去を□して大学デビューを目指す。」

□ **50** あてもなく、さまよい歩く・流れ漂う。
「俺は真実の愛を求めてもう何年も□している。」
異 (1)白くする　(2)述べ表す

解答・ポイント

変容
異 変様

疎外（alienation の翻訳語。外国人・異星人 alien ＝エイリアンのように扱うことが原義）
関 (1)疎外感　(2)自己疎外
異 阻害

包括
関 包摂

払拭

漂泊
異 (1)漂白　(2)表白

11 攻撃的な言葉□□　駆逐（くちく）／蹂躙（じゅうりん）／阻害（そがい）／弾劾（だんがい）／揶揄（やゆ）

形式で覚える重要語90 ⑪

重要度順　次の□に当てはまる語句を答えなさい。

□ 51 からかうこと。
「擁護の書き込みをしたら、本人だと□されたよ。」
関 遠まわしに**批判**する・あざ笑うこと

□ 52 邪魔をすること。
「よく見られるこの添加物は、実は栄養素の吸収を□してしまいます。」

異（外部へと）遠ざける。仲間外れにする。**本質**を奪う。自分本来の姿でなくなる。 対

□ 53 敵などを追い払うこと。
「一匹残らず□してやる。」 関 追いやる・追い払うこと

□ 54 ふみにじること。
「□した自覚があれば、まだましな方さ。」
関 公権力や権力者が、人間の**基本的人権**を侵すこと

□ 55 罪や不正をあばき**責任**を追及すること。
「この画面では相手チームの裁判官を□するかどうかを選べるよ。」
関 罪や責任を問いただしとがめること

解答・ポイント

揶揄（やゆ）（「揶」も「揄」もからかうという意味）
関 風刺（＝諷刺）

阻害（そがい）
異 疎外
対 助長

駆逐（くちく）
関 放逐（ほうちく）

蹂躙（じゅうりん）
関 人権蹂躙

弾劾（だんがい）
関 糾弾（きゅうだん）（＝糺弾（きゅうだん））

12 不□□ 不可逆／不条理／不世出(ふせいしゅつ)／不如意(ふにょい)／不文律(ふぶんりつ)

重要度順 次の□に当てはまる**語句**を答えなさい。

□ **56** ①筋道が通らない・道理に反すること②人生が非合理・無意味である状況。「キャパが狭いと、世の中が□だらけに思えるよね。」
関 道理に合わない（ことを行う）こと 対 筋道・道理

□ **57** 逆戻りできないこと。「白い紙に記されたものは□である。」（原研哉『白』）「若さは□ではないわ。」 関 ⑴分けられないこと ⑵知ることができないこと ⑶避けられないこと ⑷理解できないこと 対

□ **58** 暗黙のうちに守られている決まり。「女子の世界には□が数多く存在する。」 関 明確に言葉に表せない**身体**を基盤とする知識。**科学的創造**において重要とされる

□ **59** めったに世に現れないほど優れている。「いつか俺が□の名ギタリストだったことがわかるさ。ジャラーン。」
関 世に比較するものが絶(た)えてないほど素晴らしい

□ **60** ①思い通りにならないこと②経済的に苦しいこと。「人生は□だからおもしろいんじゃん。」 関 本当の気持ち・希望とは異なること

解答・ポイント

不条理
関 理不尽 対 条理

不可逆
関 ⑴不可分 ⑵不可知 ⑶不可避 ⑷不可解 対 可逆

不文律(ふぶんりつ)
関 暗黙知

不世出(ふせいしゅつ)
関 絶世(ぜっせい)

不如意(ふにょい)
関 不本意

13 □□性 可塑性／協調性／公共性／汎用性／両義性

形式で覚える重要語90 ⑬

重要度順 次の□に当てはまる**語句**を答えなさい。

□ **61** **社会一般**の利益・**正義**となる性質。市民の**理性**的な討議で形成されるべきだが、**国家**の独占物となる危険がある。
「コスプレは□に反するのか？」 関 社会一般

□ **62** 周囲の人とうまく調和できる性質。
「私は親から□というものを教わらなかった。」 関 力を合わせる・対立するものが穏やかに相互間の問題を解決しようとすること

□ **63** ①変形しやすい性質②自由に形を作れる性質。
「生き物のもつ□にはいつも感動させられる。」
関 変形しても元の状態に戻る性質

□ **64** **概念**・言葉に**矛盾**する二つの意味・解釈が同時に含まれている性質。
「言葉に□をもたせて、言い逃れできるようにしているんだ。」
関 (1)二つの意味・意義 (2)多くの意味を同時にもつこと

□ **65** 広くいろいろな方面に用いられる性質。「□の高いヒト型決戦兵器です。」 関 (1)広くいろいろな方面に用いられる (2)頻繁に用いられる

解答・ポイント

公共性（公共の＝publicを使う言葉にpublic house＝パブ＝酒場などもあるが、本来公共性が国家などと無関係であることが解る） 関 公共

協調性 関 協調

可塑性（＝塑性） 関 弾性

両義性 関 (1)両義 (2)多義（対は一義）

汎用性 関 (1)汎用（対は特化） (2)頻用

14 □□化　画一化／戯画化（ぎがか）／形骸化（けいがいか）／相対化／矮小化（わいしょうか）

形式で覚える重要語90 ⑭

重要度順　次の□に当てはまる**語句**を答えなさい。

□ **66** 他と比べて・他との関係から**絶対的**ではないと捉え直すこと。
「自分を□できるだけの自信が無いんだね。」
関 他との比較や関係によって価値や性質が決まる様子　対

□ **67** 個々の性質や事情を重視せず、全体を一様にそろえること。
「周囲の□を批判できるほど自分が個性的だとでも？」
関 特色も変化もなく全体が一様である　対

□ **68** 小さくすること。否定的な意味で使われることが多い。「一部の男性は女性の能力を□してとらえているという自覚がない。」　関 (1)小さい・こぢんまりしていること　(2)取るにたりない・ちっぽけであること

□ **69** 内容や意義のない形だけのものにする・なること。
「□した行動だとわかっていても、止めるエネルギーがなかった。」
関 内容や意義が失われて形だけが残ったもの

□ **70** 風刺や滑稽味を込め、誇張して描き出すこと。「映画は伝説の騎士（ナイト）を□して作られた。」　関 戯れに誇張して描いた滑稽な絵・風刺を込めた絵

解答・ポイント

相対化（相対とは他と「相対（あいたい）する」こと）
関 相対的　対 絶対化

画一化
関 画一的　対 多様化

矮小化（わいしょうか）
関 (1)矮小　(2)卑小（ひしょう）

形骸化（けいがいか）
関 形骸

戯画化（ぎがか）
関 戯画

15　□□的　懐疑的／観念的／恣意的／即物的／普遍的

形式で覚える重要語90 ⑮

重要度順　次の□に当てはまる 語句 を答えなさい。

□ 71 すべてに・時代や場所を問わず、当てはまる様子。「特定の個人の描写から始めて、□なテーマへもっていくんだ。」 関 すべてに当てはまる・時代や場所を問わず言える・宇宙や存在の全体に関わること

□ 72 事実から離れて、頭の中だけで考える様子。否定的な意味で使われることが多い。「□かどうかは**相対的**な問題じゃないかな?」 対

□ 73 論理的に必然性がない・好みや思いつきで判断する様子。「□にならずに、ものを見ることはとても難しい。」 関 思いつき・気ままな心・自分勝手な考え

□ 74 疑いをもつ。あやしいと思う。「なんでそう人を□にしか見ないの?」 関 真偽について判断を下せない状態・疑い得るものを敢て**偽**と考え、**絶対的**な**真理**を得ようとすること

□ 75 ①事物を**実体**に即して考える様子②物質的・金銭的なことを優先する様子。「彼女の□な思考は嫌いじゃないんだよね。」

解答・ポイント

普遍的　関 普遍

観念的　対 実践的

恣意的　関 恣意

懐疑的　関 懐疑（近代哲学の祖ルネ・デカルトは神の存在を証明しようとして神の存在を懐疑した）

即物的

16 □□的　客観的／主観的／主体的／無機的／有機的

重要度順　次の□に当てはまる語句を答えなさい。

□ 76 自分の見方を離れ、対象をあるがままに見る様子。「内面への評価よりも個人情報による評価の方が、より□で公平だという見方もありうるのだ。」（阪本俊生『ポスト・プライバシー』）「□な意見なんて訊いてないよ。」 関 自分を離れて冷静に見ていること 対

□ 77 自分だけの見方にとらわれる様子。「この気持ちがほんとうに□かどうかも、私にはよくわからない。」 関 自分だけの見方にとらわれていること 対

□ 78 自分の意志と判断によって・主要な役割を担って、行動する様子。「□にって、そもそも人から求められることじゃないんじゃ…。」 関 自分の意志によって責任をもって行動する態度

□ 79 各部分が密接に結びつき部分と全体が影響を及ぼし合う様子・生き生きと全体を形作っている様子。「すべての人は□につながっている。」 関 生物に由来する炭素を主成分とする物質 対

□ 80 生命感のない・温かみの感じられない様子。「その□な空間に落ち着きを覚えた。」 関 水・気体・鉱物やそれらを原料とする物質 対

形式で覚える重要語 90 ⑯

解答・ポイント

客観的　関 客観性（対 は主観性）　対 主観的

主観的　関 主観性（対 は客観性）　対 客観的

主体的　関 主体性

有機的　関 有機物（対 は無機物）　対 無機的

無機的　関 無機物（対 は有機物）　対 有機的

17 □□主義　完全主義／教条主義／精神主義／刹那（せつな）主義／利己主義

形式で覚える重要語90 ⑰

重要度順　次の□に当てはまる**語句**を答えなさい。

□ **81** 物質的・現実的なものより精神力が世界を動かすと考える立場。非現実的な傾向を非難して言うことが多い。「みんなどこかしら□的なとこはあるんじゃないかな。」 関 心・魂、能動的な心の働き

□ **82** **自己**の利益だけを求める立場。
「人間が□なのは、むろん自然なことだ。」
関 (1)他人の迷惑を顧（かえり）みず、自分の利益だけを追求する様子　(2)快楽や幸福を行動原理とする立場

□ **83** 現在の瞬間だけを充実させればよいとする・一時的な快楽を追求する考え方。「今は□的にこのゲームをやり続けたい―。テスト前だけど!!」
関 (1)瞬間・極めて短い時間　(2)瞬間的・目の前の快楽を求める

□ **84** どこまでも完全さを求めないと納得しない性向（＝性質の傾向）。
「□なんて挫折（ざせつ）製造機じゃん。」

□ **85** 事実を無視して、**原理**・原則を杓子定規（＝すべてを一律の基準・形式で律しようという融通のきかない様子）に適用する態度。
「どうして□はいい意味で使われないのかしら?」

解答・ポイント

精神主義（＝精神論）
関 精神 対 は物質

利己主義（＝エゴイズム egoism エゴ ego はラテン語で「**自我**」）
関 (1)利己的（＝エゴイスティック egoistic）　(2)功利主義

刹那（せつな）主義
関 (1)刹那　(2)刹那的

完全主義（＝完全癖（へき））

教条主義（＝ドグマティズム dogmatism）

18 □□主義 軍国主義／経験主義／実証主義／社会主義／冷笑主義

形式で覚える重要語90 ⑱

重要度順 次の□に当てはまる語句を答えなさい。

□ **86** 資本主義の**矛盾**を克服して、平等な**社会**を建設しようとする**思想**。
「□を非人間的だ、のひとことで片付けるのはつまらないよ。」 関 私有財産を廃止して全財産を**社会**全体の共有にしようとする**思想**・運動

□ **87** 戦争を外交の手段とし、軍事力を最優先させて対外的に発展することを**国家**の目的とする立場。
「彼女は制服フェチだが、□は受け付けないらしい。」
関 国家権威により国境外の人々に支配権を及ぼそうとする傾向・活動・政策

□ **88** ①自分の経験に基づいて判断しようとする態度②知識の源泉を経験とする立場。「合理主義は結局のところ□の後追いだと思うんだ。」 対

□ **89** 理論・主張の根拠を経験で得た事実に限定する立場。観察・実験を重視する**近代科学**に当てはまる。「何故思わず目が行ってしまうのか、□的に研究したい。」 関 事実によって検証し確かめること

□ **90** すべてに皮肉な見方をしてさげすんで笑う態度。
「□的なキャラをひとり入れよう。」 関 皮肉な・冷ややかな

解答・ポイント

社会主義
関 共産主義

軍国主義（＝ミリタリズム **militarism**）
関 帝国主義

経験主義（＝経験論）
対 合理主義

実証主義
関 実証

冷笑主義（＝シニシズム **cynicism**）
関 シニカル **cynical**・シニック **cynic**

19 日本の美意識 粋／借景／無常／幽玄／侘び

分野で覚える重要語50①

重要度順 次の□に当てはまる**語句**を答えなさい。

□ **91** ①あか抜けていて、自然な色気があること②世情・人情に通じていること。「やさしさを見せないのが□だと思ってるバカチンなのよ。」対

□ **92** 万物が変化し、変わらないものはない。「最近の先生を見てると、なんか□を感じてしまう。」関(1)□であると静かに観察していること (2)この世の全てははかないという仏教の基本的教義 異情け・心をもたない

□ **93** ①奥深い余情がある②優雅で上品だという日本中世の美的理念の代表。「オッケー。□を感じます、って言っとけばいいのね。」
関宮廷風だ・優美で上品だ・風流

□ **94** 物質面の不足、不自由を肯定し、簡素で閑静な生活を積極的に楽しむという茶道・俳諧などの美的理念。
「いいんだよ、もう俺、□の世界に生きるわ。」

関古びて・枯れて趣があること

□ **95** 庭園外の景色を庭園の背景として借りて利用すること・方法。「この部屋は井の頭公園が□になります。」関一つの景色・一つの面白み

解答・ポイント

粋（「すぐれていること・もの」の意味のときは「すい」と読み、対は無粋）
対野暮

無常
関(1)無常観 (2)諸行無常
異無情

幽玄
関雅

侘び（＝詫び）
関寂び

借景
関一景

20 日本の近代文学 言文一致／口語体／私小説／反自然主義／浪漫（ろうまん）主義

分野で覚える重要語50②

重要度順 次の□に当てはまる**語句**を答えなさい。

□ **96** 作者自身を主人公とし、自分の生活や経験を**虚構**を排して描き、自分の心境や感慨を吐露する日本近代文学特有の小説形式。
「□ってオレオレ小説のこと？」

□ **97** 明治期の、書き言葉を話し言葉に近づけようとする運動だが、日本語を新しい学問の言葉とするのに重要な役割を果たした。
「今の**小説**の文体だって、□してないじゃん。」 関 □によってできた文体

□ **98** 西欧文芸を**媒介**に生まれた、**自我**の確立・**芸術**の**自律**・**形而上**（けいじじょう）への憧れ・**社会批判**などを特徴とする、明治期日本の**ロマン主義**。
「□って、『高野聖（こうやひじり）』とか『舞姫』とか？」 対

□ **99** 話し言葉に基礎を置く書き言葉の文体で、言文一致（運動）を経て次第に定着していった。「もう□のメールしか読みたくないよ。」 対

□ **100** **自然主義**の理念と方法に反発・対立する**文学**傾向。夏目漱石・森鷗外・谷崎潤一郎や白樺派なども含まれる。「彼らは自然主義と違っていただけで、□と言われてしまったわけです。」 対

解答・ポイント

私小説

言文一致（運動）（「〜です」「〜だ」「である」調の新しい文体を生んだ）
関 言文一致体

浪漫（ろうまん）主義
対 自然主義（**自然**を存在や価値の根本とする態度・現実をそのまま描写しようとする**芸術**上の立場）

口語体
対 文語体（文を書くとき特有の文体）

反自然主義
対 自然主義

21 文学芸術 アイロニー／異化／オブジェ／寓意／パロディー

分野で覚える重要語50 ③

重要度順 次の□に当てはまる **語句** を答えなさい。

□ **101** 題材を**日常**の文脈から**非日常**へずらして非現実化・異常化させ、**意識**されていなかった知覚の過程や真実に注意を向けさせる**芸術**作用。
「□なんて、一種の違和感みたいなものでは？」 **異** 易しくする・なる

□ **102** 作風・文体などを**模倣**・誇張して**風刺**（＝他のことにかこつけて**社会**・人物を批判・嘲笑して言い表すこと）化・滑稽化した**作品**。
「オリジナルの**作品**を凌駕できてない□に興味はない。」

□ **103** 物事の深い意味をほのめかす**比喩**。**比喩**によって深い意味をほのめかす表現法。「□を読み解くのに正確さは重要ではない。」 **関** 教訓・風刺を含めた喩話

□ **104** ①皮肉（＝遠まわしの非難）②**反語**（＝反対のことを言って遠まわしに主張を伝える言い方）。「□を散りばめたいお年頃なんだよ。」

□ **105** 非**芸術**的な物体を利用して構成し、日常では**意識**されない新しい意味を与えた製作物。「これは□なんだよ！ 断じてゴミじゃなく！」

解答・ポイント

異化（「生物学用語」としては「呼吸」など、生物がエネルギーを得る反応）
異 易化（**対** は難化）

パロディー parody

寓意（＝寓喩＝アレゴリー allegory）
関 寓話

アイロニー irony
（＝イロニー Ironie（独） ironie（仏））

オブジェ objet（仏）（元来は「物体」「客体」の意味。たとえば傘を使って構成されながら、全体が傘ではない別のものに成っているような**芸術作品**を指すことが多い）

22 数学科学 閾値（いきち）／集合／触媒（しょくばい）／必要条件／ベクトル

分野で覚える重要語50④

重要度順 次の□に当てはまる**語句**を答えなさい。

□ **106** 反応・現象を引き起こす最小の、刺激の強さ・作用の大きさの値（あたい）。
「幸せになりたいのなら幸福の□を下げればいい。」

□ **107** それ自身は変化しないが、反応の仲立ちとなって、反応速度を変化させるもの。「私はふたりの恋の□たらんとした。」

□ **108** ①一箇所に集める・集まること②属するか属さないかが、明確な基準によって判別できるものの集まり。
「日本軍の『散開』が、他国軍の『□』だって聞いたんだけど。」 対

□ **109** ①志向性・方向性②大きさと方向性をもった量。
「電子メディアの体験は、遠隔にあることと近接していることとを、つまり他者性への□と自己性への□とを重ね合わせてしまうのだ。」（大澤真幸『恋愛の不可能性について』）

□ **110** 成立するために必ずなくてはならない条件。「起業において、資金は一つの□にすぎないんだよ。」 関 成立するのに必要で、しかも必ず成立させる条件 対 ありさえすれば必ず成立させる条件

解答・ポイント

閾値（いきち／しきいち）

触媒（しょくばい）

集合（②において構成している一つ一つのものを「**要素**」「**元**（げん）」と呼ぶ）
対 離散

ベクトル **vector**（元来は数学・物理学で②の意味だったが、**心理学**・**社会学**などから①の意味で広く用いられるようになった）

必要条件
関 必要十分条件
対 十分条件

23 宗教用語□□ 分野で覚える重要語50⑤

解脱（げだつ）／**浄土**（じょうど）／**洗礼**／**彼岸**（ひがん）／**輪廻**（りんね）

重要度順 次の□に当てはまる**語句**を答えなさい。

□ **111** 車輪の回転のように、**衆生**（しゅじょう）（＝全ての生き物）が生死を繰り返し、とどまらないこと。「□とか考える人は顔を見ればわかる。」

□ **112** **煩悩**（＝身心の苦しみを生み出す心の働き）の束縛から離脱し苦悩から解放されて、自由な悟り（さと）の境地に達すること・悟る（さと）こと。「□したいと思うほどの欲望無いし…。」

□ **113** 欲望や苦しみがなく仏のいる世界。「彼女がいれば、もはや俺にとってこの世は□。」 対 穢（けが）れたこの世

□ **114** ①キリスト教入信の儀式②大きな変化を与える経験③**社会**・分野に入るのに必要な経験。「デカルト以来の西欧**近代思想**の□を受けたものにとってはそうである。」（村上陽一郎『生と死への眼差し』）
異 前にあった例・以前からのしきたり

□ **115** ①この世とは別の世界②向こう側の世界③春分・秋分の前後7日間。
「ちょっと□に行ってくるわ。」 対
異 達成したい**悲壮な**（＝悲しい結果を予想しながら意気込みがある）願い

解答・ポイント

輪廻（りんね）

解脱（げだつ）

浄土（じょうど） 対 穢土（えど）

洗礼（水によって罪を洗い清めるという考え方から） 異 先例

彼岸（ひがん） 対 此岸（しがん） 異 悲願

24 時事用語 □□□

NGO／ODA／QOL／GDP／PKO

分野で覚える重要語50⑥

重要度順 次の□に当てはまる**語句**を答えなさい。

□ **116** 先進国の政府が発展途上国の経済開発などを促進するために財政資金を使って行う経済的国際協力。「□の**理念**自体に反対なわけじゃない。」

□ **117** 国民総生産から海外での所得を差し引いたもの。一国の居住者が一年間に受け取った所得の総額。「□がジリ貧になっていった時、日本がどうなるのか想像がつかない。」 関 一国で一年間に生産された価値の総額

□ **118** 局地的な紛争に対して、**国連**（＝**国際連合**）が受け入れ国の同意を得て平和のために軍・人員を派遣する**暫定的**（＝一時的・仮に定めた）な活動。「□協力法に基づき、隊員の彼は海外に派遣された。」

□ **119** 民間の協力組織。専門性をもち、海外で国際協力に従事するものを指す場合が多い。「信頼できる□に寄付をしたい。」 関 営利を目的とせず身近な問題に自発的に取り組む市民の活動組織

□ **120** ①生活・生命の質②患者の生活機能が保たれ、人間らしい生活を続けられることを指す医療・福祉での用語。「**足**(た)**る**（＝満足すること）を知る俺は今の□に満足している。」

解答・ポイント

ODA（＝**Official Development Assistance** ＝政府開発援助）

GDP（＝**gross domestic product** ＝国内総生産）

関 GNP（＝**gross national product** ＝国民総生産）

PKO（＝**Peace-Keeping Operations** ＝（国連）平和維持活動）

NGO（＝**non-governmental organization** ＝非政府組織）

関 NPO（**non-profit organization** ＝非営利団体）

QOL（＝**quality of life**）

25 二者関係□□　乖離（かいり）／逆説／相克（そうこく）／齟齬（そご）／矛盾

分野で覚える重要語50⑦

重要度順　次の□に当てはまる語句を答えなさい。

□121 ①対立する判断が同時に成立する関係②相互に一方が真なら他方が偽になる関係③撞着（どうちゃく）（＝つじつまが合わない）。「□の陰には大切なことが潜（ひそ）んでいる。」 関 同じ人の言動が食い違うこと

□122 ①一見対立しているが、因果関係でつながり、**真理**を表す表現②**二律背反**。「一見嫌いなふりをするという□的な作戦は、こちらが本気で嫌われて終わった。」 異 予想外の結果を接続する表現

□123 そむき離れること。「現実とほどよく□した状態がリアルなんだ。」 関 離れそむくこと 異 ほどけて離れること。心の正常な統合が失われること

□124 食い違い。食い違ってうまくいかないこと。「何をロマンとするかで、男女には□がある。」 関 (1)人と人の仲が悪くなること (2)もつれ・相反する欲求があって迷うこと

□125 相反する二つのものが互いに争うこと、またその争い。「□する使命を帯びたキャラ設定が人気を博した。」 関 (1)相反するものが互いを打ち消し合うこと (2)困難を乗り越えて打ち克（か）つこと

解答・ポイント

矛盾
関 自家撞着

逆説（＝パラドックス **paradox**「急がば回れ」など）
異 逆接（「だが」「しかし」などで表す表現。対 は順接）

乖離（かいり）
関 離反 異 解離

齟齬（そご）（語源は上下の歯が食い違うこと）
関 (1)軋轢（あつれき）（語源は車輪が軋（きし）ること） (2)葛藤（かっとう）（語源は葛（かずら）や藤（ふじ）のツルがもつれ合うこと）

相克（そうこく）（剋（こく））
関 (1)相殺（そうさい） (2)超克（ちょうこく）（剋（こく））

26 二者関係 □□□□

二項対立／二律背反／パラレル／表裏一体／不即不離

分野で覚える重要語50⑧

重要度順 次の□に当てはまる **語句** を答えなさい。

□ **126** 相反するかに見える二つのものの関係が密接で切り離せないこと。
「好きという感情と意地悪することが□の子供になんか興味無いわ。」

□ **127** ①二つの**概念**が対立・**矛盾**していること②優劣のある対立**概念**で世界を単純化して捉えること。「□で捉えるのはわかりやすいが、それでは問題の本質は見えてこない。」
関 (1)□のどちらにも属さない・中立の (2)二つに分けて考える思考法 (3)異なる二つのもので成り立つとする説

□ **128** ①平行なこと②二つの物事の状態・変化・傾向が相似していること。
「過去から現在へという方向は、現在から未来へという方向と□になっている。」（宇都宮輝夫『死と宗教』）

□ **129** **矛盾**する主張が同時に行われること。
「自分の幸せと他人の幸せは□だとその少女は言った。」
関 (1)相反する・相容れないこと (2)相反する二つのことの間で、どちらを選んでも解決できない状態・板挟みの状態

□ **130** 二つのものの関係が深過ぎもせず、離れ過ぎもしないこと。
「互いに□でいようなんて、貧弱な自我を守りたいだけじゃん。」

解答・ポイント

表裏一体

二項対立
関 (1)ニュートラル **neutral** (2)二分法 (3)二元論

パラレル **parallel**

二律背反（＝アンチノミー **Antinomie**（独））
関 (1)背反 (2)ジ（ディ）レンマ **dilemma**

不即不離

27 肯定（プラス）内容 矜持（きょうじ）／担保（たんぽ）／紐帯（ちゅうたい）／通過儀礼／ユートピア

分野で覚える重要語50 ⑨

重要度順 次の□に当てはまる**語句**を答えなさい。

□ 131 どこにも存在しない理想的**社会**。
「好きな（←ここ大事）女の子たちに囲まれてれば、そこが僕の□。」
関 俗世間を離れた理想郷

□ 132 ①保障のために預けるもの・抵当 ②過去・未来の不利益に対する**補塡**（ほてん）（＝不足を補い埋めること）をする・補塡の準備をすること。
「医療の質を□するための取り組みを継続したい。」

□ 133 プライド。自分の能力を信じて抱く誇り。
「□をエリート意識と勘違いしてる奴が多いかも。」
関 自分の才能や仕事に自信や誇りをもつこと 異 不吉な事柄

□ 134 人間の生涯における誕生・成人・結婚・死など、各段階を通過する際に行われる**儀礼**（＝社会的慣習にのっとった規律ある行為・やり方）。
「男にも強制的に大人への□がやってくる。」

□ 135 二つのものを結びつける役割をするもの。
「階級闘争と民族運動の背後にある**社会的**□を多元的に捉えようとする視点が提起されている。」（阿部謹也『大学論』）

解答・ポイント

ユートピア **utopia**（「どこにも存在しない場所」を表すギリシア語が語源で、否定的な意味にも使われる）
関 桃源郷（とうげんきょう）

担保（たんぽ）（元来は①の意味だが、②の意味での使用が急増）

矜持（きょうじ）
関 自負 異 凶事（対は吉事（きちじ））

通過儀礼（文化人類学・民俗学での重要語。イニシエーションもその一つ）

紐帯（ちゅうたい／じゅうたい）

28 否定（マイナス）内容　陥穽（かんせい）／杞憂（きゆう）／桎梏（しっこく）／背理（はいり）／辟易（へきえき）

分野で覚える重要語50⑩

重要度順　次の□に当てはまる語句を答えなさい。

□ 136 迷惑してうんざりする・勢いに押されてしりごみすること。
「露骨に告（こく）ると、□しちゃう男子もいるでしょう。」
関 どうしようもなく困ること

□ 137 無用の心配をすること。
「□であれば幸いです。」

□ 138 手かせと足かせ・自由を束縛するもの。
「自分で選んでおいて□とか、自己陶酔もいい加減にしてくれない。」
異 漆（うるし）のように黒く光沢（こうたく）のあること・その色

□ 139 落とし穴・人を陥（おとしい）れる**計略**（＝だますための策略）。
「その幸せの横に大きな□があろうとは知るはずもなかった。」
異 もの静かな様子

□ 140 道理・理屈に反すること。
「男友達だから性的**意識**はないのよって、オトコ友達と言っている以上、きみの表現には□がある。」
異 背（そむ）き離れること

解答・ポイント

辟易（へきえき）（「辟」は避ける、「易」は変えるという意味）
関 閉口（口を閉じて黙るしかない様子から）

杞憂（きゆう）（＝取り越し苦労）

桎梏（しっこく）
異 漆黒

陥穽（かんせい）（「穽」は獣を捕る落とし穴）
異 閑静

背理（はいり）
異 背離（「人心が背離する」などと使う）

29　□□□ック　エスニック／クラシック／コスミック／ストイック／メカニック

形式で覚える外来語60①

重要度順　次の□に当てはまる**語句**を答えなさい。

□ 141　①古典的で、いつの時代も高い評価を受ける模範的な傾向・**作品**②古めかしくて落ち着いた感じのする様子③西洋の古典音楽。
「ナルシストではない□好きの男子っているのかなぁ。」

□ 142　禁欲的に自分の衝動・欲望・感情を抑える様子。
「彼の眉間（みけん）には□さが刻印されていた。」 関 自分の欲望などを抑える心

□ 143　宇宙の・宇宙的な・想像を超えて広がる・神秘的な。
「あの不思議ちゃんのTシャツは、ずいぶん□だなぁ。」
関 (1)**秩序**と調和をもつ世界・宇宙　(2)世界観（かん）・宇宙論

□ 144　民族的・異国風である（様子）。アジア・アフリカ・中南米風であるときに使われることが多い。
「□料理とかはどう？」 関 民族性に基づく同朋（どうほう）**意識**・**認識体系**

□ 145　**機械的**。**機械**仕掛けの。動きや働きが**機械**のようである。
「彼こそは伝説の□デザイナーです。」
関 **機械**装置・仕掛け・機制・**機械**論

解答・ポイント

クラシック classic（元は第一の等級＝クラス class の意味）

ストイック stoic
関 克己心（こっきしん）（＝自制心）

コスミック cosmic（英語の発音はコズミックに近い）
関 (1)コスモス kosmos（希）
(2)コスモロジー cosmology

エスニック ethnic
関 エスニシティ ethnicity

メカニック mechanic
（＝メカニカル mechanical）
関 メカニズム mechanism

30 □□□□ック

エキゾチック／グラフィック／スタティック／ペダンチック／ロマンチック

形式で覚える外来語60 ②

重要度順 次の□に当てはまる**語句**を答えなさい。

146 写真・絵画・図版などを用いて視覚に訴えること、またその印刷物。
「□に金をかけすぎたのが敗因らしい。」
関 (1)コンピュータによる図形処理 (2)視覚に訴える様子・視覚的

147 現実離れしていて空想的で甘美である様子。
「寝る前に□な妄想を繰り広げるとよく眠れる。」
関 空想家・夢想家

148 静止した状態にある・固定的な・活気のない。
「まだ僕らふたりは□な付き合いじゃないんだ。」 対

149 異国的・異国情緒のある。
「彼女の□な顔立ちが頭から離れなくなった。」
関 (1)異国情緒・異国趣味・外国風であること (2)西欧人の異国趣味・東方趣味。西欧が中東や東洋など第三世界（＝発展途上の国々）への植民地支配を正当化するための**偏見**とされる (3)西洋における日本趣味

150 学識を示してひけらかす・学者ぶる。
「□な連中も使いようさ。」

解答・ポイント

グラフィック graphic
関 (1)コンピュータ・グラフィックス（＝CG） (2)ビジュアル visual

ロマンチック romantic
関 ロマンチ（シ）スト romanticist

スタティック static
対 ダイナミック dynamic（躍動的で力強い・動的な・精力的な）

エキゾチック exotic
関 (1)エキゾチ（シ）ズム exoticism (2)オリエンタリズム orientalism (3)ジャポニスム japonisme（仏）

ペダンチック pedantic（＝衒学（げんがく）的）

31 □□□□□ック

アクロバチック／システマチック／シンメトリック／ファナティック／フィードバック

形式で覚える外来語60 ③

重要度順　次の□に当てはまる語句を答えなさい。

□ 151 結果を参考にして原因に反映させ、修正・調整していくこと、その仕組み。「『わかってくれ』じゃなくて、こちらもきちんと□しなくちゃ。」
関 輪（の形をしたもの）・何度もくり返し実行される命令

□ 152 狂信的・熱狂的である。
「マクロビオティックを実践してる人の□なところが苦手。」
関 熱心な愛好者・熱烈な支持者

□ 153 組織的・体系的である。系統だっている。
「彼は作業を□に進めることに快感を覚えるタイプだった。」
関 多数の構成要素が役割をもって秩序を保ち、有機的に働く全体的な関連

□ 154 曲芸（＝普通の人間にはできない目先を変えて行う離れ業）のようである。「お前の議論はどうしてそう□なんだよ。」関 曲芸・軽業（かるわざ）

□ 155 左右が対称である。釣り合いがとれている。
「目が無意識に□なものを求めてしまう。」
関 対称である・釣り合いが取れていること

解答・ポイント

フィードバック feedback
関 ループ loop

ファナティック fanatic
関 ファン fan（ファナティックの短縮語）

システマチック systematic
関 システム system

アクロバチック acrobatic
関 アクロバット acrobat

シンメトリック symmetric
関 シンメトリー symmetry

32 語尾を伸ばす語

エントロピー／ジェンダー／トートロジー／ノスタルジー／ヒエラルキー

重要度順 次の□に当てはまる**語句**を答えなさい。

□ **156** ピラミッド型の上下関係に序列化された秩序・組織。階層制。
「俺の心にはアイドルにも□があってね。」

□ **157** 故郷・過去を懐かしむ気持ち。
「彼は今でも□の世界でぷかぷかしてるよ。」
関 懐古的・郷愁を感じさせる

□ **158** ①物質・運動のもつ乱雑さ②**情報**の乱れ・不確かさ。
「□の増大という言葉がひとり歩きしてしまっている。」
関 □は**可逆**な変化では不変だが、**不可逆**な変化では増えるという法則

□ **159** **社会**や**文化**が作り出す性・性別
「□を**意識**するというのは、骨から肉をはがす作業のようなものだ。」
関 (1)誰もが性別に関わらず平等に機会を与えられること (2)性差をなくそうという考え方 (3)生物学的な性・性別

□ **160** 同語反復。くり返しても意味が明確にならない単なる言葉のくり返し。
「□の説得力は破壊的さ。」

解答・ポイント

ヒエラルキー **Hierarchie**（独）
（軍隊・官僚的な組織を指すことが多い）

ノスタルジー **nostalgie**（仏）（＝郷愁）
関 ノスタルジック **nostalgic**

エントロピー **entropy**
関 エントロピー増大則（「生」から「死」へ向かう変化などにも**比喩**的に使う）

ジェンダー **gender**（英語圏では、「①he/she などの文法上の性②生物学的・社会学的な性」を意味する）
関 (1)ジェンダー平等 (2)ジェンダーレス (3)セックス **sex**

トートロジー **tautology**

33 〜ス　カタルシス／クライマックス／コンプレックス／ニュアンス／バイアス

形式で覚える外来語60 ⑤

重要度順　次の□に当てはまる【語句】を答えなさい。

161 かすかに感じ取れるもの・微妙な意味合い・わずかな違い・陰影・濃淡。
「微妙な□のある表現をして、決して嘘は言わないのが俺の正義。」

162 ①**無意識**に**抑圧**された複雑な感情の固まり・こだわり②劣等感。
「どうしても周囲の人間を助けたくなる、それも一種の□だよ。」
関 無意識に異性の親に愛着を、同性の親に敵意・不安を感じる傾向

163 ①偏り②一定の傾向をもった誤差
「悪は必ず罰せられる、などと考えるのも一種の□。」

164 （興奮・緊張などが）最も高まった状態・場面。**文学**において緊張が頂点に達して解決・崩壊に向かおうとする分岐点。絶頂・最高潮。
「今回も□に行き着く前に自然消滅でした。」

165 （悲劇などを見たりして）**抑圧**された感情を解放・解消すること。
「あなたの□のためのお手伝いはごめんです。」
関 突然の大変動・悲劇的な結末

解答・ポイント

ニュアンス nuance

コンプレックス complex
関 男子ではエ（オイ）ディプスコンプレックス Oedipus complex・女子ではエレクトラコンプレックス Electra complex

バイア（ヤ）ス bias

クライマックス climax

カタルシス katharsis（希）（語源は「浄化」および「排泄（はいせつ）」）
関 カタストロフィ catastrophe

34 ～ブ　アクティブ／ナイーブ／パースペクティブ／プリミティブ／ポジティブ

形式で覚える外来語60⑥

重要度順　次の□に当てはまる**語句**を答えなさい。

□166 ①一定の視点から距離感が表現できるように描き分ける方法②一定の観点から価値の重要度で世界を秩序づける人間の認識のあり方。
「ちょっとこのキャラの顔の□おかしくない？」

□167 自分から他に、積極的に働きかける・作用を及ぼす。
「□な人とか、疲れるし。」
対 他からの働きかけ・作用を受ける

□168 傷つきやすい・世間知らずの・無邪気な・幼稚な。
「自分が否定されることに□過ぎるのはカッコよくないぞ、少年。」
関 神経質な・神経過敏な

□169 積極的な・肯定的な。
「□なものがいいって誰が決めたの。」
対

□170 原始的な・素朴な。
「奴は□な服を好んで着た。」

解答・ポイント

パースペクティブ perspective（＝パース・遠近法）

アクティブ active（＝能動的）
対 パッシブ passive（＝受動的・受け身的）

ナイーブ naive
関 ナーバス nervous

ポジティブ positive
対 ネガティブ negative（＝消極的な・否定的な）

プリミティブ primitive

35 〜カル　コミカル／パラドクシカル／メタフィジカル／ラディカル／ローカル

形式で覚える外来語60 ⑦

重要度順　次の□に当てはまる語句を答えなさい。

□ 171 ①**逆説**を用いて説明される②普通と逆の方向から説明される。
「実は全てのことを一度□に考えてみるようにしている。」
関 一見対立しているが因果関係でつながり**真理**を表す表現・二**律背反**

□ 172 具体的な形をもって現れず、思考・精神でのみ捉えられるとされる。
「□な**思索**とやらは置いといて、豆腐と大根買ってきてくれる？」 対

□ 173 ①根本的な②過激な・急進的な。「その半世紀間に繰り返された断絶の痕跡として□に変えられた文字の異質性を、まず受け止めざるをえなかった。」（リービ英雄『日本語を書く部屋』） 対

□ 174 ①地方・地域に限られた②局所的な③各駅停車の。「西暦で考えるときわれわれはある□な**歴史**を**普遍的**なものと見なす思考に閉じ込められてしまう。」（柄谷行人『終焉をめぐって』） 関 地方優先の考え方

□ 175 滑稽な・おどけた感じを与える様子。
「俺もっと□な人物になりたいんだ。」
関 喜劇的・滑稽な様子・漫画

解答・ポイント

パラドクシカル paradoxical（＝逆説的）
関 パラドックス paradox（＝逆説）

メタフィジカル metaphysical（＝形而上「メタ」は「超えて」「高次の」「間に」の意味）
対 フィジカル physical（＝形而下）

ラディ（ジ）カル radical
対 コンサバティブ conservative（＝控えめな・保守的な）

ローカル local
関 ローカリズム localism

コミカル comical
関 コミック comic

36 ～ション　アジテーション／アソシエーション／イニシエーション　コラボレーション／モチベーション

形式で覚える外来語60⑧

重要度順　次の□に当てはまる**語句**を答えなさい。

□176 人の気持ちを煽り立て、行動を勧め唆すこと。「□はオタクのたしなみ。」
関 人の気持ちを煽り立て、ある行動を勧めそそのかす

□177 ①成人へと導き成人に編入する、**通過儀礼**の一つ②集団への加入を許可するための一連の儀式。「バンジージャンプは本来、南太平洋バヌアツの□だったそうです。」 関 率先した言動で他を導くこと・主導権

□178 共同作業・共同製作・共同開発・共演。「僕と人生の□しようか。」
関 障害者も健常者と同様の生活を送り共生するのが正常だとする考え方

□179 動機づけ・行う意欲・やる気。「無理に□上げても、後で反動がくるよ。」 関 **芸術作品**を生み出す際の動機、その動機となった題材。**芸術作品**を構成する基本的な単位

□180 地域の上に展開される**共同体**（＝**コミュニティ**）とは別に、特定の関心・利害・目的の下に人為的に作られる組織。協会。「僕たちはガンプラをこよなく愛する、いわば□だ。」

解答・ポイント

アジテーション agitation（＝扇動・煽動＝煽り）
関 アジる（＝扇動する・煽動する）

イニシエーション initiation
関 イニシアチブ initiative

コラボレーション（＝コラボ）collaboration
関 ノーマライゼーション normalization（normal は「正常な」）

モチベーション motivation
関 モチーフ motif（仏）

アソシエーション association（**個人**の欲求の多様化に伴って拡大していくとされる）

37 □□□ズム　ニヒリズム／ヒロイズム／ファシズム／ペシミズム／リアリズム

形式で覚える外来語60 ⑨

重要度順　次の□に当てはまる 語句 を答えなさい。

□ 181 ①**現実主義**②**芸術**では現実を美化・理想化せず、ときには非現実的なものも利用して現実を正しく反映させようとする傾向。
「どうやら君の考える□と僕のそれとは違うようだ。」　①対　②対

□ 182 ①**真理**は**認識**できないとする考え②一切の**実在**を否定する考え③既存の価値体系・**社会**体制を否定する**思想**。「悲しみの伴う感情をけっして僕は□とは呼ばない。」　関 (1)□をもつ人　(2)冷たく無感動な

□ 183 **自由主義**・**社会主義**を排撃し、独裁的な政治体制を目指す**思想**。
「こづかいを止めるなんて親の□だ！」

□ 184 ①悲観的に考える傾向②善より悪が、快より苦が支配的だと考えて世界を**厭**(いと)**う**（＝嫌に思う・嫌がって避ける）こと。
「私だって□に走りたい時はあるさ。」　対

□ 185 英雄を賛美し、英雄的行動を賛美する考え方。
「フェミニズムにとって□は敵である、とU先生は言った。」
関 (1)英雄・男の主人公　(2)女の主人公　(3)主義・説・考え方

解答・ポイント

リアリズム realism
（＝レアリスム réalisme（仏））
①対 理想主義②対 ロマンティシズム romanticism（＝ロマン主義）

ニヒリズム nihilism（＝虚無主義）
関 (1)ニヒリスト nihilist（＝虚無主義者）(2)ニヒリスティック nihilistic（＝虚無的・ニヒル）

ファシズム fascism（語源は「結束」を意味するイタリア語ファッショFascio）

ペシミズム pessimism（羅）（「最悪」に由来＝悲観論・厭世(えんせい)主義）
対 オプティミズム optimism（＝楽観論・楽観主義）

ヒロイズム heroism（＝英雄主義）
関 (1)ヒーロー hero　(2)ヒロイン heroine　(3)イズム ism

38 □□□□ズム アカデミズム／アナーキズム／ダイナミズム／ナルシシズム／フェミニズム

形式で覚える外来語60⑩

重要度順 次の□に当てはまる 語句 を答えなさい。

□ **186** ①力強さ・活力・迫力②あらゆる**現象**・存在を**自然**の力や作用で説明する立場。「美大に行ったら□に触れられるよ。」
関 躍動的で力強い・動的な・精力的な

□ **187** **国**家などの**権威**を否定して、個々人の自由を重視し、その合意のみを基礎とした**社会**を目指す**思想**。「□って本来、女性と親和性が高いんじゃないかな。」 関 (1)自己と他者の自由と権利を尊重し、社会的公正を目指す考え方 (2)自己の望む全ての行動は自由だと主張する考え方

□ **188** ①学問・**芸術**の伝統・**権威**を重んじる立場②純粋に**真理**・美を追究する態度。「大学を離れたのは□に疲れたからです。」
関 俗**世間**を離れ**芸術**の楽しみや学究生活に逃避する境地・態度

□ **189** 男性中心主義を告発し、女性の**自己**決定権の獲得を目指す**思想**・運動。「□を一種の流行だと思って、終わったと喜んでいる男たちもいる。」
関 女性解放論者・女権拡張論者・女性を大切にする男性

□ **190** 自己愛・自己陶酔・うぬぼれ。「健全な□はいいんじゃない、とKは微笑んだ。」 関 自己愛の強い人・自己陶酔型の人・うぬぼれや

解答・ポイント

ダイナミズム dynamism
関 ダイナミック dynamic
（対 はスタティック static）

アナーキズム anarchism （＝無政府主義）
関 (1)リベラリズム liberalism （＝自由主義）
(2)リバタリアニズム libertarianism （＝自由至上主義）

アカデミズム academism
関 象牙の塔

フェミニズム feminism
関 フェミニスト feminist

ナルシ〔チ〕シズム narcissism
関 ナル（シ・チ）シスト narcissist

39 三文字□□□ ダブル／デフレ／トポス／マクロ／モード 形式で覚える外来語60⑪

重要度順 次の□に当てはまる**語句**を答えなさい。

□ **191** ①流行②型③方法④**様態**（＝存在や行動の様子・仮の形態）⑤音階。
「今戦闘□入ってるから。」
関 (1)模型。表現のために使用する**対象**物 (2)（服飾の）流行・風潮・様式

□ **192** 多数の**要素**で構成される**体系**の全体に重点を置いて見る様子。
「□なことしか言わない自称評論家は無視していいよ。」
対 **体系**を構成する個々の**要素**・動きを微細に見る様子

□ **193** 二つ・二重・二倍。「アイスは□で。」
関 (1)二つの**矛盾**した命令によって行動不能となること (2)国内と海外など、**対象**によって二つの基準を使い分けること

□ **194** **需要**が**供給**に対して少ないために、物価水準が低下する**現象**。
「□で服の値段は安くなったけど、質も落ちてる気がする。」
対 通貨の量が膨張して価値が下落するために、物価水準が上昇する現象

□ **195** ①場所②議論すべき問題・意味を帯びている場。
「当時の僕たちにとって部室は特別な□だった。」

解答・ポイント

モード **mode**
関 (1)モデル **model** (2)ファッション **fashion**

マクロ **macro**（＝巨視的）
対 ミクロ **micro**（＝微視的）

ダブル **double**
関 (1)ダブル・バインド **double bind**（＝二重拘束。たとえば「命令に従うな！」など） (2)ダブル・スタンダード **double standard**

デフレ（ーション） **deflation**
対 インフレ（ーション） **inflation**

トポス **topos**（希）（英語では月並みな表現・主題を意味する）

40 四文字以上□□□□…

ア・プリオリ／ステレオタイプ／メルクマール／モラトリアム／リサイクル

形式で覚える外来語60 ⑫

重要度順 次の□に当てはまる**語句**を答えなさい。

□ **196** 見当をつけるための目印。「**近代思想**のなかで『**責任**』が、悪にも傾く自由をもった同一の行為主体としての**自己**存在の□だった…」（伊藤徹『柳宗悦　手としての人間』） 関 主張・目標を強く印象づけるための言葉

□ **197** 集団内で共通に見られる単純で固定された**概念・イメージ**。「十中八、九、新しいことは新奇さの□でしかない。」（R・バルト『テクストの快楽』）「他人を□で語りながら、自分がそうされるのは嫌がるのな。」 関 (1)型・行動パターンによる人間の分類 (2)型通りで新鮮さ・独創性がないこと

□ **198** ①先天的②経験せずにわかる**認識**・**概念**③根拠が必要ない**推論**。「言語の輪郭と**文化**の輪郭を同一のものとして論じなければならない前提は、□に見つかるわけではない。」（酒井直樹『死産される日本語・日本人』） 対

□ **199** 資源の節約や**環境**汚染防止のため廃棄物を回収して再利用すること。「□が最善ではない場合もある。」 関 周期・変化の後で元の状態に戻る循環過程

□ **200** ①**社会**的な**責任**が**猶予**（ゆうよ）（＝実行する期日を延ばすこと）される青年期。また、そうあろうとする**心理**状態②支払いの猶予。「俺、人生ずっと□だから。」

解答・ポイント

メルクマール **Merkmal**（独）（＝指標）
関 スローガン **slogan**（＝標語）

ステレオタイプ **stereotype**（＝紋切り型）
関 (1)タイプ **type** (2)マンネリ（ズム） **mannerism**

ア・プリオリ **a priori**（羅）
対 ア・ポステリオリ **a posteriori**（羅）（後天的・経験に基づく認識・**概念**）

リサイクル **recycle**
関 サイクル **cycle**

モラトリアム **moratorium**（②が本来の意味だが、精神分析学で①の意味で使うようになり一般化）

問 次の意味として、A・Bのどちらが適切か。

□ **1** 煮え湯を飲まされる
A 信頼していた人から裏切られる
B 敵からひどい目に遭わされる

□ **2** うがった見方
A 疑って掛かるような見方
B 物事の本質を捉えた見方

□ **3** にやける
A なよなよしている
B 薄笑いを浮かべている

□ **4** 失笑する
A こらえきれず噴き出して笑う
B 笑いも出ないくらいあきれる

□ **5** 檄（げき）を飛ばす
A 自分の主張や考えを、広く人々に知らせて同意を求めること
B 元気のない者に刺激を与えて活気付けること

解答
1 A
2 B
3 A
4 A
5 A

□ **6** 割愛する
A 不必要と思うものを切り捨てる
B 惜しいと思うものを省略する

□ **7** 琴線（きんせん）に触れる
A 怒りを買ってしまうこと
B 感動や共鳴を与えること

□ **8** 枯れ木も山のにぎわい
A つまらないものでも無いよりはまし
B 人が集まればにぎやかになる

□ **9** 名前負け
A 名前を聞いただけで気後れしてしまうこと
B 名前が立派で、中身が追い付かないこと

□ **10** すべからく「学生はすべからく勉学に励むべきだ」
A 全て・皆
B 当然・是非とも

6 B
7 B
8 A
9 B
10 B

問 次の内容を表現するとき、A・Bのどちらが適切か。

□ **1** 夢中になってのぼせあがる
A 熱にうなされる
B 熱に浮かされる

□ **2** 大きな声を出すこと
A 声を荒（あ）らげる
B 声を荒（あら）らげる

□ **3** ひっきりなしに続く様子
A のべつくまなし
B のべつまくなし

□ **4** 激しく怒ること
A 怒り心頭に達する
B 怒り心頭に発する

□ **5** 快く承諾すること
A 一つ返事
B 二つ返事

解答
1 B
2 B
3 B
4 B
5 B

問 次の意味として、A・Bのどちらが適切か。

□**1** 雨模様「外は雨模様だ」
A 雨が降りそうな様子
B 小雨が降ったりやんだりしている様子
解答 A

□**2** さわり「話のさわりだけ聞かせる」
A 話などの要点のこと
B 話などの最初の部分のこと
A

□**3** 気が置けない「その人は気が置けない人ですね」
A 相手に気配りや遠慮をしなくてよいこと
B 相手に気配りや遠慮をしなくてはならないこと
A

□**4** 手をこまねく「手をこまねいて待っていた」
A 何もせずに傍観している
B 準備して待ち構える
A

□**5** 砂をかむよう
A 悔しくてたまらない様子
B 無味乾燥でつまらない様子
B

問 次の内容を表現するとき、A・Bのどちらが適切か。

□**1** 是(ぜ)が非(ひ)でも、どんなことがあっても
A 石にかじり付いてでも
B 石にしがみ付いてでも
解答 A

□**2** チームや部署に指示を与え、指揮すること
A 采配(さいはい)を振る
B 采配を振るう
A

□**3** 前言に反したことを、すぐに言ったり、行ったりする様子
A 舌の根の乾かぬうちに
B 舌の先の乾かぬうちに
A

□**4** 本心でない上辺だけの巧みな言葉
A 口先三寸(さんずん)
B 舌先三寸
B

□**5** 堅苦しく形式ばっている様子
A しかつめらしい
B しかめつらしい
A

□**6** 改めてやり直すこと
A 新規巻き返し
B 新規蒔き直し
B

□**7** 自分の言うことに、うそ偽りがないことを固く約束するさま
A 天地天命に誓って
B 天地神明に誓って
B

□**8** 論理を組み立てて議論を展開すること
A 論陣を張る
B 論戦を張る
A

このようなタイプの学習書は、辞書と同じように、複数の著者が分担して執筆することも多いのですが、ぼくは一人で書きたいと思いました。すべてのページを担当することによって、さまざまな語彙やテーマの関連性を取り上げ、言葉の網の目への理解を目指してもらいたかったからです。世界を紡ぐ言葉は織物の糸やネットのブログや人と人との関係のように相互に深くつながっています。

もちろんこの本をつくるにあたっても、さまざまな方面で、たくさんの方にご協力いただきました。

お世話になった皆さまに改めてここで感謝を申し上げます。

飯田満寿男さん・稲垣伸二さん・入不二基義さん・菊田明子さん・雲幸一郎さん
小池翔一さん・小林由未子さん・清水正史さん・高田和枝さん・野口絢子さん

（五十音順）

索引

「重要語」と「人物名」に分けて五十音順に並べてある。数字はすべて掲載ページを示す。太字は見出し語、および見出しになっているページを示す。本編を最後まで終えたら、最終チェックに利用して欲しい。また、さまざまに関連する語彙を検索できるように、同意語、関連語、対義語、同音異義語や他の語彙に関しても、可能な限り収録してある。学習の一助となることを願っている。

1 重要語

索引

き

索引

さ

し

へ

ほ

2　人物名

索引

生きる 現代文キーワード〈増補改訂版〉

著　　者　霜　　　　栄
発 行 者　山　﨑　良　子
印刷・製本　日経印刷株式会社

発 行 所　駿台文庫株式会社
〒101－0062　東京都千代田区神田駿河台1－7－4
小畑ビル内
TEL. 編集 03(5259)3302
販売 03(5259)3301
《改⑥－288pp.》

落丁・乱丁がございましたら，送料小社負担にてお取替えいたします。
ISBN978－4－7961－1453－0　Printed in Japan

駿台文庫 Web サイト
https://www.sundaibunko.jp

■イラスト
塩井浩平
斉藤ちさき